墨香财经学术文库

"十二五"辽宁省重点图书出版规划项目

国家自然科学基金青年项目（71502028）
国家自然科学基金面上项目（71672024、71872032）研究成果
东北财经大学校级科研项目（DUFE2017Y09）

Research on the Relationship

Between Abusive Supervision and Employee's Work-Family Conflict

辱虐管理与员工
工作—家庭冲突关系研究

鞠蕾 ◎ 著

东北财经大学出版社
Dongbei University of Finance & Economics Press

大连

图书在版编目（CIP）数据

辱虐管理与员工工作—家庭冲突关系研究 / 鞠蕾著. 一大连：东北财经大学出版社，2020.10
（墨香财经学术文库）
ISBN 978-7-5654-3734-2

Ⅰ．辱… Ⅱ．鞠… Ⅲ．企业管理–人事管理–关系–家庭社会学–研究
Ⅳ．①F272.92 ②C913.11

中国版本图书馆CIP数据核字（2020）第296562号

东北财经大学出版社出版发行

　　大连市黑石礁尖山街217号　邮政编码　116025
　　网　　址：http：//www.dufep.cn
　　读者信箱：dufep @ dufe.edu.cn
大连图腾彩色印刷有限公司印刷

幅面尺寸：170mm×240mm　字数：200千字　印张：14.25　插页：1
2020年10月第1版　　　　2020年10月第1次印刷
责任编辑：田玉海　王　莹　责任校对：佟　欣
封面设计：冀贵收　　　　版式设计：钟福建
定价：52.00元

教学支持　售后服务　联系电话：(0411) 84710309
版权所有　侵权必究　举报电话：(0411) 84710523
如有印装质量问题，请联系营销部：(0411) 84710711

"东北财经大学'双一流'建设项目高水平学术专著出版资助计划"资助出版

前　言

本研究是国家自然科学基金青年项目"家长式领导的消极效应：领地行为演进与辱虐管理互动螺旋强化机制研究"（批准号：71502028）的阶段性成果，并受到国家自然科学基金面上项目（71672024、71872032）、东北财经大学校级科研项目（DUFE2017Y09）的资助。相关研究曾发表于《管理世界》《中国工业经济》等国家级重要学术期刊，曾荣获辽宁省自然科学学术成果奖二等奖，并被人大复印资料全文转载。同时，本书的出版也要感谢东北财经大学出版社给予的大力支持。

中国企业的"高权力距离"和"家长式领导"等管理文化，导致辱虐管理在企业组织中普遍存在，造成了员工心理压力，这种压力会通过"踢狗效应"转移到家庭中。这种工作—家庭冲突不仅会由于离婚率升高影响社会稳定，更会引发企业组织中的消极行为结果，甚至影响组织绩效和战略制定。那么，究竟如何控制辱虐管理引发的工作—家庭冲突？二者的具体作用机制是什么？此类问题都是亟待从理论和实践上进行回答的问题。

本研究以宽恕行为为调节变量，将心理困扰和组织公正整合作为中介变量，分析了辱虐管理对员工工作—家庭冲突的具体影响机制。本研究的特色体现在：（1）揭开了辱虐管理对工作—家庭冲突的影响机制；（2）从整合视角解决了辱虐管理对工作—家庭冲突影响的中介机制纷争；（3）引入宽恕行为，拓宽了辱虐管理对工作—家庭冲突影响的调节机制研究。

基于上述思考，本书立足于组织公正理论和社会支持理论等，应用实证研究方法，围绕"辱虐管理和工作—家庭冲突"这一核心问题展开分析。本书共设计8章，具体内容如下：

第1章，绪论。以中国企业的"高权力距离"和"家长式领导"等特殊管理文化带来的员工工作—家庭冲突作为本书的切入点，阐述了现有研究的不足，说明了本书的焦点问题，明确了研究目标，描述了研究内容与研究思路框架，说明了本书应用的研究方法及其适用性。

第2章，辱虐管理对员工工作—家庭冲突影响研究的理论基础。该章对辱虐管理和工作—家庭冲突等相关理论进行了回顾，讨论了相关构念的内涵与研究边界、结构、研究层面、理论基础、研究发展，并对研究现状进行了评述。

第3章，辱虐管理对员工工作—家庭冲突影响的直接效应研究。该章在问卷调查数据的基础上，在对量表进行验证性因子分析等检验之后，使用回归分析方法，对辱虐管理与员工工作—家庭冲突的直接关系进行了实证分析。

第4章，组织公正和心理困扰对辱虐管理与员工工作—家庭冲突关系的中介作用研究。该章基于668份调查问卷的数据，使用结构方程模型方法，对以组织公正与心理困扰为中介变量的辱虐管理对员工工作—家庭冲突影响机制的整合模型进行实证研究。

第5章，宽恕行为在辱虐管理对员工工作—家庭冲突影响中的调节作用研究。该章基于228份中国企业员工调查问卷的数据，探索了宽恕行为对辱虐管理与工作—家庭冲突关系的调节效应。

第6章，宽恕行为对以组织公正为中介的辱虐管理与员工工作—家庭冲突关系的调节作用研究。基于第4章对于组织公正对辱虐管理与工作—家庭冲突关系的中介作用结论，该章进一步探讨宽恕行为在这一关系中的调节作用，探索缓解辱虐管理带来消极结果的途径。

第 7 章，宽恕行为对以心理困扰为中介的辱虐管理与员工工作—家庭冲突关系的调节作用研究。在调查问卷数据的基础上，该章分析了宽恕行为的宽恕意向和宽恕行动两个维度对以心理困扰为中介的辱虐管理与员工工作—家庭冲突关系的调节作用。

第 8 章，结论与启示。该章对研究进行了总结，得到了相关研究结论，从理论上分析了本研究的贡献，提出了本研究对指导管理实践的现实意义，并对研究局限进行了分析，对未来研究方向进行了展望。

鞠　蕾

2020 年 6 月

目录

第1章 绪论

1.1 中国转型期的挑战与本书的切入点

1.1.1 中国经济转型期企业组织与员工面临的工作一家庭冲突挑战

20世纪80年代推行的"计划生育"政策，使得我国形成了特殊的"4-2-1"式家庭结构①，造成了中国当代劳动力过重的家庭负担。2013年11月15日，中共十八届三中全会通过的《中共中央关于全面深化改革若干重大问题的决定》提出"单独二孩"政策，推进中国家庭结构向"4-2-2"式迈进，形成了夫妻2个劳动力养6个非劳动力家庭成员的局面。这更进一步加剧了夫妻二人的家庭压力。同时，我国劳动力市场定价较低，加之妇女地位的提升，"双职工"家庭极为普遍（林忠、鞠蕾、陈丽，2013），"男主外，女主内"的分工界限已经模糊，女性很少有专

---

① "4-2-1"式家庭结构，即4个老人、夫妻2人、1个孩子的家庭结构。同理，"4-2-2"式家庭结构，即4个老人、夫妻2人、2个孩子的家庭结构。

职操持家务的。与以往相比，男性工作者面临更多源于家庭的压力，而女性工作者也面临更多源于工作的压力。每一个劳动者都面临着这种工作与家庭的冲突，这是当代中国每个劳动者面临的较为突出的现实问题。

与此同时，当代劳动力也承受着较高的工作压力，其中，人际压力更为突出。中国正处于经济和社会转型进程中，现代的企业管理制度尚未完全建立。中国企业的"高权力距离"和"家长式领导"等特殊的管理特征，造成了辱骂、责备这种辱虐管理时有发生，也触发了来自领导的过多压力（吴隆增等，2009；吴维库等，2012）。辱虐管理（Abusive Supervision）普遍地存在于企业组织中，是严重的社会问题（Tepper，2007）。在美国，10%~16%的公司员工经常遭受主管的辱虐，并且这一数字连年提高。调查显示，美国企业每年因辱虐管理造成的员工缺勤、医疗费用增加、生产效率下降等损失约为238亿美元（Tepper et al.，2006）。实际上，在工作中，员工最大的压力源于领导的辱虐管理。同时，员工工作上产生的压力会通过"踢狗效应"转移给家庭成员（朱月龙、段锦云、凌斌，2009）。结果，员工工作时间上的占用和辱虐管理产生的压力转移，都造成了工作对家庭的冲突。

由此可见，工作—家庭冲突是目前中国劳动者在工作中面临的主要压力。这种工作与家庭之间的冲突，会引发家庭暴力甚至离婚，从而影响社会稳定，更会引发员工不满、离职率攀升、工作压力增加等诸多消极结果（Parasuraman et al.，1992；Carlson and Perrewé，1999），并对组织绩效、心理契约、组织承诺等产生重大负面影响（Edwards and Rothbard，2000；Aryee et al.，2005；Taylor et al.，2009），甚至影响组织战略制定（Goodstein，1994；Jennings and McDougald，2007）。

那么，如何缓解员工的工作—家庭冲突？针对我国文化背景，在企业组织管理领域，减少辱虐管理，降低员工心理压力是较为行之有效的办法。正如上文所述，来自领导辱虐管理的心理压力是导致员工工作—家庭冲突的重要因素。因此，从现实意义看，揭示辱虐管理导致工作对家庭影响机制是极为重要和紧迫的（Carlson et al.，2011）。在揭示辱虐管理对工作—家庭冲突影响机制的同时，提出具体的指导实践思路，能有效减少员工在工作域中的压力和心理困扰，阻隔个体压力向家庭域的传导，进而提高组织的凝聚力和经营绩效。本项目的研究有助于解决上述关键问题，实现企业积极的组织行为结果，具有较重要的现实意义。

1.1.2 现有研究的不足与本书的切入点

在理论上，工作—家庭冲突（Work-family Conflict）是组织行为学（OB）和人力资源管理（HRM）领域日趋重要的研究论题，该问题对个体和组织而言都是重大的挑战（Kossek and Ozeki，1998）。工作—家庭冲突的研究历时30多年，该主题的研究始终维持稳定增长（Michel et al.，2011）。辱虐管理对工作—家庭冲突的影响研究已经在学术界受到诸多关注（Restubog et al.，2011；Hoobler and Brass，2006；Carlson et al.，2011）。Hoobler and Brass（2006）研究发现，受到辱虐管理的员工会因挫败感、害怕日后受到惩罚而不敢反击，故将自己所受到的侵犯通过争吵、消极情绪状态、冲突互动等转移到家人身上。这些学者为该研究领域发展所做的贡献奠定了后续研究基础。然而，辱虐管理的研究尚处于起步阶段，其与工作—家庭冲突的关系研究更是较新的研究论题，其作用机制尚不明确，如下问题尚需要进一步深入研究：

第一，辱虐管理对员工工作—家庭冲突影响的中介机制尚存在争论。目前，中介机制的争议主要在组织公正（Tepper，2000）和心理困扰（Restubog et al.，2011）作为中介变量的分歧上。那么，辱虐管理对员工工作—家庭冲突的影响机制究竟是怎样的？组织公正和心理困扰究竟哪个作为辱虐管理对员工工作—家庭冲突的中介机制更合适？能否将组织和个体两个层面的中介变量整合研究？这些问题都是需要进一步研究的。

第二，辱虐管理对员工工作—家庭冲突影响的调节机制研究被忽视。辱虐管理对员工工作—家庭冲突影响的调节机制，只有性别这一变量（Hoobler and Brass，2006），尚缺乏其他的思考。还有哪些调节变量可以被纳入分析框架？除了个体角度的调节变量，是否能纳入组织角度的变量进行研究？这些问题也需要深入分析。

总的来说，从理论意义上看，国内外学术界对辱虐管理这一严重社会问题的研究亟待深入探索（见第2章）。本研究整合组织公正和心理困扰两个中介变量，引入组织宽恕氛围调节变量，系统探讨辱虐管理对员工工作—家庭冲突的影响机制，具有一定的理论意义。

1.2 本书的焦点问题及研究目标

辱虐管理行为是严重的社会问题（Tepper，2007），高权力距离使得辱虐管理更为普遍和严重（吴维库等，2009）。辱虐管理会蔓延到家庭域中，从而导致工作—家庭冲突，且工作—家庭冲突会带来诸多消极结果，例如工作不满、离职率攀升、工作压力增加（Carlson and Perrewé，1999），并对组织绩效、心理契约、组织承诺等产生重大负面影响（Edwards and Rothbard，2000；Aryee et al.，2005；Taylor et al.，2009），甚至影响组织战略制定（Goodstein，1994；Jennings and McDougald，2007）。

因此，本研究首先要回答的一个极其重要的问题是：辱虐管理如何影响员工工作—家庭冲突？这是本研究最主要的目标。

同时，我们还必须进一步回答以下这些问题：①辱虐管理对员工工作—家庭冲突影响机制是怎样的？②辱虐管理究竟是如何对员工工作—家庭冲突产生影响的？其作用路径是怎样的？③如何调控辱虐管理对工作—家庭冲突的影响？

1.3 辱虐管理对员工工作—家庭冲突影响的研究思路与研究方法

1.3.1 本书的研究内容与研究思路

1.研究内容

本研究基于 Tepper（2000）和 Restubog et al.（2011）等对辱虐管理与工作—家庭冲突关系的研究，进行三大关系研究。三大关系研究是：

　　①辱虐管理与员工工作—家庭冲突的直接关系（Q1）；

　　②辱虐管理与员工工作—家庭冲突的中介作用机制，即组织公正（Q2.1）、心理困扰（Q2.2）及其整合研究（Q2.3）；

　　③辱虐管理与员工工作—家庭冲突的调节机制，即宽恕行为（Q3）的调节作用。

　　图1-1给出了本研究的概念框架。

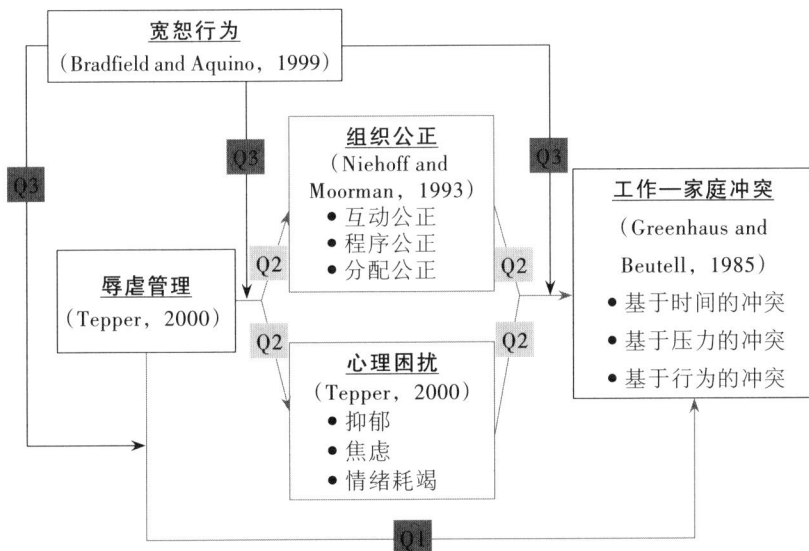

图1-1　本研究概念框架

　　注：为使概念框架更为清晰明了，控制变量未在图中标明。

　　研究一：辱虐管理对工作—家庭冲突影响的直接效应分析

　　辱虐管理能够影响员工工作—家庭冲突吗？其作用机制又是怎样的？辱虐管理能够引发员工工作—家庭冲突已经得到证实（Tepper，2000；Hoobler and Brass，2006；Tepper，2007；Restubog et al.，2011；Carlson et al.，2011），并被学术界认可。但是，学术界对于辱虐管理对员工的时间、压力、行为等工作—家庭冲突维度的具体作用效果缺乏探讨，仅简单探讨二者的关系。出于此种思考，本研究拟针对辱虐管理对工作—家庭冲突的直接影响效应进行具体分析。该部分主要包括如下研究内容：

Q1.1 辱虐管理对工作—家庭冲突影响研究：横截面的直接关系探索

研究二：辱虐管理对工作—家庭冲突影响的中介效应分析

辱虐管理究竟是如何对员工工作—家庭冲突产生影响的？其作用路径是怎样的？虽然辱虐管理对员工工作—家庭冲突影响的中介作用分析已有研究，然而，二者之间具体作用机制尚存在组织公正（Tepper，2000）和心理困扰（Restubog et al.，2011）两个研究视角上的争议。而这两个中介变量本身存在因果关系，两个视角具有融合的可能。基于此，研究二应用多层次分析法（HLM），整合组织公正和心理困扰两个中介变量，系统研究辱虐管理对工作—家庭冲突的具体影响机制。该部分主要包括如下研究内容：

Q2.1：组织公正视角下辱虐管理对工作—家庭冲突影响机制的多层次分析

Q2.2：心理困扰视角下辱虐管理对工作—家庭冲突影响机制的多层次分析

Q2.3：辱虐管理对工作—家庭冲突影响机制研究：组织公正与心理困扰的整合

研究三：辱虐管理对工作—家庭冲突影响的调节效应分析

如何调控辱虐管理对工作—家庭冲突的影响？探索调节变量的作用，有助于解决这一现实问题。然而，辱虐管理与员工工作—家庭冲突关系的调节机制探讨缺乏。宽恕行为的研究（Bradfield and Aquino，1999），为我们提供了新的视角。宽恕行为与和解相关（Freedman，1998，2011），在辱虐关系情境中尤为重要（McNulty，2011；Ysseldyk and Matheson，2008）。宽恕行为对处理辱虐管理这种领导与员工之间的冲突带来的消极情绪具有有效的抑制作用。因此，本研究引入宽恕行为，针对辱虐管理对工作—家庭冲突的调节效应进行分析。该部分主要包括如下研究内容：

Q3.1：辱虐管理与工作—家庭冲突：宽恕行为的调节作用

Q3.2：辱虐管理与工作—家庭冲突：宽恕行为与组织公正的作用

Q3.3：辱虐管理与工作—家庭冲突：宽恕行为与心理困扰的作用

2.研究思路

本研究的技术路线及总体研究方案如图1-2所示。

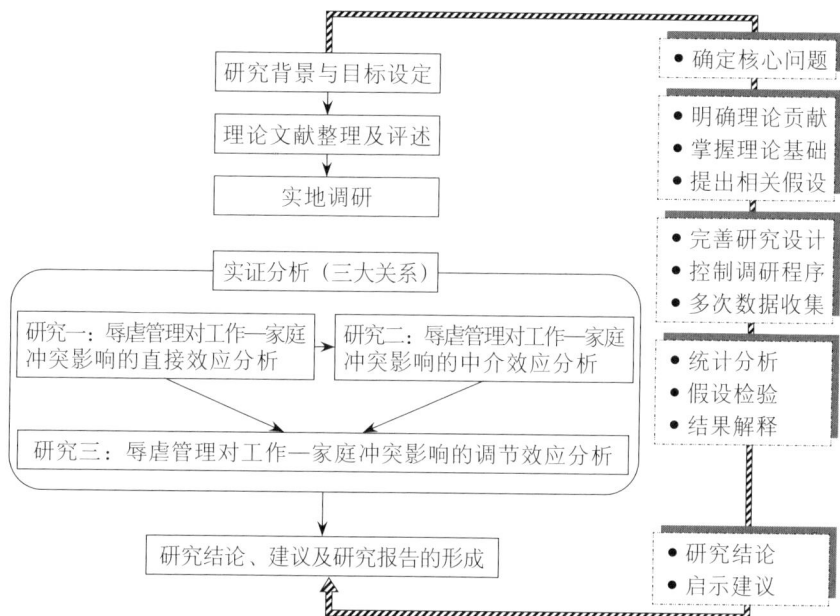

图1-2　本研究的技术路线及总体研究方案

1.3.2　本书的研究方法

本书对于研究方法的选用，紧密结合研究内容需要。此部分仅对本书选用的研究方法进行概括与总结。

1.文献分析法

文献是研究的理论基础和引导，是本研究中量表开发、理论模型构建、扎根理论分析等工作的前期基础。对文献的系统分析，是整个研究的前导研究，是研究成功的关键。良好的文献分析可以防止研究误入歧途。

2.理论推导

本研究通过对文献的系统梳理和归纳，在理论上推导出研究假设和假设模型。理论基础对于实证研究极为重要，所有的假设应该与理论体系相联系，必须具有理论相关性。尽管本研究主要采用实证研究方法，但是，理论推导对于本研究也极为重要。

3.问卷调查法

本研究的目标是探究辱虐管理对工作—家庭冲突影响机制的普遍性关系，大样本问卷调查的实证研究最为适用。应用问卷调查收集数据进行统计分析的实证研究，是目前管理学研究中的主流研究方法，它适合宏观上通过大样本数据探究普遍适用的科学原理，因具有科学性和可重复性而受到推崇。因此，本研究也采用此种主流的研究方法，通过问卷调查收集数据，应用SPSS、AMOS和MPLUS软件，采用因子分析、多层回归、多层次分析和结构方程等多种统计分析方法进行实证研究。

第2章 辱虐管理对员工工作—家庭冲突影响研究的理论基础

2.1 工作—家庭冲突的研究起点与理论发展[①]

2.1.1 工作—家庭冲突的概念界定与研究边界

工作—家庭冲突的概念在学术界已基本形成共识，通常被定义为工作和家庭两个领域的角色压力不相容造成的角色内冲突（Greenhaus and Beutell，1985）。与工作—家庭冲突相似的构念较多（张伶、张大伟，2006），包括工作家庭交互作用（Work Family Interaction）、工作家庭卷入（Work Family Involvement）、工作家庭界面（Work Family Interface）、工作家庭增益（Work Family Enrichment）、工作家庭角色冲突（Work Family Role Conflict）、工作干扰家庭（Work Interference with

---

① 该节部分内容发表于《管理世界》2013年第9期，详见《工作—家庭冲突研究与中国议题：视角、内容和设计》一文。

Family）、家庭干扰工作（Family Interference with Work）等。出现多种相似构念，皆因研究侧重点不同，但这些构念均属于工作—家庭冲突领域的研究内容。工作—家庭冲突的结构依据指向和形式一般有两个方面的理解：从指向来看，工作—家庭冲突具有工作对家庭冲突（WFC）和家庭对工作冲突（FWC）两种冲突类型结构（Frone et al.，1992）；从形式来看，工作—家庭冲突具有基于时间（Time-based）的冲突、基于压力（Strain-based）的冲突和基于行为（Behavior-based）的冲突三种冲突类型结构（Greenhaus and Beutell，1985）。鉴于对工作—家庭冲突的概念和结构的认识已经在学术界达成共识，并为国内学者所熟知，因此在此不再赘述。

由于关注的焦点问题不同，工作—家庭冲突研究派生了角色压力、边界理论、社会认同、文化、社会支持等多个研究视角，也因此形成了不同的研究流派、各异的研究方向与热点领域，丰富了工作—家庭冲突问题的研究。

1.基于角色的冲突：工作角色与家庭角色

早期的工作—家庭冲突研究大多是基于角色冲突（Role Conflict）理论视角的思考，认为工作—家庭冲突是个体的工作角色压力与家庭角色压力的不兼容，导致了角色间相互冲突的结果（Greenhaus and Beutell，1985）。

向前追溯，角色冲突理论源于传统的角色理论，该理论认为角色是对具有特定社会地位的个体所应该具有的一系列特殊行为的期望（Katz and Kahn，1978；Frone and Rice，1987）。这种对角色多种行为的期望会引发个体身心压力，从而导致角色压力的产生（Katz and Kahn，1978）。当两个或多个压力集同时发生时，符合一个集合，却很难符合另外一个集合，这就导致了角色冲突的产生（Kahn et al.，1964）。具体的，工作—家庭冲突是角色间冲突（Interrole Conflict）理论的应用研究。角色间冲突是角色冲突的一种特殊形式，因个体对不同角色期望的不相容导致了不同角色压力集之间的不兼容而引发。在角色间冲突发生时，一个群体中的成员身份带来的角色压力，会与在另一群体中的成员身份带来的角色压力相冲突。

实际上，工作和家庭两个角色的不同期待会引发心理和生理上的压力，导致工作和家庭两种角色压力的产生。而这两种角色压力并不相容，即参与到工作中的角色，通常很难同时参与到家庭角色中，因此造成了工作和家庭这两个角色的冲突（Greenhaus and Beutell，1985）。例如，男性员工晚上加班和回家陪妻子与孩子的压力相冲突，冲突在工作者和丈夫与父亲角色之间产生（Kahn et al.，1964）。在角色冲突形式上，工作—家庭冲突表现为时间、压力和行为上的冲突（Greenhaus and Beutell，1985）。

2.基于边界的冲突：工作域与家庭域

边界理论（Boundary Theory）建立在工作和家庭有各自的域、域又有其边界的基础之上，边界的模糊造成了工作—家庭冲突问题。工作和家庭两个域的边界主要有分割（Segmentation）、溢出（Spillover）和补偿（Compensation）三种关系（Staines，1980；Burke and Greenglass，1987；Edwards and Rothbard，2000）。

分割理论认为，工作域和家庭域是两个相互分离的域，二者互无影响，边界无接触和交叉点（Staines，1980；Burke and Greenglass，1987；Lambert，1990）。分割理论最初关注工作和家庭两个域的自然分割。然而诸多学者对自然分割论提出了质疑，他们认为在生活中的工作域和家庭域是紧密相连的（Edwards and Rothbard，2000）。随着研究的推进，学者们发现个体具有主动维持边界分割的能力和倾向。例如，在现实生活中，人们在家庭域中会积极抑制与工作相关的想法、感受和行为，反之亦然（Piotrkowski，1979）。最终，自然分割论被认为是在工作和家庭之间主动保持边界的行为过程。这种行为上的主动分割作为解决工作—家庭冲突的方法而受到关注。

溢出理论认为工作和家庭两个生活域的边界存在非对称渗透，工作和家庭的边界根据一个域的需求向另一个域以非均等频率或侵入程度进行非对称渗透（Frone et al.，1992）。例如，工作域和家庭域中的价值观、满意、情绪和行为等会相互影响。溢出分为积极溢出（Positive

Spillover）和消极溢出（Negative Spillover）两种。积极溢出是指工作中的满意和激励能够带来更多的家庭满意和精力。而消极溢出是指工作压力引发的困扰纠缠和耗损着个体，导致其不能充分参与到家庭生活中（Higgins and Duxbury，1992）。很多实证研究证明了工作对家庭的消极溢出相对更多（Staines，1980；Evans and Bartolome，1984）。消极溢出是工作—家庭冲突发生的根本原因（Higgins and Duxbury，1992）。溢出理论是工作家庭界面的研究基础。

补偿理论认为一个域的不满可以通过另外一个域的满意来补偿（Burke and Greenglass，1987；Lambert，1990）。这种补偿通常可以通过两种途径来实现：一种是通过减少不满意域的卷入并且增加潜在满意域的卷入来实现；另一种是通过追求另一域的回报来弥补某一域的不满（Edwards and Rothbard，2000）。例如，在一天劳累的工作后回到家里彻底放松休息，以及通过在岗位上拼命工作以回避家庭矛盾，都属于这种情况（Evans and Bartolome，1986）。

3.基于社会认同的冲突：工作者身份与家庭成员身份

社会认同（Social Identity）理论从身份凸显（Identity Salience）入手，指出社会身份凸显促进了角色投资和群体承诺，而不同身份背后的多种价值观相似部分的减少引发了工作—家庭冲突（Lobel，1991；Ng and Feldman，2008）。

个体认知的发展以社会角色为基础，即受制于他们所在群体的成员（Meyer et al.，2006）。在群体成员相互尊重，建立起共享的价值观和内化的信仰时，其身份凸显就会发生（Hornsey and Hogg，2000）。身份凸显会长时间、广泛且深入地影响个体行为，会使个体对群体产生心理承诺，从而接受群体的价值观，并将群体目标作为自己的理想，产生为社会群体竭尽全力的意愿（Meyer et al.，2006；Ng and Feldman，2008）。这会进一步触发角色投入，使得个体愿意在凸显他们社会身份的活动上花更多时间（Burke and Reitzes，1981；Lobel，1991）。如果与不同身份相关的多种价值观极为独特，以致只能在按时间和地点严格分离的情况下扮演某一种身份，那么，伴随不同角色背后价值观重叠部分的减少，工作—家庭冲突就会在多重身份间产生（Allen et al.，1983；Lobel，1991）。例如，在工作—家庭冲突上，工作者的身份要求个体在工作岗位上努力工作，而父亲的身份要求个体在家中参与家庭活动，两种身份具有按地点分离的相对独特的价值观，因此会在工作和家庭之间产生冲突。

4.基于文化的冲突：性别角色、群体倾向、聚集性、人本导向

性别角色期望、个人主义和集体主义倾向、专一性和扩散性文化、文化的人本导向等文化相关理论，都被应用到工作—家庭冲突的研究中。

借鉴性别角色期望（Gender Role Expectations）理论，文化对于性别角色的定位会引发工作—家庭冲突。非传统性别角色卷入是引发工作—家庭冲突的关键问题（Duxbury and Higgins，1999）。传统的性别角色规定了男性和女性的不同任务重点：工作是男性承担的，对家人的责任和家务是女性承担的（Gutek et al.，1981；Gutek et al.，1991）。如果承担了相反性别的责任，则被称为非传统性别角色卷入。在传统性别角色定位中，男性被期待获得客观物质成功，女性被期待更关注主观生活质量（Eagly et al.，2000；Emrich et al.，2004）。在非传统性别角色中，因工作时间延长而引发的工作—家庭冲突高于在传统性别角色中的机率（Gutek et al.，1991）。这也就是说，女性工作者在工作域的时长增加时更容易感受到工作对家庭的冲突（Gutek et al.，1991），进一步说，来自家庭的冲突是女性工作—家庭冲突的主要来源（Duxbury and Higgins，1999）。

个人主义和集体主义（Individualism and Collectivism）文化倾向也被用来解释工作—家庭冲突的指向和根源问题。集体主义文化中，社会支持相对较高，因而相对于个人主义文化而言，工作—家庭冲突通常处于较低水平（Powell et al.，2009）。但是，在个人主义和集体主义两种不同文化背景下，个体对工作家庭冲突的归因不同。过度工作在个人主义文化的美国社会被看成为了自己的职业发展而牺牲了家庭，而在集体主义文化的中国社会却被看成为了家庭利益而牺牲了自己。美国的个人

主义文化形式将家庭放在工作之前，而中国的集体主义文化形式将工作放在家庭之前（Yang et al.，2000）。结果，美国人的工作—家庭冲突通常是由于家庭需求引发的，而中国人的工作—家庭冲突通常是因为工作需求引发的（Yang et al.，2000）。中国员工生活满意度受到工作对家庭冲突的影响，美国员工生活满意度受到家庭对工作冲突的影响（Aryee et al.，1999）。

文化的专一性和扩散性（Specificity and Diffusion）表明了个体工作与家庭分割或整合的程度。专一性文化倾向促进角色分割，扩散性文化倾向促进角色整合。当角色分割明显时，个体倾向于隔离工作域和家庭域的边界，将自己的卷入和压力源限制在一个域中。反之，当角色整合度较高时，个体倾向于使工作域和家庭域的边界模糊化（Ashforth et al.，2000），这时工作—家庭冲突就会产生（Powell et al.，2009）。

文化的人本导向（Humane Orientation）程度通过影响社会支持控制工作—家庭冲突。在高人本导向的文化中，家人、朋友、社团甚至陌生人都是极为重要的，人们对彼此的幸福负责，个体想要为别人提供社会支持的欲望显著（Kabasakal and Bodur，2004）。个体被期望在经济上和物质上帮助他人，在与他人交往时有同情心，能分享有用的信息。反之，在低人本导向的文化中，成员更多地被自我利益和自我享受所驱使。因此，在高人本导向的文化中，社会支持较多，工作—家庭冲突较低（Powell et al.，2009）。

5. 基于社会支持的冲突：组织支持与家庭支持

社会支持（Social Support）理论作为工作—家庭相关研究中降低消极压力影响的重要应对机制而受到诸多关注（Thomas and Ganster，1995；Carlson and Perrewé，1999）。社会支持是个体之间情感关注、工具性协助、信息或评价的转移（House，1981）。社会支持可以通过影响个体控制感（Thomas and Ganster，1995）来降低工作—家庭冲突（Carlson and Perrewé，1999）。诸多研究已经证实，缺乏社会支持与高水平的工作—家庭冲突正相关（Burke，1988；Greenhaus et al.，1987；

Carlson and Perrewé，1999）。社会支持水平能影响工作—家庭冲突引发的压力程度。如果个体感知到工作冲突，则来自组织和同事的社会支持可以减弱这种来自角色冲突的压力；同样，虽然个体可能会有较高的家庭时间需求，但来自配偶的社会支持也可以减弱这种压力影响（Carlson and Perrewé，1999）。因此，工作—家庭冲突领域的社会支持主要来源于组织支持和家庭支持。

组织支持体现在企业对员工幸福的关心，并愿意使用自身资源支持员工的信念（Shaffer et al.，2001）。组织通过支持可以达到同时增加员工工作资源和工作控制的目的，从工作要求—控制—支持（Job Demand-Control-Support，JDCS）和工作要求—资源（Job Demand-Resource，JDR）压力模型角度降低员工工作—家庭冲突（Hammer et al.，2011）。组织支持主要包括正式制度、工作氛围和主管支持三个方面（Taylor et al.，2009）。组织对工作家庭的正式制度支持主要包括政策和福利服务两个方面。政策是指提供灵活工作安排，包括自由时间、家庭办公或工作分享。福利服务包括范围较广的低成本替代选择支持，例如无薪休假和带薪休假等（Taylor et al.，2009）。工作氛围是员工对组织运行方式的感知（Kossek et al.，2001）。如果工作氛围中表现出组织对员工家庭关心的态度，则来自组织的社会支持（Kossek et al.，2001）会促进员工个体对工作和家庭两种角色的耦合（Taylor et al.，2009）。员工对组织支持的感知实际上是通过对来自主管支持的感知实现的，主管对家庭的支持可以使员工感受到更高水平的社会支持，这可以提高员工对工作和家庭责任感的控制，降低工作—家庭消极压力的产生（Hammer et al.，2011）。

在家庭支持方面，家人的鼓励和理解等支持行为能够缓解来自家庭的压力，从而降低工作—家庭冲突（Carlson and Perrewé，1999）。家庭支持包括工具性协助、情感关心、信息和评价功能等（Michel et al.，2011）。在来自家庭的社会支持不足的情况下，个体感受的压力会引起在同一组织系统中另一个体的压力的共鸣，从而具有扩散效应（Westman，2001），但家庭支持可以缓解这种交互作用。例如，来自丈夫的社会支持能够减轻妻子的工作压力和工作—家庭冲突；来自妻子的社会支持也能够缓解丈夫的家庭压力和工作—家庭冲突（Bhave et al., 2010）。

6.工作—家庭冲突研究视角比较及相关研究领域

由于关注焦点不同，形成了工作—家庭冲突的多种研究视角及各异的研究领域（见表2-1）。角色冲突视角关注于角色卷入问题，研究的焦点问题是工作和家庭卷入对工作—家庭冲突形成的作用，研究问题涉及工作家庭增益等。边界理论视角强调工作域和家庭域的边界，从边界模糊和溢出角度探讨工作对家庭和家庭对工作的互相干预形成工作—家庭冲突的机理，工作干扰家庭（WIF）、家庭干扰工作（FIW）、工作家庭界面、工作家庭边界溢出等都是该流派研究的主要关注点。社会认同视角从多重身份凸显使得不同价值观重叠部分减少造成工作—家庭冲突入手，基于个体倾向于在体现身份价值的角色上投入更多精力的假设，主要考虑工作时长对工作—家庭冲突问题的影响，以及工作家庭的角色问题。文化相关理论视角引入多种文化要素，丰富了对工作—家庭冲突问题的解释，主要涉及对性别、跨文化、个人主义和集体主义等问题的关注。社会支持理论视角主要从调节和缓解工作—家庭冲突问题出发，从社会支持、组织支持、家庭友好、家庭支持型主管行为（FSSB）、家庭支持等具体支持方式入手探讨缓解工作—家庭冲突的途径。总的来看，角色冲突、边界理论、社会认同和文化相关理论视角的研究侧重于对工作—家庭冲突发生的本质和内在机理进行揭示，而社会支持视角的研究侧重于发现调节和缓解工作—家庭冲突的要素。

国外学者对工作—家庭冲突的研究集中在心理学和管理学两个研究领域。虽然两个领域的研究因各有侧重而有所差异，但又紧密联系，现已形成相互交融的状态。心理学和管理学两个领域的研究在理论基础和研究结果变量上有一定差异。在理论基础上，心理学领域的研究多基于边界理论，研究焦点集中在工作和家庭之间的边界溢出产生的相互影响问题；管理学领域的研究多基于角色冲突理论，属于冲突管理领域，多探讨工作—家庭卷入和工作—家庭增益问题。在研究结果变量上，心理学

表2-1 工作—家庭冲突研究多视角的争论焦点及其对应研究领域

理论视角	冲突焦点	相关研究领域	代表作者
角色冲突 （Role Conflict）	个体的工作角色压力与家庭角色压力的不兼容	• 工作家庭卷入 • 工作家庭增益	• Greenhaus and Beutell（1985） • Kahn et al.（1964） • Katz and Kahn（1978） • Frone and Rice（1987） • Rothbard（2001）
边界理论 （Boundary Theory）	工作和家庭有各自的域，域的边界的模糊造成了工作—家庭冲突问题	• 工作干扰家庭和家庭干扰工作 • 工作家庭界面 • 工作家庭边界溢出	• Staines（1980） • Burke and Greenglass（1987） • Edwards and Rothbard（2000）
社会认同 （Social Identity）	多重身份背后的不同价值观重叠部分的减少，造成了工作—家庭冲突问题	• 工作家庭角色 • 工作时长	• Lobel（1991） • Meyer et al.（2006） • Ng and Feldman（2008）
文化相关 （Culture）	文化影响工作—家庭冲突的方式和程度	• 性别 • 跨文化研究 • 个人主义和集体主义	• Duxbury and Higgins（1999） • Gutek et al.（1991） • Yang et al.（2000） • Powell et al.（2009）
社会支持 （Social Support）	社会支持能够缓解工作—家庭冲突的行为结果	• 社会支持 • 组织支持 • 家庭友好 • 家庭支持型主管行为 • 家庭支持	• Thomas and Ganster（1995） • Carlson and Perrewé（1999） • Hammer et al.（2009）

领域研究更关注工作—家庭冲突对个体的身心健康和家庭幸福的影响，例如身体劳损、家庭满意、生活满意、精神疾病、心理困扰和情绪等；而管理学领域研究侧重关注组织内的行为结果，例如工作满意、离职倾向、工作苦恼、工作耗竭、心理契约、组织公平、企业成长等。虽然心理学与管理学两个领域对于工作—家庭冲突问题的研究在理论基础和研究结果变量上有所差异，但两个领域的研究始终联系紧密、相互借鉴、共同发展，并没有出现相互分离的趋势。究其原因，主要是由于工作—

家庭冲突研究源于心理学中的工作压力理论，管理学领域对这一问题的研究是对心理学领域相关研究的延伸与拓展。进一步说，一方面，管理学特别是组织行为学和人力资源管理领域的许多基础理论源于心理学；另一方面，工作压力研究属于应用心理学和组织行为学共同关注的研究课题，处在两个研究领域的交集。由于对这一交集感兴趣的学者通常将自己的研究成果发表在心理学和管理学两个领域的期刊上，例如，工作压力领域的研究学者 Michael R.Frone、Marcia Russell、M.Lynne Cooper、Jia Lin Xie 等既在《应用心理学杂志》（JAP）又在《组织行为学报》（JOB）上发表文章，这也在客观上对心理学和管理学领域工作—家庭冲突研究呈现水乳交融状态起到了推波助澜的作用。

2.1.2　工作—家庭冲突研究内容：一个整合的框架

工作—家庭冲突的研究内容主要集中于缘起、结果和调控方法三个方面的讨论。该领域实证研究较多，研究内容涉及变量繁杂。本书以一个整合的框架形式，系统描述和梳理了上述三种关系（如图 2-1 所示）。

1.工作—家庭冲突的缘起：工作域、家庭域与个体特征

从多个理论视角来看，工作和家庭两个领域的冲突是客观而又必然存在的。但是，究竟是什么要素最终触发并加剧了工作—家庭冲突？探究和明晰引发工作—家庭冲突的影响变量是极为重要的，这可以为学术研究和实践应用提供方向（Michel et al.，2011）。根据工作—家庭冲突问题的缘起，对其前因的研究集中于工作域、家庭域及个体特征三个方面，这也沿袭和验证了 Michel et al.（2011）的观点。

从研究发展脉络上看，对工作域中工作—家庭冲突的前因研究体现出学术界从对工作特征的关注到组织因素的转向。早期的研究关注工作域中工作—家庭冲突的影响因素，主要集中于工作属性和工作压力相关要素等工作特征方面的探讨。工作属性方面的研究包括对工作安排的自主性和灵活性、工作时长、工作环境、雇佣类型、薪酬、工作相关关系、结构状况、工作期望等的关注（Gutek et al.，1991；Wallace，

前因变量

工作属性:
工作自主性
工作灵活性
工作时长
工作环境
雇佣类型
薪酬
工作相关关系
结构状况
工作期望

工作特征

工作压力:
工作压力
工作压力源
工作卷入
角色冲突
角色模糊
角色过载
工作控制
工作需求
工作负荷

工作域

组织制度:
家庭友好政策
组织反应
灵活工作安排
亲属照顾福利
信息和提示服务

组织因素

组织行为:
社会支持
主管行为
组织家庭氛围
组织公正
组织公民行为
组织层面冲突
组织嵌入
团体嵌入
同事行为

家庭压力:
角色压力
家庭需求
家庭控制
家庭压力源
家庭压力
家庭卷入
家庭冲突
角色周旋
家庭角色突出

家庭压力
与特征

家庭特征:
婚姻状况
子女照顾
老人照顾
配偶工作

家庭域

家庭支持
配偶支持
家人支持

性别
性别角色定位

个体
特征

个体特质:
性格
情绪状态
自我监督

个体特质
及行为

个体行为:
依存性
责任感
人际冲突

工作—家庭冲突

指向:
WFC
FWC

形式:
时间基础
压力基础
行为基础

社会支持

工作域支持:
组织支持
同事支持

非工作域支持:
配偶支持
家人支持

调节变量

后果变量

态度类:
满意
离职倾向
生活质量
幸福感

心理

状态类:
苦恼
压力
抑郁
工作耗竭
情绪

焦点

身体健康
心理健康
酗酒
家庭社会支持
绩效
药物依赖与滥用
缺勤
组织承诺
心理契约公平
家庭行为
报复行为
留职与离职
匹配
晋升
帮助行为
职业生涯韧性

行为

个体
心理
行为

层面

组织
战略选择
成长机会

消极
苦恼
压力
抑郁
工作耗竭
……

态度

积极
工作和家庭溢出

集中
满意
工作满意
家庭满意
生活满意
婚姻满意
心理满意
休闲满意
职业满意

范畴

多元
个体心理与行为
组织行为
战略选择
……

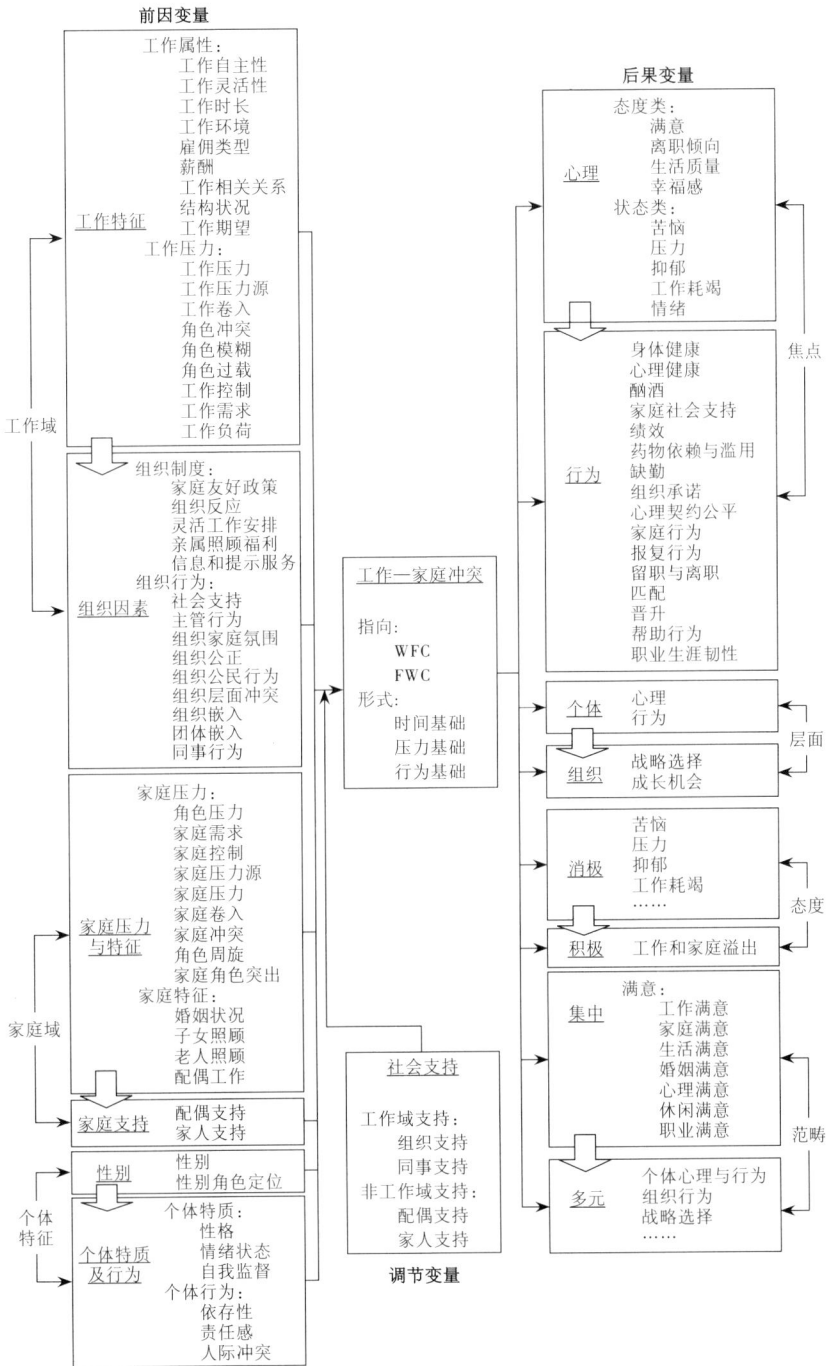

图2-1 工作—家庭冲突研究内容：一个整合的框架

1999；Jackson et al.，1985；Duxbury and Higgins，1991）。对工作压力相关要素的探讨则集中于工作压力及压力源、工作卷入、角色冲突、角色模糊、角色过载、工作控制、工作需求、工作负荷等（Frone et al.，1992；Parasuraman，et al.，1992；Carlson and Perrewé，1999）。随着上述研究的丰富和组织行为研究的发展，对工作—家庭冲突影响因素的研究突破了工作岗位的限制，扩展到组织层面的影响研究，主要包括组织制度和组织行为两个方面。组织制度上的支持性安排，有利于缓解员工工作—家庭冲突，这些制度安排包括家庭友好政策（Family-friendly Policies，FFPs）、组织反应、灵活工作安排、亲属照顾福利、信息和提示服务等（Thomas and Ganster，1995；Hammer et al.，2005；Anderson et al.，2002）。在组织行为方面，组织中的社会支持、主管行为、组织家庭氛围、组织公正、组织公民行为、组织层面工作对家庭冲突、组织嵌入和团体嵌入、同事行为等都会对员工工作—家庭冲突产生影响（Taylor et al.，2009；Bolino et al.，2010；Ng and Feldman，2012）①。

---

① 由于篇幅限制，各领域代表作品未全部展开，在这里做以介绍。将工作自主性和灵活性作为前因变量的作品包括：Staines and Pleck（1984）、Jennings and McDougald（2007）。将工作时长作为前因变量的作品包括：Gutek et al.（1991）、Wallace（1999）、Major et al.（2002）、Ng and Feldman（2008）。将工作环境作为前因变量的作品包括：Wallace（1999）。将雇佣类型作为前因变量的作品包括：Parasuraman and Simmers（2001）。将薪酬作为前因变量的作品包括：Bhave et al.（2012）。将工作相关关系作为前因变量的作品包括：Halbesleben et al.（2012）。将结构状况作为前因变量的作品包括：Jackson et al.（1985）。将工作期望作为前因变量的作品包括：Duxbury and Higgins（1991）。将工作压力及压力源作为前因变量的作品包括：Jackson and Maslach（1982）、Bedeian et al.（1988）、Frone et al.（1992）、Parasuraman et al.（1992）、Aryee et al.（1999）、Baltes and Heydens-Gahir（2003）、Ford et al.（2007）。将工作卷入作为前因变量的作品包括：Frone and Rice（1987）、Duxbury and Higgins（1991）、Frone et al.（1992）、Adams et al.（1996）、Aryee et al.（1999）、Carlson and Perrewé（1999）、Ford et al.（2007）。将角色冲突作为前因变量的作品包括：Duxbury and Higgins（1991）、Parasuraman et al.（1992）、Higgins and Duxbury（1992）、Carlson and Perrewé（1999）。将角色模糊作为前因变量的作品包括：Parasuraman et al.（1992）、Carlson and Perrewé（1999）。将角色过载作为前因变量的作品包括：Parasuraman et al.（1992）、Wallace（1999）。将工作控制作为前因变量的作品包括：Lapierre and Allen（2012）。将工作需求作为前因变量的作品包括：Carlson and Perrewé（1999）、Yang et al.（2000）、Carlson et al.（2011）。将工作负荷作为前因变量的作品包括：Ilies et al.（2007）。将家庭友好政策作为前因变量的作品包括：Thomas and Ganster（1995）、Premeaux et al.（2007）。将组织反应作为前因变量的作品包括：Milliken et al.（1998）。将灵活工作安排作为前因变量的作品包括：Thomas and Ganster（1995）、Anderson et al.（2002）、Hammer et al.（2005）、Hornung et al.（2008）。将亲属照顾福利作为前因变量的作品包括：Thomas and Ganster（1995）、Anderson et al.（2002）、Hammer et al.（2005）。将信息和提示服务作为前因变量的作品包括：Thomas and Ganster（1995）。将组织行为中的社会支持作为前因变量的作品包括：Thomas and Ganster（1995）、Carlson and Perrewé（1999）、Anderson et al.（2002）、Aryee et al.（2005）、Ford et al.（2007）、Taylor et al.（2009）。将主管行为作为前因变量的作品包括：Tepper（2000）、Taylor et al.（2009）、Carlson et al.（2011）。将组织家庭氛围作为前因变量的作品包括：Kossek et al.（2001）、Taylor et al.（2009）。将组织公正作为前因变量的作品包括：Judge and Colquitt（2004）。将组织公民行为作为前因变量的作品包括：Bolino and Turnley（2005）、Bolino et al.（2010）。将组织层面工作对家庭冲突作为前因变量的作品包括：Bhave et al.（2010）。将组织嵌入和团体嵌入作为前因变量的作品包括：Ng and Feldman（2012）。将同事行为作为前因变量的作品包括：Ferguson（2012）。

就家庭域中工作—家庭冲突的影响因素研究而言，在传统的家庭压力和家庭特征相关要素的基础上，不断涌现对社会支持要素的考虑。传统的家庭压力相关的家庭域影响因素研究最为多见，涉及角色压力、家庭需求、家庭控制、家庭压力源、家庭压力、家庭卷入、家庭冲突、角色周旋、家庭角色突出等，表现出与工作域影响因素相对应的特征（Parasuraman et al., 1992；Frone et al., 1992；Yang et al., 2000；Powell and Greenhaus，2010）。工作—家庭冲突的家庭特征相关影响因素主要包括婚姻状况、需要照顾的子女和老年人情况、配偶工作等（Anderson et al., 2002）。在讨论这些传统家庭影响因素的基础上，家庭支持问题受到越来越多的关注，主要关注配偶或其他家庭成员的社会支持行为对员工工作—家庭冲突具有缓解作用的研究（Adams et al., 1996）①。

在个体特征对工作—家庭冲突的研究中，关注点开始从性别转向个体特质及行为的影响。个体特征影响因素研究的焦点是性别对工作—家庭冲突的影响，侧重探讨女性工作—家庭冲突是否高于男性，即是否体现为女性的工作对家庭冲突明显或高于男性，而男性的家庭对工作冲突不明显或低于女性，以及传统性别角色定位对工作—家庭冲突影响等问题（Duxbury and Higgins，1991；Gutek et al., 1991；Powell and Greenhaus，2010；Powell and Greenhaus，2010）。近年来，个体特质及行为对工作—家庭冲突影响的研究开始受到关注。个体特质涉及性格（Aryee et al., 2005）、情绪状态（Williams and Alliger，1994）、自我监督（Zahhly and Tosi，1989）等。个体行为涉及依存性、责任感、人际冲突等行为基础前因（Dierdorff and Ellington，2008）。

---

① 由于篇幅限制，各领域代表作品未全部展开，在这里做以介绍。将角色压力作为前因变量的作品包括：Bedeian et al.（1988）、Parasuraman et al.（1992）。将家庭需求作为前因变量的作品包括：Bedeian et al.（1988）、Parasuraman et al.（1992）、Yang et al.（2000）、Major et al.（2002）、Jennings and McDougald（2007）。将家庭控制作为前因变量的作品包括：Lapierre and Allen（2012）。将家庭压力源作为前因变量的作品包括：Frone et al.（1992）、Aryee et al.（1999）。将家庭压力作为前因变量的作品包括：Baltes and Heydens-Gahir（2003）。将家庭卷入作为前因变量的作品包括：Frone et al.（1992）、Williams and Alliger（1994）、Aryee et al.（1999）。将家庭冲突作为前因变量的作品包括：Parasuraman et al.（1992）、Higgins and Duxbury（1992）。将角色周旋作为前因变量的作品包括：Williams and Alliger（1994）。将家庭角色突出作为前因变量的作品包括：Powell and Greenhaus（2010）。将配偶或家庭成员的社会支持行为作为前因变量的作品包括：Adams et al.（1996）、Carlson and Perrewé（1999）、Ford et al.（2007）、Halbesleben et al.（2012）。

可见，工作—家庭冲突的前因研究是相当丰富的，虽然因涉及大量的变量而显得零散，却都可以整合到工作域、家庭域和个体特征三个范畴中。同时，前因研究的转向较清晰，工作域的关注表现出从工作特征到组织因素的转向，家庭域的关注表现出从家庭压力与特征到家庭支持的转向，个体特征的关注表现出从性别到个体特质及行为的转向。

2.工作—家庭冲突的结果：焦点、层面、态度与范畴

工作—家庭冲突研究涉及管理学、心理学、社会学等诸多学科领域，造成了工作—家庭冲突结果研究的凌乱。对工作—家庭冲突结果变量的梳理，有助于不同领域的研究者在同一平台上对话，从而推进工作—家庭冲突的研究向纵深发展。与此同时，对工作—家庭冲突引发后果的总结与分析，能够强化和加深管理实务界对于工作—家庭冲突带来诸多消极后果的认识和理解，从而找到缓解工作—家庭冲突的路径（Allen et al.，2000）。总的来看，学术界对工作—家庭冲突结果变量的讨论表现出从心理到行为、从个体到组织、从消极到积极、从集中到多元的研究发展特征。

工作—家庭冲突结果变量的研究关注焦点逐渐从心理转变到行为。早期的研究关注工作—家庭冲突对个体心理的影响，涉及态度和状态类变量，其中，态度类变量曾是研究的热点。态度类变量方面的研究主要包括工作—家庭冲突对满意、离职倾向、工作和家庭生活质量、幸福感等的影响（Kossek and Ozeki，1998；Duxbury and Higgins，1991；Parasuraman et al.，1992）。状态类变量方面的研究主要包括工作—家庭冲突带来的工作和家庭苦恼、压力、抑郁、工作耗竭、情绪等状态类结果（Aryee et al.，1999；Edwards and Rothbard，2000；ten Brummelhuis et al.，2012）。近年来，学者们的研究焦点开始移向工作—家庭冲突带来的行为结果的讨论，这些行为结果包括身体健康、心理健康、酗酒、家庭社会支持（FSS）、绩效、药物依赖与滥用、缺勤、组织承诺、心理契约公平、家庭行为、报复行为、留职与离职、个体与组织和工作匹配、晋升、帮助行为、职业生涯韧性等（Frone，2000；Carr et al.，

2008；Taylor et al.，2009；Van Steenbergen and Ellemers，2009；Carlson et al.，2011）①。

工作—家庭冲突结果变量的研究层面开始从个体层面拓展到组织层面。早期的以及绝大多数的工作—家庭冲突相关研究都是从个体层面出发研究工作—家庭冲突的结果。例如，前文所述的满意、离职倾向、工作和家庭生活质量、幸福感等态度类结果，苦恼、压力、抑郁、工作耗竭、情绪等状态类结果，身体健康、心理健康、酗酒、绩效、药物依赖与滥用、缺勤、组织承诺、心理契约公平、报复行为、留职与离职、晋升、帮助行为等行为结果，这些都是个体层面的工作—家庭冲突结果。近年来，工作—家庭冲突问题已经在企业成长和战略选择层面受到关注。研究多从企业家的工作—家庭冲突入手，探讨其对企业战略选择及成长机会的影响。例如，Jennings and McDougald（2007）引入工作—家庭冲突理论，回答了为什么男性企业领导人和女性企业领导人的经营绩效始终有差别的问题。他们指出，在企业成长方面，由于性别角色社会化的存在，女企业家会感受更多的由时间压力引发的工作—家庭冲突。来自女企业家的家庭对其工作的过多干

---

① 由于篇幅限制，各领域代表作品未全部展开，在这里做以介绍。将满意作为结果变量的作品包括：Bedeian et al.（1988）、Parasuraman et al.（1992）、Higgins and Duxbury（1992）、Rice et al.（1992）、Kossek and Ozeki（1998），以及后文的工作、家庭、生活、婚姻、心理、休闲等多种满意所涉及的文献。将离职倾向作为结果变量的作品包括：Jackson et al.（1985）、Werbel（1985）、Carlson and Perrewé（1999）、Shaffer et al.（2001）、Anderson et al.（2002）、Gajendran and Harrison（2007）。将工作和家庭生活质量作为结果变量的作品包括：Duxbury and Higgins（1991）、Higgins and Duxbury（1992）、Rice et al.（1992）。将幸福感作为结果变量的作品包括：Parasuraman et al.（1992）、Parasuraman and Simmers（2001）。将苦恼作为结果变量的作品包括：Frone et al.（1992）、Aryee et al.（1999）、Major et al.（2002）、Song et al.（2011）。将压力作为结果变量的作品包括：Karambayya and Reilly（1992）、Parasuraman et al.（1992）、Judge et al.（1994）、Parasuraman and Simmers（2001）、Anderson et al.（2002）、Judge and Colquitt（2004）、ten Brummelhuis et al.（2012）。将抑郁作为结果变量的作品包括：Thomas and Ganster（1995）、Aryee et al.（1999）。将工作耗竭作为结果变量的作品包括：Mauno and Kinnunen（1999）。将情绪作为结果变量的作品包括：Edwards and Rothbard（2000）、Livingston and Judge（2008）、Halbesleben et al.（2012）。将身体健康作为结果变量的作品包括：Cooke and Rousseau（1984）、Mauno and Kinnunen（1999）、Van Steenbergen and Ellemers（2009）、Carlson et al.（2011）。将心理健康作为结果变量的作品包括：Mauno and Kinnunen（1999）、Vinokur et al.（1999）、Frone（2000）、Carlson et al.（2011）。将酗酒作为结果变量的作品包括：Frone et al.（1993）、Wang et al.（2010）。将家庭社会支持作为结果变量的作品包括：Adams et al.（1996）。将绩效作为结果变量的作品包括：Edwards and Rothbard（2000）、Gajendran and Harrison（2007）、Hoobler et al.（2009）、Van Steenbergen and Ellemers（2009）、Lazarova et al.（2010）。将药物依赖与滥用作为结果变量的作品包括：Frone（2000）。将缺勤作为结果变量的作品包括：Anderson et al.（2002）、ten Brummelhuis et al.（2012）。将组织承诺作为结果变量的作品包括：Aryee et al.（2005）、Carr et al.（2008）。将心理契约公平作为结果变量的作品包括：Taylor et al.（2009）。将家庭行为作为结果变量的作品包括：Ilies et al.（2007）。将报复行为作为结果变量的作品包括：Little et al.（2007）。将留职与离职作为结果变量的作品包括：Carr et al.（2008）、Carlson et al.（2011）、Green et al.（2011）。将个体与组织和工作匹配作为结果变量的作品包括：Hoobler et al.（2009）。将晋升作为结果变量的作品包括：Hoobler et al.（2009）。将帮助行为作为结果变量的作品包括：ten Brummelhuis et al.（2010）。将职业生涯韧性作为结果变量的作品包括：Green et al.（2011）。

预，会引发较高的心理压力，进而产生影响企业成长的行为。在战略选择方面，女企业家会经历更多的工作—家庭冲突，结果她们不常选择"成长促进"型战略，而是倾向于选择"成长约束"型战略，从而限制了企业的发展规模。

学术界对工作—家庭冲突影响效应的认知态度呈现从消极向积极转变的态势。从对冲突的本质理解上看，工作—家庭冲突被视为引发消极结果的重要因素的思想盛行了近30年。工作—家庭冲突会引发工作和家庭两个方面的不满（Greenhaus and Granrose，1992；Higgins and Duxbury，1992），导致耗竭和压力上升（Karambayya and Reilly，1992；Mauno and Kinnunen，1999），以致引发缺勤甚至离职等消极后果（Carr et al.，2008；Anderson et al.，2002），最终可能影响企业发展和制约企业规模（Jennings and McDougald，2007），有关这些消极结果的研究正在不断丰富和发展。然而，随着积极心理学的兴起，众多学者开始从积极的视角来重新审视工作—家庭冲突问题，研究开始关注工作—家庭冲突带来的积极结果。基于边界理论的积极溢出（Positive Spillover）原理，工作家庭增益（Work-family Enrichment）相关问题受到诸多学者的关注（Greenhaus and Powell，2006）。例如，Edwards and Rothbard（2000）就曾从促进或增益的视角指出工作和家庭二者之间可以发生积极溢出。Lazarova et al.（2010）关注工作家庭相互干预的积极结果，对国际外派人员工作和家庭增益问题进行了研究。Greenhaus and Powell（2006）认为工作和家庭两个角色彼此积极促进，他们将工作家庭增益定义为在一种角色中的感受能够促进另一角色中的生活质量。Rothbard（2001）指出男性能够感受到工作对家庭的增益，女性也同样能够感受到家庭对工作的增益。

工作—家庭冲突结果变量的研究范畴逐渐从集中化趋于多元化。早期的工作—家庭冲突的结果变量研究，集中化程度非常高，绝大多数学者的研究都关注满意，该领域的研究极为丰富和深入，涉及工作满意、家庭满意、生活满意、婚姻满意、心理满意、休闲满意、职业满意等多个方面的满意（Parasuraman et al.，1992；Rice et al.，1992；Kossek and Ozeki，1998；Carlson and Perrewé，1999）[①]。虽然这种聚焦式研究有助于深入和全面揭示工作—家庭冲突对满意的影响机制，但却将工作—家庭冲突的研究局限在单一范畴内，这并不利于理论的发展。直至21世纪，工作—家庭冲突结果变量的研究范畴才开始趋于多元化发展，压力、情绪、身心健康等个体心理和行为结果变量受到广泛关注（Anderson et al.，2002；Edwards and Rothbard，2000；Carlson et al.，2011），社会支持等前沿理论也被引入工作—家庭冲突结果变量的研究（Adams et al.，1996），组织承诺和心理契约等组织行为（Aryee et al.，2005；Carr et al.，2008；Taylor et al.，2009）及战略选择（Jennings and McDougald，2007）等组织层面的研究也开始涌现。这说明，工作—家庭冲突结果变量的研究范畴不断拓展，内容不断丰富，呈现出多元化的研究态势。

依据上述分析，结果变量的研究也是工作—家庭冲突领域关注的主要问题，研究范畴广泛，涉及构念众多。然而需要指出的是，虽然工作—家庭冲突结果变量的研究趋势呈现出行为、组织、积极和多元化的特征，但在组织层面的研究依然较为欠缺。因此，突破对个体员工的关注，进一步探究工作—家庭冲突对组织行为影响的内在机理，是对组织管理更为有益的研究发展，也是未来应该关注的研究方向。

3.工作—家庭冲突的调控：社会支持

究竟如何控制工作—家庭冲突问题？前因变量的研究为我们提供了诸多从源头上厘清这个问题的视角，然而，实践中却发现这种控制前因变量的理论并不总能够对指导实践提供有效的帮助。例如，组织在灵活工作安排或请假政策方面着手的改进，就未得到员工的积极响应，这是因为员工认为这些政策的使用一定会带来消极的结果，例如会减少晋升

[①]　由于篇幅限制，各领域代表作品未全部展开，在这里做以介绍。将工作满意作为结果变量的作品包括：Bedeian et al.（1988）、Karambayya and Reilly（1992）、Parasuraman et al.（1992）、Rice et al.（1992）、Judge et al.（1994）、Thomas and Ganster（1995）、Adams et al.（1996）、Kossek and Ozeki（1998）、Carlson and Perrewé（1999）。将家庭满意作为结果变量的作品包括：Parasuraman et al.（1992）、Rice et al.（1992）、Adams et al.（1996）、Kossek and Ozeki（1998）、Carlson and Perrewé（1999）。将生活满意作为结果变量的作品包括：Bedeian et al.（1988）、Duxbury and Higgins（1991）、Higgins and Duxbury（1992）、Judge et al.（1994）。将婚姻满意作为结果变量的作品包括：Bedeian et al.（1988）、Karambayya and Reilly（1992）、Barling and Macewen（1992）、Mauno and Kinnunen（1999）。将心理满意作为结果变量的作品包括：Barling and Macewen（1992）。将休闲满意作为结果变量的作品包括：Rice et al.（1992）。将职业满意作为结果变量的作品包括：Parasuraman and Simmers（2001）、Martins et al.（2002）。

机会，会使收入降低（Taylor et al.，2009）。鉴于控制前因变量的路径困难重重且在实践中效果有限，学术界开始转向对调节变量的关注。在工作—家庭冲突的调节变量中，提供社会支持是最主要的办法。诸多学者从工作域和非工作域两个角度，探讨社会支持缓解工作—家庭冲突问题的途径。

在与工作相关的社会支持上，组织对家庭的支持是缓解员工工作—家庭冲突的主要支持方式，组织支持可以缓解工作—家庭冲突带来的消极后果（Shaffer et al.，2001；Anderson et al.，2002；Bhave et al.，2010），家庭友好环境可以降低工作—家庭冲突带来的压力等结果（Thomas and Ganster，1995；Premeaux et al.，2007；Hammer et al.，2005）。组织对家庭的支持主要表现在组织对员工承担家庭责任的支持，包括对员工的子女、父母、祖父母、配偶、亲属甚至继亲的适当帮助等（Thomas and Ganster，1995）。组织家庭支持主要包括家庭支持政策和家庭支持型主管两个方面（Thomas and Ganster，1995）。组织家庭支持政策并不是身体或心理上的健康福利、保险计划或员工辅助项目，而是为使员工履行日常家庭责任变得容易所提供的各种服务，包括照顾孩子或老人、灵活的工作时间安排、提供信息和咨询、对生病孩子的照料、家庭办公、工作分担、育儿研讨会、探亲假等（Thomas and Ganster，1995）。家庭支持型主管侧重关注员工工作—家庭的责任平衡，这种支持包括为员工安排灵活的工作计划，能够忍受员工在工作时间内接听较短的私人电话，允许在下雪天带孩子上班，甚至在孩子安静地坐着时对孩子说一些友善的话（Thomas and Ganster，1995）。这些行为都对降低员工工作—家庭冲突具有显著作用（Hammer et al.，2009；Van Steenbergen and Ellemers，2009）。另外，来自同事的支持也能调节工作—家庭冲突引发的消极行为结果（Wang et al.，2010）。在非工作相关的社会支持上，配偶和家人的社会支持是缓解工作—家庭冲突的关键。来自家人的支持，包括鼓励和理解，能够有效缓解来自家庭的压力，在降低工作—家庭冲突中起到重要作用（Holohan and Gilbert，1979；Adams et al.，1996；Carlson and Perrewé，1999）。

社会支持可以缓解工作—家庭冲突已经得到学术界的普遍认可，然而在社会支持的作用方式上仍然存在争议（Carlson and Perrewé，1999）。虽然 Carlson and Perrewé（1999）通过实证研究对社会支持作为调节变量、中介变量、前因变量以及独立的影响因素进行了对比分析，可最终得到的结论是，在工作—家庭冲突的研究中把社会支持作为前因变量更为合理。但社会支持究竟是调节变量、中介变量还是前因变量的问题，并没有在学术界达成共识。例如，Thomas and Ganster（1995）认为社会支持中的主管支持是员工工作—家庭冲突的前因变量。Adams et al.（1996）则认为社会支持中的家庭社会支持在工作和家庭卷入与工作—家庭冲突间起到中介作用。Bhave et al.（2010）认为社会支持对员工工作—家庭冲突起到调节作用。

实际上，早期的工作—家庭冲突研究多关注前因和后果变量的拓展与分析，忽视了调节变量的作用。工作—家庭冲突的调节变量近几年才开始受到关注，研究主要集中于社会支持方面，研究角度较为单一。在未来研究中，调节变量的多元化发展应该受到学术界的重视。

2.1.3 工作—家庭冲突研究设计：方法、测量与样本

1. 工作—家庭冲突的研究方法：规范并复杂的量化研究方法的趋同

研究方法的选取是有效证明所建构理论的关键，同时，又受制于研究问题的理论发展阶段与问题具体特征。工作—家庭冲突问题较为具体，其构念并不宏大与抽象，研究呈现纵深化发展的态势，研究范畴相对集中。因此，工作—家庭冲突研究方法在多样中亦表现出统一和趋同的特点。

在工作—家庭冲突的研究中，纯理论构建的文献较少，在104篇文献中只有9篇，这9篇文献多是引入前沿理论从新的视角研究工作—家庭冲突的经典之作。例如，Greenhaus and Beutell（1985）基于角色压力视角，从时间基础、压力基础和行为基础三个方面解释了工作和家庭冲突的缘起，创建并开拓了工作—家庭冲突研究领域。再如，Lobel（1991）将社会认同理论引入工作—家庭冲突的研究中，从身份凸显角度解释了工作—家庭冲突发生的缘起，开拓了工作—家庭冲突研究社会认同流派的新领域。从理论研究的时间分布来看，工作—家庭冲突的理

论研究贯穿整个研究过程，不断有新的理论被引入该研究领域，引发一个又一个研究高潮。

虽然理论构建型研究作为研究焦点的转向在工作—家庭冲突研究中的重要性凸显，但实证研究始终是工作—家庭冲突领域的主流研究方法。与大多数研究问题相类似，工作—家庭冲突问题的实证研究中，定量研究较多，而质性研究相对较少。在本书选定的104篇文献中，定量研究的文章有76篇之多。定量研究中，使用最为广泛的方法依然是通过问卷调查获取一手数据，进行回归和结构方程分析等统计分析，证实研究理论。例如，Frone and Rice（1987）通过邮寄问卷的方式对美国东北部一所公立大学中141名非教学型专业员工进行问卷调查获取数据，应用回归分析证实了他们对于工作卷入与工作—家庭冲突正相关的理论假设。再如，Powell and Greenhaus（2010）以美国一所高校的MBA学员及其配偶为配对样本进行问卷调查，共获得264对（528份）问卷数据，然后在此数据的基础上应用结构方程对假设模型进行修正，最终得到了性别对工作—家庭冲突影响机制模型。

工作—家庭冲突领域问卷调查研究方法的应用已经从简单的横截面研究，转向多个时点、多个层次、多个研究以及纵向研究的复杂研究设计。学者们通过多种方法回应和消除了学术界对于问卷调查方法在横截面数据和同源方差等方面的质疑，研究结果也因此趋于精准。有的学者应用在两个时点分别收集前因变量和结果变量的数据的方法来进行实证研究。Tepper（2000）在研究中分两次收集数据，第一次收集辱虐管理（Abusive Supervision）、就业岗位流动感知、互动公正、程序公正和分配公正等前因变量数据，第二次收集自愿离职、工作满意、生活满意、组织承诺、工作家庭冲突、心理困扰等结果变量数据，应用回归分析验证了辱虐管理对工作—家庭冲突具有正向影响效应等理论假设。Lapierre and Allen（2012）也应用了"时间分离"（Temporal Separation）的问卷调查技术通过两次问卷调查考察了控制和计划行为对工作—家庭冲突的影响问题，第一次收集控制和计划行为这两个前因变量的数据，第二次收集工作—家庭冲突这个结果变量的数据，然后应用回归分析验证他们的理论假设。有的学者应用多层次分析法（HLM）证实自己的研究问题。Ilies et al.（2007）运用多层次分析法证实了员工工作—家庭冲突感知能够影响家庭域中的行为。也有的学者设计纵向研究，探究研究结果随时间推进的变化。Carlson et al.（2011）对 179 名被试在产后 4 个月、8 个月和 12 个月 3 个时点进行了 3 次问卷调查的跟踪研究，分析了产后工作女性的工作家庭干预对健康和离职的影响。Hammer et al.（2005）和 Bhave et al.（2012）都应用了两个时点收集的两波数据来进行实证研究，以验证自己的研究问题。更有的学者设计纵横结合的两个研究全面证实研究结果。Van Steenbergen and Ellemers（2009）设计了一横一纵两个研究分析了工作—家庭冲突对员工健康和绩效的影响。其中，第一个研究设计为针对 1 134 个样本的大规模问卷调查的横向研究，证实了工作—家庭冲突对员工健康和绩效具有影响效应；第二个研究设计为针对 58 个小样本问卷调查的纵向跟踪研究，证实了随时间变化工作—家庭冲突对员工健康和绩效有持久影响。

另外，跨文化研究和元分析等研究方法也在工作—家庭冲突研究中得到应用。例如，Yang et al.（2000）通过跨文化分析得出，由于对于工作和家庭时间的价值观不同，美国人倾向于更高的家庭需求，因此会感知更多的家庭—工作冲突，而中国人偏重于更高的工作需求，因此会感知更多的工作—家庭冲突。Ng and Feldman（2008）应用元分析方法检验了工作时长、组织认同、职业认同、家庭认同之间的关系，最终得到工作时长和员工幸福感及工作—家庭冲突具有曲线关系。

此外，也有学者通过对数据库等二手资料的深度分析证实研究问题。例如，Dierdorff and Ellington（2008）使用芝加哥大学的美国国家民意研究中心（National Opinion Research Center）GSS 数据库的相关数据，应用多层次分析法研究了行为基础的工作—家庭冲突问题。

在定量研究广泛流行之时，质性研究给工作—家庭冲突领域的学术界带来了新意。工作—家庭冲突的质性研究多采用案例研究，通过对所选案例公司员工访谈资料等文本采用扎根理论分析的方法进行研究。例如，Pratt and Rosa（2003）以安利（Amway）、玫琳凯（Mary Kay）和隆加伯格（Longaberger）为案例，通过对历时 3 年收集到的书籍、音频和视频等档案材料，以及参与观察和员工访谈的资料进行两阶段的扎根理论分析，对工作—家庭冲突视角下的组织承诺问题进行了研究。Litrico and Lee（2008）以3个公司为案例，对公司中的专业人员及其配偶、老板、同事、人力主管4个方面与其相关的关键人物进行深度访谈，并对访谈资料采用扎根理论分析，对灵活工作安排中的工作—家庭平衡问题进行了研究。

总之，工作—家庭冲突研究方法集中在基于问卷调查数据进行统计分析的定量实证研究上，研究规范、严谨，且已经从简单的横截面研究转向多个时点、多个层次、多个研究以及纵向研究的复杂研究设计。然而，质性研究在工作—家庭冲突领域中应用仍相对较少。

2.工作—家庭冲突的测量工具：清晰的共识性选择

在问卷调查成为工作—家庭冲突研究中最为广泛使用的研究方法的背景下，测量量表的选择显得至关重要，测量量表的效度是决定实证检验成败的关键。早期的研究测量量表的使用并不统一，且由于理论的初创性，自开发量表较多（Yogev and Brett，1985；Lobel，1991；Frone et al.，1992）。随着研究发展，测量量表更为成熟，且出现了更多的共识性选择，量表选取相对集中。

总的来看，虽然工作—家庭冲突的测量量表较多，但在学术界达成共识并广泛使用的量表也相对集中。工作—家庭冲突的测量量表的选用是依据研究内容和工作—家庭冲突构念结构做出判断的。目前工作—家庭冲突量表的应用主要集中于两个方面：一是依据时间基础、压力基础和行为基础三个维度对工作—家庭冲突进行测量；二是依据家庭对工作冲突和工作对家庭冲突两个维度对工作—家庭冲突进行测量。学术界对时间基础、压力基础和行为基础三维度结构的工作—家庭冲突测量主要选用Carlson et al.（2000）开发和应用的量表。该量表共有18个题项，按工作—家庭冲突的时间基础、压力基础和行为基础3种形式，以及工作对家庭干预和家庭对工作干预2个指向，组合成6个维度，其中每一个维度有3个题项。

依据家庭对工作冲突和工作对家庭冲突两个维度对工作—家庭冲突进行测量的研究，主要选用Kopelman et al.（1983）、Gutek et al.（1991）、Frone et al.（1992）和Netemeyer et al.（1996）修订或开发的量表。Kopelman et al.（1983）修订的量表共有16个题项，工作冲突和家庭冲突各有8个题项，由于题项较多，后来的研究者多选用其中的几个题项来进行测量。Gutek et al.（1991）开发的量表共有8个题项，其中4个题项测量工作对家庭干预，另外4个题项测量家庭对工作干预。Frone et al.（1992）开发的量表共有4个题项，2个测量工作对家庭冲突，另外2个测量家庭对工作冲突。Netemeyer et al.（1996）开发的量表共有10个题项，其中测量工作对家庭冲突和家庭对工作冲突的题项各有5个。

另外，也有的学者选用Grzywacz and Marks（2000）、Geurts et al.（2005）、Grzywacz and Bass（2003）、Carlson and Frone（2003）等开发的量表，但为数不多，本书不再赘述。在所有量表当中，应用最多的是Netemeyer et al.（1996）开发的量表，其次是Gutek et al.（1991）开发的量表。但是需要指出的是，量表的选择还应以研究问题为准，不能单独考虑量表的认可度和影响力。若以角色冲突为理论基础，以时间基础、压力基础和行为基础入手进行研究，可以考虑选用Carlson et al.（2000）的量表；若以边界理论为理论基础，对于以家庭和工作交互干预与影响为主题的研究，则选用Kopelman et al.（1983）、Gutek et al.（1991）、Frone et al.（1992）和Netemeyer et al.（1996）开发的量表更为合适。

3.工作—家庭冲突的样本选择：主题限定的独特性

由于工作—家庭冲突问题涉及家庭范畴，因此研究样本具有一定的独特性，大部分研究者要求被试具有一般的家庭结构，例如已婚或双职工家庭（Dual Earner Couples）、有18岁以下的孩子、在照顾老年人的数目上有所要求，以此保证样本具有研究工作—家庭冲突的可能。也有的学者要求被试承担管理或专业工作，因为专业工作通常被认为具有职业导向（Duxbury and Higgins，1991），具有更高的工作需求，更可能引发工作—家庭冲突。例如，Duxbury and Higgins（1991）在对工作—家庭冲突中的性别差异进行的研究中，对被试在三个方面加以限制：一是被试必须已婚，且配偶在外承担全职工作；二是被试需要有在家居住的孩子；三是要求被试及其配偶承担管理或专业工作。Hammer et al.

（2005）、Aryee et al.（2005）、Bakker et al.（2008）在研究中都要求样本来自双职工家庭。

根据研究问题，配对样本也是工作—家庭冲突领域常用的样本形式，多用于夫妻之间工作和家庭冲突交互影响的研究。例如，Ferguson（2012）收集了190对被试及其配偶的配对样本，分析了同事不文明行为对样本配偶的婚姻满意度和工作—家庭冲突水平的影响。Green et al.（2011）以美国中西部大学155对助理教授和副教授与其配偶的配对样本为基础，从认知评价（Cognitive Appraisal）和间接交叉影响（Indirect Crossover）角度，研究了配偶对工作—家庭冲突的反应。Song et al.（2011）用100对正在寻找工作但尚未被雇用者和他们有工作的配偶的配对样本，研究了工作者与他们无工作的配偶之间压力交互影响问题。

另外，随着跨文化研究在工作—家庭冲突领域的兴起及学者们日渐关注文化对工作—家庭冲突的影响，工作—家庭冲突的研究样本也在国籍上体现出多元化特征。研究样本包括来自美国（Aryee et al.，1999；Yang et al.，2000；Ng and Feldman，2012）、中国（Wang et al.，2010；Song et al.，2011；Yang et al.，2000；Ng and Feldman，2012）等。

从已有研究来看，工作—家庭冲突领域研究样本的选择具有独特性，多集中于已婚群体和管理或专业工作的社会群体。但是，未婚或离婚群体和蓝领等工人群体也同样存在工作—家庭冲突问题，但以这些群体为样本的研究较缺乏（Allen et al.，2000）。

2.1.4　中国学者工作—家庭冲突研究面临的挑战与机遇

工作—家庭冲突理论研究自 Greenhaus and Beutell（1985）提出至今，已经有30多年的研究历程。这是一个始终位居前沿并不断成熟的研究领域，多种理论视角的推进与发展使得工作—家庭冲突的研究历久弥新。近几十年来，工作—家庭冲突领域的研究文献数量一直稳定增长（Michel et al.，2011），表现出巨大的发展潜力，也为学者提供了新的研究机遇。本研究对国际上近30年来工作—家庭冲突研究的回溯与审视、总结与梳理遂可借鉴。然而，研究的知识谱系探讨的目的并不在于"回溯"本身，其关键是探寻如何经由一种对待情境和历史的新思维来观照当下现实（韵江，2011），亦即我们应该如何在工作—家庭冲突研究上有所建树，这是中国学者不可避免需要面对的挑战与机遇。在国外学术同行对工作—家庭冲突的研究处于升温势头之时，中国学者加入这个队伍之后已经"走到哪里"？国内学者对这个问题进一步展开深层次研究的"路在何方"？

1. "走到哪里"：中国学者的研究现状

目前，工作—家庭冲突的研究已经受到中国学术界的重视和认可，亦处于蓬勃发展时期，具有良好的研究前景。国内工作—家庭冲突的研究文献在2006年前寥寥无几，2006年出现了突增态势，随后逐年增加。国内许多优秀的管理学和心理学期刊，如《中国工业经济》《管理学报》《南开管理评论》《管理评论》《工业工程与管理》《心理学报》《心理科学》等，都刊登过这一主题的文章。一些组织行为学和心理学界的著名学者也对该问题给予关注，例如赵曙明、杨百寅、孙健敏、时勘等。从国内现有研究来看，早期的工作—家庭冲突研究多为描述性介绍与回顾性研究（例如，陆佳芳等，2002；张再生，2002；安砚贞、Wright，2002；王西、廖建桥，2006；张伶、张大伟，2006；宫火良、张慧英，2006；王永丽、何熟珍，2008）。但是，近些年随着研究的深入，国内学者在工作—家庭冲突的研究上取得了许多新进展，其中，以工作—家庭冲突领域中对前因与后果变量的研究成果最有代表性。

（1）国内学术界对工作—家庭冲突前因变量的研究

国内学者对工作—家庭冲突前因变量的研究，涉及工作属性、社会支持、工作投入、人格特质、性别角色压力、家庭友好实践、性别、宏观社会文化、管理哲学与组织文化、管理实践、管理者意识、尊重感、自我决定机制、个人与环境匹配、团队凝聚力等。孙健敏等（2011）通过对207名企业员工的实证研究发现，工作投入对时间冲突和行为冲突都具有显著的负向预测作用，组织支持感在工作投入与行为冲突的关系中起调节作用。张莉等（2010）研究发现，工作参与和工作负荷对工作家庭冲突具有影响效应。刘玉新、张建卫（2010）以全国1 868名企业经理人为对象，对家庭友好实践、人格特质对工作—家庭冲突的影响进行了研究。他们研究发现，组织的政策友好、上司友好和文化友好均对工作—家庭冲突总体具有显著作用，文化友好和神经质对工作—家庭冲突影响最为显著。张莉等（2012）认为支持资源对员工工作—家庭促进有影响。张勉等（2009）研究发现员工的角色冲突和工作负荷对工作—家庭冲突具有正向影响效应。王永丽、叶敏（2011）研究了引发工作—家庭冲突的不同形成机制，认为角色过载是工作—家庭冲突的首要前因变量，角色投入是工作—家庭促进的首要前因变量。王华锋等（2009）研究发现，性别对工作—家庭冲突有影响，女性员工比男性员工经历更多时间上的工作—家庭冲突，同时也经历更高压力的工作—家庭冲突，但晋升机会、工作报酬、配偶支持、家庭时间需求等工作和家庭相关变量对这一关系起到中介作用。谢义忠、时勘（2007）研究指出，工作要求对工作侵扰家庭有显著正向影响，而工作决策幅度、上级支持、家人与亲友支持对家庭侵扰工作有显著负向影响。罗耀平等（2007）指出，工作—家庭冲突的前因变量主要包括工作与家庭层面的压力、特点、性别等。李晔（2003）研究发现，工作—家庭冲突的前因变量包括工作时间、加班与轮班、工作卷入、来自单位的支持和照顾家中老幼等。此外，刘永强、赵曙明（2006）指出，宏观社会文化、管理哲学与组织文化、管理实践、管理者意识等会影响工作—家庭冲突。刘玉新等（2009）通过实证研究发现，来自配偶的尊重感通过影响家庭活动的自我决定动机影响家庭对工作冲突，来自上司的自治感和来自下属的尊重感通过工作的自我决定动机影响工作对家庭冲突。马丽、徐枞巍（2011）的研究结果显示，当组织提供的工作家庭边界管理环境和个体的工作家庭边界管理偏好匹配时，个体体验较低水平的工作对家庭冲突和家庭对工作冲突，此时，员工能表现得更好，工作对家庭冲突和家庭对工作冲突减少。张伶、聂婷（2013）研究指出，团队凝聚力对工作—家庭促进具有影响效应。

（2）国内学术界对工作—家庭冲突后果变量的研究

国内学者对工作—家庭冲突后果变量的研究主要集中在对工作满意度和工作倦怠的探讨，另外，也零散地出现过关于生活满意度、离职意向、心理健康、组织承诺、职业高原、退缩行为、组织行为后果等作为结果变量的探讨。许多研究发现工作—家庭冲突对工作满意度具有负向影响效应。李雪松（2011a，2011b，2012）研究发现工作—家庭冲突对职业高原、组织承诺和工作满意度具有一定的影响。张莉等（2012）研究指出，工作—家庭促进对工作满意、组织情感承诺和离职意向都有影响作用。李锡元、高婧（2011）研究发现工作—家庭冲突对工作满意度具有显著的负向预测作用；而个体感受到的上司支持感对工作满意度具有显著的正向预测作用；此外，上司支持感能够在工作—家庭冲突对工作满意度的影响上起到一定的调节作用。周春森、郝兴昌（2009）和佟丽君、周春森（2009）的研究也证实了工作干涉家庭和家庭干涉工作对生活满意度存在显著预测作用，且呈显著负相关。罗耀平等（2007）指出，工作—家庭冲突的后果变量主要涉及个体的工作家庭满意感、组织承诺、离职和身心健康。也有一些学者指出，工作—家庭冲突对工作倦怠具有正向影响效应。张伶、胡藤（2007）研究发现，工作—家庭冲突正向影响倦怠；家庭对工作冲突与家庭满意感负相关；工作对家庭冲突与工作绩效正相关，与组织承诺和职业承诺正相关。李超平等（2003）研究发现，降低工作—家庭冲突能有效预防和矫治工作倦怠。另外，也有学者对其他结果变量进行了探讨。张建卫、刘玉新（2011）通过实证研究发现家庭对工作冲突对退缩行为有正向影响。邝颂东等（2009）研究指出，工作—家庭冲突对组织承诺有显著负向影响，对离职意向有显著正向影响。谢义忠等（2007）的研究结果表明，工作—家庭冲突对心理健康具有显著负向影响；工作倦怠对工作—家庭冲突影响心理健康具有完全中介作用。刘永强、赵曙明（2006）指出工作—家庭冲突对组织绩效具有显著影响。张伶、聂婷（2011）研究发现，工作—家庭冲突对员工的积极组织行为产生显著负向影响。张伶、聂婷（2013）进一步研究发现，工作—家庭促进对员工的积极和退缩两种在职行为有影响。

上述成果对国内工作—家庭冲突研究的推进与发展做出了巨大贡献。国内研究从早期的描述与回顾性的浅显研究，开始转向对工作—家庭冲突前因和后果等复杂结构关系的深入探索。但由于研究时间尚短，国内工作—家庭冲突领域的研究远未成熟，研究成果跻身于顶级管理学和心理学期刊的尚少，相关研究仍然有许多亟待改进的地方。国内学者面临如下诸多挑战：

一是基于中国情境思考的高水平理论构建的研究成果较为欠缺，大多停留在引入国外理论，使用国内数据进行验证，创新力度尚显不足。

二是目前研究集中于工作—家庭冲突的前因和后果变量等传统研究内容上，对国际研究中的社会支持和家庭支持型主管行为（FSSB）等前沿理论关注不够，亦未实现与国际研究的同步，徒增了国内学者参与国际研究对话的困难。

三是国内学者的国际研究影响力尚待提升。在本书选定的104篇国际顶级期刊的英文文献中，国内学者以中国企业为样本的研究仅有2篇。一篇是Yang et al.（2000）发表于《管理学会期刊》（AMJ）的研究。第一作者Nini Yang虽为华裔，但文章的署名单位为克莱顿州立大学（Clayton College and State University of Georgia），非境内研究机构。第二作者Chao C.Chen（陈昭全）供职于美国罗格斯大学（Rutgers University）。仅第三作者Yimin Zou（邹宜民）为南京大学教授，属国内学者。另一篇是Wang et al.（2010）发表于《应用心理学杂志》（JAP）的文章。第一、二、三作者分别为Mo Wang、Songqi Liu、Yujie Zhan，都供职于马里兰大学（University of Maryland），非境内研究机构。仅第四作者Junqi Shi（施俊琦）是北京大学心理学系副教授，属国内学者。可见，国内学者在国际研究平台上的声音多与华裔学者合作发出，与欧美学者的合作甚少，且国内学者署名多靠后，对于文章的学术贡献相对较小。

四是国内应用心理学领域对工作—家庭冲突问题的研究比管理学界的研究更为深入且影响力更大。在心理学领域，《心理学报》和《心理科学》等国内心理学顶级期刊刊登了多篇工作—家庭冲突的相关研究。而管理学领域的顶级期刊（如《管理世界》和《中国工业经济》等）很少刊登相关研究的文章。究其原因，一方面，工作—家庭冲突属于工作压力领域的研究，长期以来都是应用心理学领域的研究重点；另一方面，心理学相对于管理学来说，其学科发展更为成熟，且其对工作—家庭冲突问题的探索起步早，研究得更为深入。虽然其中有学科属性的客观原因存在，但需要指出的是，国内管理学界的学者在工作—家庭冲突研究的理论构建和研究方法等方面，依然与心理学领域存在较大差距。

不过，对于管理学和心理学研究者来说，中国是一个极具吸引力的研究情境，这使国际工作—家庭冲突研究对中国的关注度不断提升。例如，作为工作—家庭冲突热点研究领域之一的跨文化研究，涉及最多的是美国与中国样本的对比，这也表明了国际研究对中国情境的重视。再如，中国的集体主义倾向等文化特征使得个体对工作—家庭冲突的认识与欧美截然不同，从而引起了国际学术界的兴趣。这些例子都说明，中国情境可以丰富工作—家庭冲突的研究，是国际研究平台上一个新的研究视角，从而为国内研究者提供了重要机遇。

2. "路在何方"：理论差距与情境差别

本书对工作—家庭冲突理论研究的系统性梳理，旨在厘清这一研究在国际学术界的演进与现状，明晰国内外研究之间的理论差距与情境差别，在此基础上，建构一个国内学者与国际研究的沟通平台，以中国情境为未来研究的切入点，提升国内研究在国际学术对话中的影响力。因此，本书抛砖引玉，一方面，从研究内容、研究热点和研究方法三个视角，指出了工作—家庭冲突研究的国际趋势与国内理论差距；另一方面，提出了中国与外国学者研究工作—家庭冲突问题的九个情境差别。这些情境差别中蕴藏着国内学者可能取得突破的有益方向与契机。

（1）理论差距

①研究内容：着力于理论视角的整合与学科融合

工作—家庭冲突研究有多种理论视角，且表现出时间上的继起和相对孤立不对话的特征。角色压力、边界理论、社会认同、文化、社会支持等理论视角基本上是按时间顺序相互替代式地涌入工作—家庭冲突研究领域。同时，该领域中的研究视角还呈现理论引导式的发展特点，具体表现为纵向阶段式波动上升趋势。理论视角上的推陈出新，而非协同发展，究竟是学科发展的客观属性使然，还是学者对研究热点的主观追崇所致，这种原因上的争议可以暂且搁置。单就这一现象本身而言，对理论研究的浅尝辄止，对已有理论基础的摒弃与遗忘，并不利于研究的深化发展。对心理学、管理学、社会学等多种理论视角加以整合，综合解释工作—家庭冲突现象，将有助于我们更准确地把握该问题的全貌。

因此，如何着力整合多种理论视角，全方位地解释工作—家庭冲突问题是中国学者在该领域重要的研究方向。

进一步说，跨学科的借鉴是理论建构的有益途径（Colquitt and Zapata-Phelan，2007），以心理学与管理学两个学科的交流与融合为契机和着力点，是推进工作—家庭冲突理论研究向纵深发展的必由之路。具体来说，从研究趋向上看，工作—家庭冲突的研究重心正从心理学对家庭域的关注转向管理学对工作域的关注。在工作—家庭冲突的研究内容上，无论前因变量还是结果变量，都表现出对组织层面、行为变量和积极视角的关注。实际上，这正是心理学领域中的积极心理学与管理学领域中的积极组织行为学在研究领域上的交融。这正如 Lazarova et al.（2010）所预见的，积极组织行为学（Seligman and Csikszentmihalyi，2000）的发展已经蔓延到工作—家庭冲突领域中，对该领域的发展趋势产生了引导性影响。所以，对跨学科的借鉴与融合研究也是国内学者探索工作—家庭冲突的重要研究方向。

但是，在这一研究中，国内学者需要注意两个问题：其一，不能热衷使用国内数据检验国外理论，应深入考虑国内数据的特殊性；其二，不能盲目创造概念，把握概念的创新性和操作性远比概念的"时髦"更重要。

②研究热点：侧重调控手段的丰富与拓展

工作—家庭冲突的研究内容集中于发生机制的讨论，其中对缘起和结果的研究相对丰富。相比较而言，学术界对工作—家庭冲突调控手段的研究不仅起步较晚，而且对调节变量的关注程度过于集中。21世纪以来，如何调节和控制工作—家庭冲突的问题才逐渐成为该领域国外学者研究的热点问题。社会支持理论为工作—家庭冲突的调节和控制提供了突破点，相关研究不断丰富，引领了新一轮的工作—家庭冲突研究热潮。在该视角的研究中，家庭支持型主管行为（FSSB）是该领域的前沿热点问题，受到学术界的诸多关注，具有良好的发展前景。然而，近年来对于工作—家庭冲突调控方式的研究过于集中在社会支持理论上，对其他调控方式的研究较为欠缺。

此外，在工作—家庭冲突研究中是否将一些作为前因变量的构念理解为调节变量会更好，亦存在争议。Carlson and Perrewé（1999）曾通过实证研究专门对社会支持作为调节变量、中介变量、前因变量以及独立的影响因素进行对比分析。本书认为，将某些前因变量转换为调节变量的思维来理解会更易于接受。例如，把性格、情绪状态、自我效能等个体特质理解为能对工作域和家庭域产生调节效应的因素，进而把这些因素作为工作—家庭冲突路径上的调节变量似乎更合适。与此同时，组织信任、组织承诺、组织公正、组织氛围等组织行为学领域的构念对工作—家庭冲突调节效应的探讨，也可成为国内学者拓展调控手段研究的新视角。

此外，对于国内学者来说，在拓展工作—家庭冲突研究的调控手段中，如何在跟踪国际研究前沿的同时体现中国情境，实现与国际学术界的有效沟通，是对国内学者最大的挑战。虽然社会支持及家庭支持型主管行为等热点问题与研究领域为国内学者提供了新颖的研究视角，但如能结合中国文化特点发散思考并挖掘本土的工作—家庭冲突调节效应因素，实现热点问题与中国情境的良好结合，将更有助于中国学者研究成果的传播。

③研究方法：关注研究设计的多样发展

工作—家庭冲突的研究方法虽然呈现出多样化，但趋同的共识性选择是将工作—家庭冲突的主流研究方法定格于以问卷调查为基础的定量研究。工作—家庭冲突领域的定量研究盛行了30多年，使得这一领域的实证研究极为规范。特别是近几年，多时点、多层次、多研究及纵向和纵横研究结合的复杂研究设计，已然成为工作—家庭冲突领域研究者的主流选择。这种科学严谨的求证方法堪称典范，值得国内学者学习和借鉴。然而，需要注意的是，科学研究并不是方法本身，我们不能孤立地判断哪种方法更好，研究方法的选择还需要依据研究问题与内容进行判断。虽然心理学属性使得工作—家庭冲突研究的定量求证成为最优选择，但为满足对工作—家庭冲突中工作域的研究必须细化的需求，管理学中研究方法就不能局限于定量求证，而应关注研究设计的多样发展。多种研究设计能够弥补单一研究方法的不足（Snow and Thomas，1994）。此外，在未来的研究中扩大样本覆盖范围，关注更为广泛的社会群体，也是实证研究需要考虑的问题。

对于国内学者来说，在研究方法上，国外工作—家庭冲突研究方法的高度规范和研究设计的严谨求证固然为我们的研究提供了典范式的借鉴，但是，在中国独特的情境下，质性研究更是创造理论的有效方法。因此，案例研究、扎根理论、内容分析等质性研究方法，以及多方法的共同求证，亦是管理学研究领域可以细化、挖掘新理论的主要方法，也应成为国内研究者的合适选择。

（2）情境差别

值得注意的是，中国国情与传统文化的特殊性，使得中国情境的工作—家庭冲突问题与国外迥然有别，由此涌现出诸多有趣的研究议题。

①中国传统性别角色定位对工作—家庭冲突的影响机制。在中国的儒家传统文化中，一直有"男尊女卑"的思想。在家中，女性的地位要低于男性，并臣服于丈夫。"夫为妻纲，惟命是从""女主内，男主外"的思想根深蒂固。然而，随着我国"双职工"家庭的普遍存在以及女性的经济独立，女性在家中的地位得到空前提高，丈夫需要承担家务，妻子也需要追求职业发展，甚至"女尊男卑""妻为夫纲"的现象也屡见不鲜，非传统性别角色卷入严重。这对男性和女性工作者都造成了新的压力。男性工作者家庭地位的下降会影响到工作，造成其难以全身心投入工作；女性工作者由于工作的牵制，难以做好妻子和母亲的角色。因此，传统文化的影响使工作—家庭冲突在中国更为普遍。

②中国劳动力市场定价对工作—家庭冲突的影响机制。中国的劳动力市场定价与欧美和日本等发达国家相差甚远，市场对男性工作者支付的薪酬难以维持家庭的日常开支，这是导致中国"双职工"家庭普遍存在的根本原因。伴随着全球妇女解放运动，女性地位在职场和家庭中得以提升，中国职业女性占据城市适龄工作女性人口的绝大比重。然而，在非传统性别角色增加之后，职业女性的传统性别角色并没有消失或减少。职业女性不仅需要在职场打拼，也需要操持家务与相夫教子。中国劳动力市场对男性工作者的薪酬定价制度，致使中国职业女性的工作—家庭冲突问题更为普遍和严重。

③中国特殊的生育制度安排对工作—家庭冲突的影响机制。计划生

育的制度安排产生了特殊的家庭结构，造成了独生子女构成的"双职工"家庭承担着赡养4位老人的重担。这势必会加剧中国员工的工作—家庭冲突。但是，因计划生育的制度安排而产生的特殊家庭结构究竟是怎样影响着工作—家庭冲突的？进一步说，在中国老龄化问题逐年显现的形势下，又有何途径解决这一问题？这需要做进一步研究。

④中国宽泛的"家"的概念对工作—家庭冲突研究的影响机制。中国文化中"家"的概念较宽泛，国家、企业都可以被定义为"大家"，家庭只是"小家"。中国企业大多奉行"以厂为家"的经营哲学，又具有"舍小家，为大家"的文化传统。特别是在相当多的家族企业中，企业与家庭是混合的，在这种特定的情境下，工作与家庭的冲突从何而来？这需要对中国的工作—家庭冲突问题从多层面进行综合思考。

⑤中国"忠"和"孝"传统文化对工作—家庭冲突研究的影响机制。中国传统文化推崇"忠"与"孝"的美德，而"古来忠孝难两全"，二者本身就存在冲突。相对于欧美等国家，中国对孝道的推崇使得个体对父母承担更多的责任，这是否会加剧中国员工的工作—家庭冲突？古来又有"事君不忠，非孝也"的价值观，"忠"先于"孝"。区别于个人主义文化倾向，这是否可以从新的视角解释为什么中国人工作先于家庭的问题？

⑥休闲需求视角下，尚不健全的法律制度对工作—家庭冲突的影响机制。中国处于经济转型时期，涉及劳动的法律制度尚不健全，带薪休假始终难以实现，这也是近年来受到关注的热点问题。随着生活质量的提高，家庭休闲需求不断上升。但由于带薪休假难以落实，导致时间限制较大，家庭休闲需求难以满足，从而造成工作和家庭的冲突。这种法律制度层面的分析为工作—家庭冲突研究提供了新视角，也是个有趣的研究议题。

⑦中国人情交换的社会特质对工作—家庭冲突的调节机制。目前，现代企业管理制度尚不成熟，特别是在民营企业中，以领导批示代替规章制度的现象较为常见。因此，在工作域的社会支持上，来自领导的支持往往比组织制度支持影响力更大。与领导关系的好坏往往是获得领导支持的基础。关系、领导—部属交换（LMX）、政治技能（Political

Skill）等前沿与热点理论视角，也可被引入工作—家庭冲突的研究。

⑧中国代际支持在缓解工作—家庭冲突中的调节机制。工作—家庭冲突的社会支持调节机制，主要集中于家庭域和工作域的讨论，家庭域强调配偶的支持（Adams et al.，1996），工作域主要关注组织支持（Thomas and Ganster，1995）。而在中国社会文化背景下，家庭域和工作域社会支持的核心范畴有所不同，父母支持和领导支持分别是家庭域和工作域中社会支持的重要内容。中国素有儿童由祖父母或外祖父母照看的传统，来自员工父母的支持是家庭支持的主要内容。那么，现有的配偶支持研究框架是否需要修改？来自父母的支持对员工工作—家庭冲突的程度又会产生怎样的影响？

⑨中国人的风险规避倾向对工作—家庭冲突结果的选择机制。在工作—家庭冲突的行为结果上，中国员工与欧美等国家员工也有差异。欧美等国家员工的工作流动性较强，他们通常会通过建言行为（Voice Behavior）和离职来解决工作—家庭冲突问题。但是，中国人具有风险规避倾向，不会轻易转换工作，当工作—家庭冲突发生后，员工通常会选择沉默（Silence）甚至反生产行为（Counterproductive Behavior），而不会离职。诸如此类有趣的结果变量，尚待国内学者通过质性研究细化和定量研究检验。

上述九个有趣的议题与视角蕴藏着中国管理学者可能在工作—家庭冲突研究领域获得突破的有益方向与契机。

2.2　辱虐管理的概念界定与理论脉络

2.2.1　辱虐管理基本概念

辱虐管理（Abusive Supervision）这一概念由 Tepper（2000）提出。虽然辱虐管理的定义仍存争议，例如 Mitchell and Ambrose（2007）将辱虐管理界定为一种工作场所侵犯行为，而 Tepper（2007）并不同意将辱虐管理界定为工作场所侵犯行为（朱月龙等，2009），但 Tepper（2000）对于辱虐管理的界定得到大多数学者的认可和使用，因此本研究沿用他的定义，认为辱虐管理是指下属感知的主管持续表现出的语言或非语言敌意行为，但并不包含身体接触类的侵犯（Tepper，2000）。从定义来看，辱虐管理实际上是针对主管对下属管理行为的描述，从英文来看，使用了"Supervision"而非"Management"，这也说明该理论强调的是主管（Supervisor）的管理行为。

辱虐管理具有四个特征：第一，下属对辱虐管理的感知是一种主观判断；第二，辱虐管理是具有持续性的行为表现，一次性或偶然的辱虐行为不能称作辱虐管理；第三，辱虐管理只包含怀有敌意的言语和非言语行为，而不包括身体上的接触；第四，辱虐管理指的是行为本身，而不是行为意向，仅仅表现出行为意向或动机，不能够称之为辱虐管理（Tepper，2000）。

2.2.2 辱虐管理的研究发展

目前，辱虐管理理论是组织行为学和领导理论研究领域的热门话题，例如《管理学会期刊》（Academy of Management Journal，AMJ）、《管理学报》（Journal of Management，JOM）、《应用心理学杂志》（Journal of Applied Psychology，JAP）、《组织行为杂志》（Journal of Organizational Behavior，JOB）等国际顶级期刊近十年来持续发表大量相关内容的研究文章，推动了辱虐管理研究迅速发展。辱虐管理理论由Tepper于2000年提出，从15年的发展来看，相关研究丰富，涉及辱虐管理组织内影响结果、发生机制、调节效应甚至社会影响等多方面的研究内容，其中以探讨辱虐管理对组织内其他行为结果的影响研究居多。

探索辱虐管理对组织公正感知和组织公民行为等相关变量的影响研究相对较多。例如，早期的Zellars et al.（2002）研究发现，相对于角色内行为，辱虐管理与下属角色外组织公民行为关系更强，这种关系被程序公正和组织公民行为角色定位的交互项完全中介。Aryee et al.（2007）通过结构方程分析表明，下属感知的互动公正在辱虐管理与组织公民行为之间起到完全中介作用。Xu et al.（2012）通过实证研究得到领导—部属交换完全中介辱虐管理对组织公民行为的影响。Zhao et al.（2013）研究发现心理安全感在辱虐管理与强制型公民行为间起到完全中介作用。也有研究从组织公正或公平角度进行（王震和宋萌，2014）。Tepper（2000）从组织公正视角指出，辱虐管理带来的不公正会导致员工过度专注于工作，结果没有足够的时间陪伴家人，造成了工作—家庭冲突。Liu and Wang（2013）的研究结果表明，辱虐管理与下属对个体的组织公民行为有积极影响，但对组织的组织公民行为没有影响。

近几年来，随着建言行为研究的兴起，越来越多的学者开始关注辱虐管理对建言行为的影响（严丹和黄培伦，2011；吴维库等，2012；严丹，2012；严丹和黄培伦，2012）。从建言行为的定义来看，建言行为也可以被视为一种组织公民行为。例如，Rafferty and Restubog（2011）就将建言行为看作组织公民行为，探讨了辱虐管理与亲社会型沉默和亲社会型建言行为之间的关系，通过结构方程分析得到辱虐管理对亲社会型建言行为具有负向影响效应。Burris et al.（2008）在研究中指出，辱虐管理会导致员工建言行为的减少，下属不愿意将额外的精力用于发现问题或提出改进建议，这是对公然虐待的反应。下属拒绝努力更像是报复辱虐管理或是将被辱虐管理的可能控制在最低限度的一种无风险、无惩罚的方法。

辱虐管理除了导致员工积极参加到组织管理中的意愿降低外，还会出现偏差行为等极端行为表现，包括工作场所偏差行为（Workplace Deviance）、反生产行为、组织偏差行为（Organization-Directed Deviance）、人际偏差行为（Interpersonal Deviance）等（颜爱民和高莹，2010；唐贵瑶等，2014；孙旭、严鸣、储小平，2014）。Mitchell and Ambrose（2007）研究发现辱虐管理与主管直接偏差行为、组织偏差行为和人际偏差行为都有关。Tepper et al.（2008）在对243名员工的两次调查和跨组织的247名员工调查数据基础上进行路径分析，结果表明当同事表现出更强的组织偏差行为时，辱虐管理更容易导致员工的组织偏差行为。Thau and Mitchell（2010）研究指出，分配公正越高，辱虐管理对员工偏差行为的正向影响越大。Lian et al.（2012）研究表明辱虐管理与权力距离以社会学习为中介交互影响人际偏差行为。Detert et al.（2007）和Ogunfowora（2012）研究中都发现辱虐管理对反生产行为有显著影响。

Mary et al.（2012）研究了辱虐管理的垂滴效应，发现辱虐管理可以通过三个层级传递，并最终导致员工的反生产行为。

近年来，一些新的研究方向陆续出现。例如，许多研究者开始关注辱虐管理对创造力的影响（刘文兴、廖建桥、张鹏程，2012）。Liu，Liao，and Loi（2010）指出部门领导的辱虐管理会影响团队成员的创造力。Liu，Liao，and Loi（2012）进一步通过多层次分析发现，辱虐管理可以在组织中纵向传递，并最终影响员工创造力。另外，也有许多关于辱虐管理对工作绩效（Xu et al.，2012；孙健敏、宋萌、王震，2013；颜爱民和裴聪，2013；吴隆增等，2013）、员工表现（吴隆增、刘军、刘刚，2009）、心理压力（Tepper et al.，2007；Carlson et al.，2011）、幸福感（Lin，Wang，and Chen，2013）、离职意愿（孙健敏、宋萌、王震，2013）、暴力行为（Inness et al.，2005；Dupré et al.，2006）、沉默（严丹，2012）、员工安全参与（邓宏斌和李乃文，2013）、工作疏离感（任晗、许亚玲、陈维政，2014）以及家庭域损害（Tepper，2000；Hoobler and Brass，2006；Restubog et al.，2011；Carlson et al.，2011）的影响研究，在此不一一赘述。

2.2.3　辱虐管理发生机制研究现状

相对于结果变量的探讨，关于辱虐管理发生机制的研究相对较少。领导是辱虐管理的主体，许多学者从其表现出辱虐管理行为的内在心理和感知、行为原因入手分析辱虐管理发生机制，包括组织公正、心理契约破裂、身份性、关系冲突等。例如，Tepper et al.（2006）研究指出领导程序不公正会引发员工被辱虐管理的感知。Hoobler and Brass（2006）发现心理契约破裂的领导更容易对下属实施辱虐管理。Aryee et al.（2007）研究发现感受到人际不公正的领导更容易对下属实施辱虐管理。Tepper，Moss，and Duffy（2011）指出，主管感知的深层次差异、关系冲突和下属绩效是辱虐管理的三个诱发因素，他们研究发现主管感知的关系冲突和下属绩效在主管感知的深层次差异和辱虐管理间起到中介作用。Johnson et al.（2012）认为领导的个人身份和集体身份能够影响辱虐管理，当高个人身份和低集体身份组合时，辱虐管理更易发生。毛江华等（2014）从期望理论角度解释了辱虐管理产生的原因。

2.2.4　辱虐管理相关研究述评

辱虐管理近年来一直是研究的热门话题，相关研究从不同角度丰富了辱虐管理理论。但从现有研究来看，辱虐管理对组织内行为影响的研究较多，但辱虐管理的发生机制研究被忽略。在辱虐管理发生机制的研究中有以下问题值得思考：

第一，目前对于辱虐管理的影响效应研究较多，涉及组织公正感知、组织公民行为、员工偏离行为、建言行为、工作绩效、心理压力、创造力、幸福感、暴力行为以及家庭域损害等方面，但对辱虐管理发生机制的探讨却较少。

第二，现有对辱虐管理的发生机制问题的研究从领导行为角度入手，如领导的组织公正、心理契约破裂、身份性、关系冲突等，却忽略了领导的行为表现归根到底是由其特质决定的，学术界缺乏从领导特质或领导类型角度对辱虐管理发生的根本原因进行探索的研究。

第三，有学者指出"高权力距离"和"家长式领导"等管理特征造成辱虐管理在中国企业更为常见（吴隆增等，2009；吴维库等，2012），然而，从中国情境出发，探索中国传统文化、管理特征等对于辱虐管理的影响机制的研究尚不多见。

2.3　相关研究评述及本书定位

2.3.1　现有研究存在的问题

其一，关于辱虐管理对员工工作—家庭冲突影响的中介机制，尚存在组织公正与心理困扰的争论，但本书认为二者具有整合研究的可能。本书认为，组织公正对心理困扰具有负向影响效应。Adams and Freedman（1976）指出个体感受到的不公正会影响自尊。Tepper（2000）认为个体对组织不公正的感知还会造成心理困扰。根据程序公正中的自利模型，Tepper（2000）指出诸如建言未被采纳的不公正亦会引发员工的心理困扰。而且，Tepper（2000）认为组织公正可以作为辱虐管理与心理困扰的中介变量。因此，本书认为，可以将组织公正与心理困扰的负向关系引入辱虐管理对工作—家庭冲突的中介机制进行整合研究。

其二，辱虐管理对员工工作—家庭冲突影响的调节机制研究被忽视，具有很大的拓展空间。正如上文所述，辱虐管理对员工工作—家庭冲突影响的调节机制研究较为少见，与此同时，学术界也强调了工作—家庭冲突调控变量研究的缺乏性与集中性。也有学者有针对性地提出从组织氛围角度考虑对工作—家庭冲突的调控（林忠、鞠蕾、陈丽，2013）。因此，本书拟引入组织宽恕氛围，从组织氛围视角入手探索调节辱虐管理与员工工作—家庭冲突关系的作用机制。

其三，组织层面的宽恕行为研究较少，更缺乏实证分析的定量检验，有待进一步研究。从目前研究进展来看，组织层面的宽恕行为研究较少（Aquino et al.，2003；Bright and Exline，2011；Cox，2011），且这一研究刚刚起步，已经引起学术界的重点关注。近年来，国际顶级管理学和应用心理学期刊，诸如《应用心理学杂志》（Journal of Applied Psychology，JAP）、《管理学会评论》（Academy of Management Review，AMR）、《管理学报》（Journal of Management，JOM）、《管理研究杂志》（Journal of Management Studies，JMS）、《组织行为杂志》（Journal of Organizational Behavior，JOB）等，都刊登了相关研究，对这一问题的后续研究影响深远。组织宽恕氛围的研究是近几年在国际组织行为研究中刚刚提出的，对于其构念的完善、维度的划分以及前因后果变量关系的分析等都处于尚待完善和发展的阶段。仅有的组织行为相关关系研究也多为描述性探索分析（Fehr and Gelfand，2012），尚缺乏实证检验。因此，组织层面的宽恕行为研究，例如组织宽恕氛围和宽恕型组织等，具有良好的研究前景。

2.3.2　本研究理论定位

根据现有研究对于辱虐管理与工作—家庭冲突间的作用机制尚未明确的问题，本书定位于进一步深入研究二者之间具体作用机制。在二者关系研究中，组织和个体是两个关键的研究层面，但现有研究将两个层面割裂开来，相关研究缺乏沟通。实际上，正是组织层面的组织不公正感知导致了个体层面的心理困扰发生，二者具有因果关系。因此，辱虐管理对工作—家庭冲突影响的中介作用机制具有整合的可能。本书定位于将组织和个体层面的中介机制进行整合研究，系统探寻辱虐管理对工作—家庭冲突的影响机制（如图 2-2 所示）。

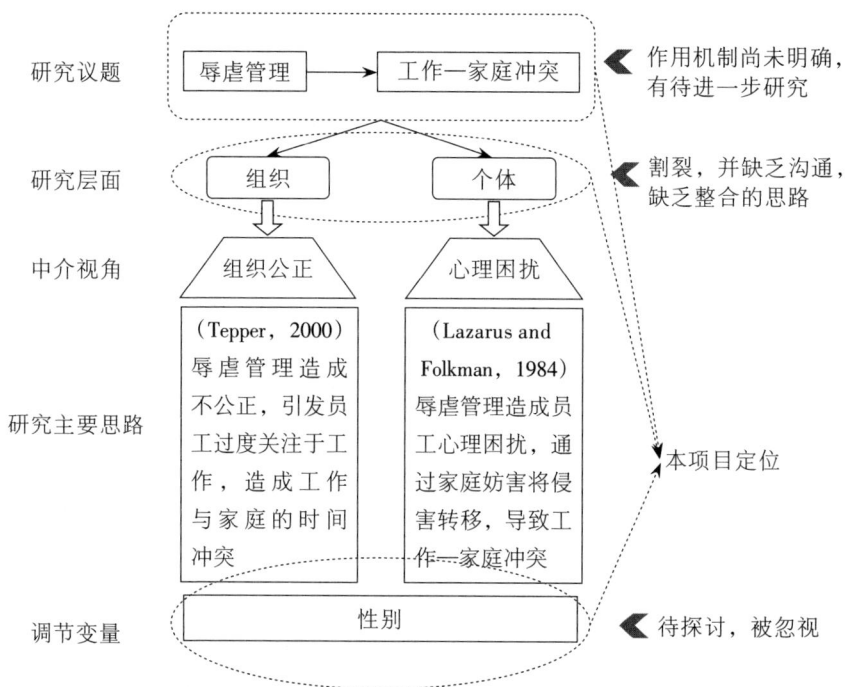

图 2-2　辱虐管理对工作—家庭冲突研究现状及本研究定位

目前，工作—家庭冲突领域尤其是辱虐管理对工作—家庭冲突影响中的调节变量探讨缺乏，具有很大拓展空间。有学者指出，组织氛围等组织行为学领域的构念作为工作—家庭冲突的调节变量的思路（林忠、鞠蕾、陈丽，2013）为我们打开了新的视野。辱虐管理实则为领导与下属之间的冲突问题，组织宽恕氛围能够缓解组织内冲突问题（Cox，2011；Fehr and Gelfand，2012），为我们调控辱虐管理引发的消极情绪和行为提供了新的思路。因此，本研究引入组织宽恕氛围，探索辱虐管理对工作—家庭冲突影响的调节机制（如图 2-3 所示）。

　　另外，宽恕行为在组织内的研究刚刚起步，组织层面的探讨具有较大的发展空间；一些构念的内涵、维度结构等尚未达成共识，有待深入研究；前因后果变量间关系研究较少，尚处于描述性分析阶段，缺乏实证检验。因此，本书定位于从组织层面推进宽恕行为研究，深入挖掘在中国文化背景下组织宽恕氛围的内涵和维度结构，并探索组织宽恕氛围作为调节变量对辱虐管理与工作—家庭冲突间关系的影响机制（如图2-3所示）。

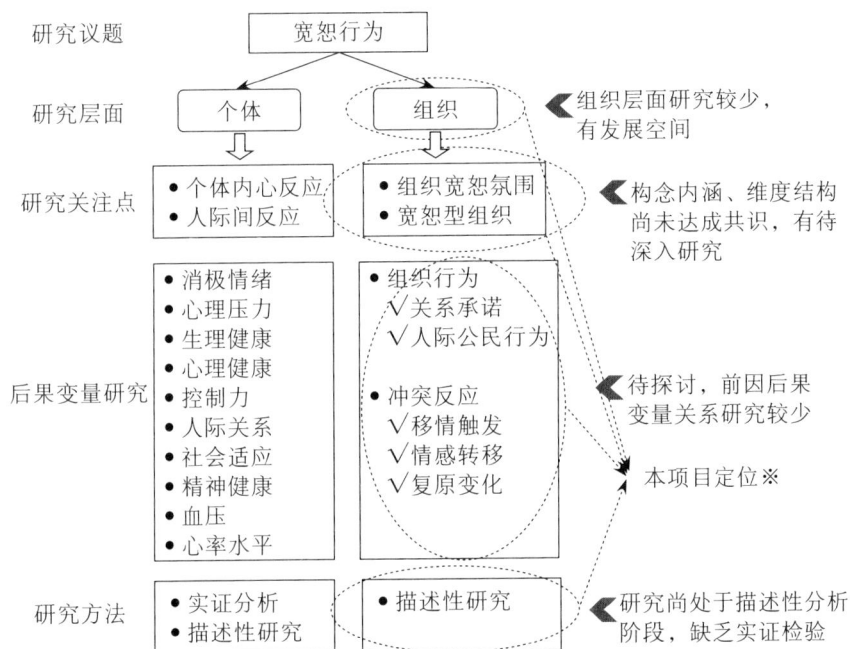

图 2-3 宽恕行为研究现状及本项目定位

研究议题	宽恕行为		
研究层面	个体	组织	组织层面研究较少，有发展空间
研究关注点	● 个体内心反应 ● 人际间反应	● 组织宽恕氛围 ● 宽恕型组织	构念内涵、维度结构尚未达成共识，有待深入研究
后果变量研究	● 消极情绪 ● 心理压力 ● 生理健康 ● 心理健康 ● 控制力 ● 人际关系 ● 社会适应 ● 精神健康 ● 血压 ● 心率水平	● 组织行为 　√关系承诺 　√人际公民行为 ● 冲突反应 　√移情触发 　√情感转移 　√复原变化	待探讨，前因后果变量关系研究较少 本项目定位※
研究方法	● 实证分析 ● 描述性研究	● 描述性研究	研究尚处于描述性分析阶段，缺乏实证检验

图 2-3　宽恕行为研究现状及本项目定位

第3章 辱虐管理对员工工作—家庭冲突影响的直接效应研究

    本章对辱虐管理与员工工作—家庭冲突间的直接关系展开讨论。基于文献，本章提出相关研究假设与概念模型，通过对668份中国企业员工的横截面问卷调查数据，分析了辱虐管理对员工工作—家庭冲突的影响作用。本章内容具体安排如下：首先，该章通过文献分析法，提出辱虐管理对工作—家庭冲突影响效应假设。其次，通过对中国企业员工问卷调查的方法获取实证数据，进行实证检验。具体的，首先，该章使用AMOS软件进行了验证性因子分析，测试了实证研究的效度；之后，使用SPSS软件对相关变量进行了相关分析和描述性统计；最后，使用SPSS对辱虐管理与工作—家庭冲突间的关系进行了检验。

3.1 概念模型与研究假设[①]

辱虐管理（Abusive Supervision）这一概念由 Tepper（2000）提出，是指下属感知的主管持续表现出的语言或非语言敌意行为，但并不包含身体接触类的侵犯（Tepper，2000）。典型的辱虐管理表现为斥责下属的观点傻笨，或是当着众人的面羞辱下属（Hoobler and Brass，2006）。工作—家庭冲突（Work-family Conflict）被界定为工作和家庭两个领域的角色压力不相容造成的角色内冲突（Greenhaus and Beutell，1985）。

从边界溢出理论来看，工作和家庭两个领域的非对称渗透是造成工作—家庭冲突的主要原因（Frone et al.，1992）。这种溢出分为积极溢出和消极溢出两种，工作对家庭的消极溢出相对更多（Staines，1980；Evans and Bartolome，1984）。许多研究也已经证明，双职工家庭一方的工作压力会通过家庭影响到另一方（Rook，Dooley，and Catalano，1991）。辱虐管理会造成员工与领导之间的关系压力，这种压力也会通过边界溢出效应渗透给家庭。当员工受到领导的辱虐管理时，由于害怕受到惩罚，往往敢怒不敢言，并不进行反抗（Miller，1941）。Pedersen，Gonzales，and Miller（2000）研究表明，当不能对侵害源进行反抗时，受侵害者会将侵害转移到无辜第三方。为了宣泄心中的气愤，受侵害者会通过争论（Paykel et al.，1969）或消极情绪（Jones and Fletcher，1993）将这种侵害转移到家庭或个人生活等可控领域（Hoobler and Brass，2006），造成工作对家庭的冲突。工作—家庭领域的补偿理论研究也支持这一观点，遭受辱虐管理后工作域的不满可以通过家庭域的满意来补偿。

社会学习理论指出，个体会通过观察其他人的行为、态度和情绪反应来学习某一特定社会情境下哪些行为和态度是可被接受的（Bandura，1986）。个体如果长时间受到侵犯行为熏陶，则会认为这种负面行为是被社会认可的正常行为，个体自己也开始实施这种侵犯行为（Bandura，

---

① 该节部分内容发表于《财经问题研究》2016 年第 6 期，详见《辱虐管理与员工工作—家庭冲突——组织公正与心理困扰的中介作用》一文。

1973）。工作情境下，员工会通过观察与他们有强联结关系的同事的行为和态度来形成自己的工作角色（Ibarra，1999）。直属领导是工作情境下具有较强联结关系的同事，领导对于员工工作价值观的形成具有直接影响效应。

目前针对辱虐管理与员工工作—家庭冲突的研究相对较少，但也得到了共识性的结论。Tepper（2000）首先指出，辱虐管理能够增加员工工作—家庭冲突，引领了这一领域的研究。Hoobler and Brass（2006）从转移侵害角度指出，工作领域遭受辱虐管理的员工会将这种侵害转移到家庭领域，从而造成工作—家庭冲突。Restubog et al.（2011）认为辱虐管理使员工产生心理困扰，而这种困扰增加了家庭生活中的攻击性，加剧了工作—家庭冲突。Carlson et al.（2011）也通过实证研究证实了辱虐管理对工作—家庭冲突具有正向影响效应。虽然辱虐管理对工作—家庭冲突的作用机制尚未完全揭开，但辱虐管理能够增加员工工作—家庭冲突已经在学术界达成共识。因此，本研究认为辱虐管理对员工工作—家庭冲突具有正向影响效应，提出如下假设：

H1：辱虐管理对员工工作—家庭冲突具有正向影响

3.2 研究方法

3.2.1 变量测量

辱虐管理采用的是 Tepper（2000）等编制的量表，共 15 个题项。量表采用 Likert 5 点计分，1 代表非常不同意，5 代表非常同意。代表题项如"我的主管生气时会拿我当出气筒"。本研究中 Cronbach's Alpha 值为 0.984。

工作—家庭冲突采用的是 Anderson et al.（2002）使用的工作对家庭冲突量表，共 5 个题项。量表采用 Likert 5 点计分，1 代表非常不同意，5 代表非常同意。代表题项如"我会因工作而没有足够时间留给家人"。本研究中 Cronbach's Alpha 值为 0.923。

3.2.2 样本选择与数据收集

样本取自深圳市、厦门市、天津市等多个城市，涉及国有建筑企业、大型民营企业等多种样本。本研究共发放问卷1 500份，回收了1 254份，回收率为83.6%，其中有效问卷668份，有效率为53.27%。

样本人口统计特征为，男性占49%，女性占51%。从文化程度来看，专科占21.9%，本科占38.5%，硕士占3.3%，博士占0.3%，其他占36%。从年龄来看，25岁以下占37.5%，26~30岁占41.9%，31~35岁占12.3%，36~40岁占3.1%，41~45岁占2.5%，46~50岁占1.8%，50岁以上占0.9%。从工作年限来看，1年以内占19.7%，1~5年占52.5%，6~10年占18.4%，11~15年占5.1%，16~20年占1.5%，21~25年占1.3%，26~30年占1.2%，30年以上占0.3%。从企业性质来看，企业单位占86.6%，事业单位占12.1%，公务员系统占1.3%。从岗位属性来看，基层员工占69.3%，中层管理者占25.3%，高层管理者占5.4%。

3.2.3 数据分析方法

本研究采用SPSS和AMOS进行统计分析。首先，本研究使用AMOS进行验证性因子分析，考察量表的区分效度，并使用SPSS进行Harman单因素检验进一步检验共同方法偏差。然后，使用SPSS进行描述性统计分析和相关分析。最后，使用结构方程全模型法对辱虐管理、组织公正、心理困扰、工作—家庭冲突关系模型进行分析，验证组织公正与心理困扰对辱虐管理与工作—家庭冲突关系的中介作用。

3.3 研究结果

3.3.1 验证性因子分析

本研究对辱虐管理、组织公正、心理困扰和工作—家庭冲突因子结构进行了验证性因子分析，相关结果见表3-1。验证性因子分析结果表明2因子结构的拟合度相对较好，CFI为0.963，TLI为0.955，RMSEA

为0.078，明显优于其他因子模型，证明2个因子是不同的构念。

表3-1　　　　　　　　　　　验证性因子分析

Model	χ^2	df	CFI	TLI	RMSEA
1因子模型	3 729.354	170	0.797	0.773	0.177
2因子模型	813.476	159	0.963	0.955	0.078

注：n=668。

1因子模型：辱虐管理+工作—家庭冲突；

2因子模型：辱虐管理，工作—家庭冲突。

3.3.2　变量描述性统计分析与相关分析

各变量的均值、标准差和相关性见表3-2。相关分析结果表明，辱虐管理与工作—家庭冲突显著正相关（r = 0.236，p < 0.01）。结果表明，2个变量间具有相关性，为下文分析奠定基础。而且，变量间相关系数在0.2到0.8之间，表明变量相关性较高，但具有较好的区分性。

表3-2　　　　　各变量均值、标准差和相关系数表

变量	M	SD	1	2
辱虐管理	1.75	0.89	1.00	
工作—家庭冲突	2.62	0.93	0.236**	1.00

注：** p<0.01；* p<0.05。

3.3.3　回归分析及假设检验

本研究使用SPSS对于辱虐管理对工作—家庭冲突的直接影响进行分析检验。该部分设计2个模型对这一问题进行假设检验。模型1为因变量工作—家庭冲突对控制变量性别、年龄、文化程度、工作年限、企业性质、岗位属性的回归，回归结果见表3-3。结果表明，性别（B=-0.155，p<0.05，95%CI［-0.296，-0.015］）、年龄（B=0.120，p<0.01，95%CI［0.032，0.209］）、文化程度（B=-0.058，p<0.05，95%CI［-0.102，-0.013］）、工作年限（B=0.105，p<0.05，95%CI［0.014，0.196］）、

表 3-3

辱虐管理对工作—家庭冲突影响效应

变量	工作—家庭冲突											
	B	SE	t	p	95% LLCI	95% ULCI	B	SE	t	p	95% LLCI	95% ULCI
常数项	2.623	0.177	14.849	0.000	2.276	2.970	2.339	0.182	12.876	0.000	1.982	2.695
控制变量												
性别	-0.155	0.072	-2.170	0.030	-0.296	-0.015	-0.138	0.070	-1.969	0.049	-0.276	0.000
年龄	0.120	0.045	2.664	0.008	0.032	0.209	0.121	0.044	2.730	0.006	0.034	0.208
文化程度	-0.058	0.023	-2.558	0.011	-0.102	-0.013	-0.043	0.022	-1.951	0.052	-0.087	0.000
工作年限	0.105	0.046	2.267	0.024	0.014	0.196	0.101	0.045	2.217	0.027	0.012	0.190
企业性质	0.189	0.091	2.078	0.038	0.010	0.367	0.007	0.096	0.068	0.945	-0.181	0.194
岗位属性	-0.214	0.066	-3.228	0.001	-0.345	-0.084	-0.172	0.066	-2.614	0.009	-0.301	-0.043
自变量												
辱虐管理							0.215	0.041	5.205	0.000	0.134	0.296
R^2	0.092						0.128					
F	11.187***						13.837***					

注：n=668。* $p < 0.05$；** $p < 0.01$；*** $p < 0.001$。Unstandardized coefficients（B）。LLCI= lower level confidence interval；ULCI= upper level confidence interval。

企业性质（B=0.189，p<0.05，95% CI［0.010，0.367］）、岗位属性（B=-0.214，p<0.01，95% CI［-0.345，-0.084］）对因变量工作—家庭冲突都有显著影响。模型2为因变量工作—家庭冲突对自变量辱虐管理，以及控制变量性别、年龄、文化程度、工作年限、企业性质、岗位属性的回归。结果表明，辱虐管理对工作—家庭冲突有显著的正向影响（B=0.215，p<0.001，95% CI［0.134，0.296］），性别（B=-0.138，p<0.05，95% CI［-0.276，0.000］）、年龄（B=0.121，p<0.01，95% CI［0.034，0.208］）、工作年限（B=0.101，p<0.05，95% CI［0.012，0.190］）、岗位属性（B=-0.172，p<0.01，95% CI［-0.301，-0.043］）对工作—家庭冲突有显著的影响。假设1"辱虐管理对员工工作—家庭冲突具有正向影响"得到验证。

3.4　本章小结

本章基于边界溢出理论和社会学习理论，建构了辱虐管理与工作—家庭冲突的直接作用关系，使用SPSS等软件，采用多层回归方法，对辱虐管理与工作—家庭冲突间的关系进行了实证研究。

研究发现，工作域的辱虐管理会溢出到家庭域，形成工作—家庭冲突。上司的辱虐管理程度越高，员工越会感知到更高的工作—家庭冲突。这一研究发现丰富了辱虐管理影响结果的研究，将其从工作域拓展到家庭域。

第4章 组织公正和心理困扰对辱虐管理与员工工作—家庭冲突关系的中介作用研究[①]

基于第3章对于辱虐管理与工作—家庭冲突间关系的结论，本章引入组织公正和心理困扰，进一步回答辱虐管理为什么会引发工作—家庭冲突的问题。本章基于文献提出相关研究假设与概念模型，通过对668份中国企业员工的横截面问卷调查数据，分析了组织公正和心理困扰对辱虐管理与员工工作—家庭冲突关系的中介作用。本章内容安排如下：首先，该章通过文献分析法，提出组织公正和心理困扰，以及二者整合对辱虐管理与工作—家庭冲突的中介效应假设，并形成概念模型。其次，通过对中国企业员工问卷调查的方法获取实证数据，进行实证检验。具体的，首先，该章用SPSS软件进行了Harman单因素检验，检验了共同方法偏差；其次，使用AMOS软件进行了验证性因子分析，测试了实证研究的效度；之后，使用SPSS软件对相关变量进行了相关分析

① 该章部分内容发表于《财经问题研究》2016年第6期，详见《辱虐管理与员工工作—家庭冲突——组织公正与心理困扰的中介作用》一文。

和描述性统计；然后，使用bootstrapping，利用SPSS中的PROCESS宏插件对组织公正在辱虐管理与工作—家庭冲突间的中介效应进行检验；再次，使用Baron and Kenny（1986）中介作用判断标准以及bootstrapping对心理困扰的中介作用进行了双重验证；最后，使用PROCESS插件分析，进一步检验了组织公正与心理困扰在辱虐管理对工作—家庭冲突影响中的连续中介作用。

4.1 概念模型与研究假设

1.组织公正对辱虐管理与员工工作—家庭冲突的中介作用

Greenberg于1987年提出组织公正（Organizational Justice）的概念，认为组织公正是员工对组织内相关结果是否公正的感知，主要分为分配公正（Distributive Justice）、程序公正（Procedural Justice）、互动公正（Interactional Justice）三种类型。辱虐管理会造成员工对于组织不公正的感知（Tepper，2000）。经受过辱虐管理的员工通常会投入更多的时间和精力完成工作，以避免再次被辱虐（Tepper，2000）。相对于其他未受到辱虐管理的员工，该员工会感知不公平；相对于固定的收入而言，过多的投入又表现出纵向比较的分配不公正（Tepper，1995）。受到持续辱虐的员工会感知组织在规章制度等程序控制上存在不足，更缺乏纠偏机制，难以惩戒施虐者并保护受虐者（Tepper，2000）。辱虐管理是对员工的一种带有偏见的对待方式，违背了共识性的伦理道德标准。这些都违反了Leventhal（1980）提出的程序公正。因此，辱虐管理会导致员工程序不公正的感知。辱虐管理违反了尊重员工的伦理道德标准，破坏了互动公正（Tepper，2000）。从分配公正、程序公正、互动公正三个维度来看，辱虐管理对组织公正都具有负向的影响效应。

组织不公正会造成员工工作—家庭冲突（Bolino and Turnley，2005）。工作—家庭冲突实质上是在有限的时间、精力及其他限制性资源条件下，同一个体在工作和家庭两个角色上的冲突（Greenhaus and Beutell，1985）。个体的工作角色主要有职位角色（Job-holder Role）和组织成员角色（Organizational-Member Role）两种。职位角色是员工必须满足的正式描述下的角色内职责和责任；组织成员角色是成为优秀的组织公民的期望（Welbourne，Johnson，and Erez，1998）。除了工作角色外，在家庭域中，个体还承担配偶、家长等家庭角色。

受辱虐管理后，组织不公正会造成员工对自己工作角色相关责任未履行的质疑，产生愧疚。角色理论表明个体通常会追寻既定角色应该采取的行为行事，以符合自己的角色（Kahn et al.，1964）。因此，员工会投入更多的时间和资源以纠正这一问题。为了满足工作角色，员工会把工作带回家、加班、在休息日工作、利用私人时间参加工作相关活动，挣扎着寻找时间和资源完成工作角色内责任（Bolino and Turnley，2005）。鉴于时间、能力和其他有限条件，员工承担了过多的责任和期望，从而形成了角色过载（Rizzo，House，and Lirtzman，1970）。角色间冲突源于受限的资源或角色间的不相容（Bolino and Turnley，2005）。工作角色的过载会使个体将大部分资源投入工作角色，造成有限资源下家庭角色资源分配的缺乏。角色不相容是指个体参与一个角色时，参与另一个角色就显得极为困难，从而产生角色间冲突（Greenhaus and Beutell，1985）。

如此看来，辱虐管理会引发组织不公正的感知，这种不公正的感知会进一步影响家庭角色，造成工作家庭冲突。因此，本研究认为组织公正是辱虐管理与员工工作—家庭冲突之间的中介变量，提出如下假设：

H1：组织公正在辱虐管理对员工工作—家庭冲突影响中有中介作用

2.心理困扰对辱虐管理与员工工作—家庭冲突的中介作用

心理困扰（Psychological Distress）指在工作中感知的紧张、情绪耗竭、抑郁等对员工造成的心理上的困扰（Selye，1974；Wu et al.，2012）。心理困扰在企业组织中主要表现为焦虑和抑郁（Derogatis and Coons，1992）。根据 Lazarus and Folkman（1984）的心理应激作用理论

（Transactional Theory of Stress），个体在应对压力事件时会根据对压力源的感受和想法进行反应，形成问题导向应对策略和情感导向应对策略。问题导向应对策略通过清除压力源或与压力源抗争消除压力，通常采取侵犯行为或偏差行为达到目的。情感导向应对策略通常通过深思或变革使压力导致的消极情绪影响最小化。个体往往会通过否认或设置心理距离逃避压力源，而非直接面对。研究发现个体通常会消灭压力源以减轻压力，除非预期这种行为不可能成功或个体畏惧采取直接行动（Aquino and Thau，2009；Lazarus，1993）。辱虐管理是一种外部压力源，会带来很多消极情感（Restubog et al.，2011）。许多研究指出辱虐管理对员工的心理困扰有正向影响（Duffy，Ganster，and Pagon，2002；Tepper，2000）。当辱虐管理成为压力源时，员工很难采取问题导向应对策略消除压力源。一是因为辱虐管理这一压力源难以清除，该管理方式控制权在领导，员工无法影响；二是由于与这一压力源抗争成功的可能性较低，很有可能再次受到领导的辱虐，员工也会因为害怕失去工作、担心领导利用职务之便公报私仇等（Aquino，Tripp，and Bies，2001）而畏惧直接面对这一压力源。因此，遭受辱虐管理的员工更倾向于采取情感导向应对策略。对辱虐管理的深思和意图改变自己的行为对压力源的减缓程度有限，大量的压力依然会造成员工焦虑和抑郁等负面情绪，心理困扰萦绕着员工，难以发泄。

个体通常将侵犯他人作为发泄压力的途径（Berkowitz，1993；Lazarus，1991）。个体更倾向于将有害行为转移，远离恐惧或崩溃的源头，转而对其他目标实施侵犯行为（Lazarus and Folkman，1984）。通过转移侵犯逃避与施虐者相关的额外的不期望的压力，个体会感知他们能够改善情绪，降低挫败感（Bushman，Baumeister，and Phillips，2001）。心理困扰的员工会寻求侵犯行为降低消极情绪，其目标主要为家人（Restubog et al.，2011）。因为家人相对于领导是较为弱势的群体，不会带来二次伤害（Hoobler and Brass，2006）。因此，心理困扰的员工会将消极情感通过侵犯家人消除，这就造成了工作域对家庭域的冲突。

由此看来，辱虐管理会导致员工心理困扰，员工为了消除这一压力，会侵犯家人，从而造成工作—家庭冲突。许多研究证实了这一观点。Restubog et al.（2011）从心理困扰视角，基于压力交互作用理论，认为辱虐管理造成的员工心理困扰（例如恐惧和焦虑）会通过家庭妨害行为（例如对家人批评、忽视和侮辱），将他们所受到的侵害转移，这实际上是工作—家庭冲突的另一种表现形式。Carlson et al.（2011）也指出辱虐管理会导致许多功能失调的个体结果，例如抑郁（Tepper，2007）、低自我效能感和躯体主诉增加（Duffy et al.，2002）、生活满意度降低（Tepper，2000）等，这些都是心理困扰的表现。个体将工作域感受到的压力转移到家庭域中的后果是引发了工作—家庭冲突的升级（Westman，2001）。因此，本研究认为心理困扰是辱虐管理与员工工作—家庭冲突间的中介变量，提出如下假设：

H2：心理困扰在辱虐管理对员工工作—家庭冲突影响中有中介作用

3.组织公正影响心理困扰对辱虐管理与员工工作—家庭冲突的中介作用

现有研究主要从组织公正和心理困扰两个角度探索辱虐管理对员工工作—家庭冲突影响的内部机制。然而，从已有研究线索来看，组织公正与心理困扰的中介作用并非割裂的独立路径。组织不公正的感知会导致员工心理困扰已经得到研究证实（Lind and Tyler，1988）。Adams and Freedman（1976）认为，个体对不公正的反应除了愤怒外，还包括对恢复原状的渴望。如果这种不公正是针对个人的故意攻击，个体的反应也包括对自尊的损害。从组织公正理论来看，许多工作相关的不公正会导致员工质疑自己的自我价值，造成员工焦虑和不幸福感，进而引发心理困扰（Tepper，2000）。因此，本书认为，辱虐管理会引发员工不公正的感知，这种不公正感会导致员工心理困扰，员工会将这种心理困扰转移侵害家人，从而造成工作—家庭冲突。因此，组织公正对心理困扰影响共同作为辱虐管理与员工工作—家庭冲突的中介变量，提出假设3：

H3：辱虐管理影响组织公正，进而影响心理困扰，最终对员工工作—家庭冲突产生作用

本研究的概念模型如图4-1所示。

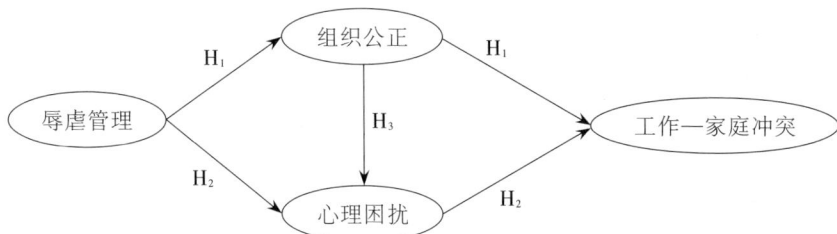

图4-1　组织公正与心理困扰对辱虐管理与员工工作—家庭
冲突影响中介作用模型

4.2　研究方法

4.2.1　变量测量

辱虐管理采用的是 Tepper（2000）等编制的量表，共15个题项。量表采用 Likert 5 点计分，1代表非常不同意，5代表非常同意。代表题项如"我的主管生气时会拿我当出气筒"。本研究中 Cronbach's Alpha 值为 0.984。

组织公正采用的是 Kim and Leung（2007）使用的整体公正感知量表，共3个题项。量表采用 Likert 5 点计分，1代表非常不同意，5代表非常同意。代表题项如"我所在组织总能给我公正的对待"。本研究中 Cronbach's Alpha 值为 0.947。

心理困扰采用的是 Kessler and Mroczek（1994）使用的量表，共10个题项。代表题项如"我无缘无故地觉得疲倦"。量表采用 Likert 5 点计分，1代表非常不同意，5代表非常同意。本研究中 Cronbach's Alpha 值为 0.879。

工作—家庭冲突采用的是 Anderson et al.（2002）使用的工作对家庭冲突量表，共5个题项。量表采用 Likert 5 点计分，1代表非常不同

意，5代表非常同意。代表题项如"我会因工作而没有足够时间留给家人"。本研究中Cronbach's Alpha值为0.923。

4.2.2 样本选择与数据收集

样本取自深圳市、厦门市、天津市等多个城市，涉及国有建筑企业、大型民营企业等多种样本。本研究共发放问卷1 500份，回收了1 254份，回收率为83.6%，其中有效问卷668份，有效率为53.27%。

样本人口统计特征为，男性占49%，女性占51%。从文化程度来看，专科占21.9%，本科占38.5%，硕士占3.3%，博士占0.3%，其他占36%。从年龄来看，25岁以下占37.5%，26~30岁占41.9%，31~35岁占12.3%，36～40岁占3.1%，41~45岁占2.5%，46~50岁占1.8%，50岁以上占0.9%。从工作年限来看，1年以内占19.7%，1~5年占52.5%，6~10年占18.4%，11~15年占5.1%，16~20年占1.5%，21~25年占1.3%，26~30年占1.2%，30年以上占0.3%。从企业性质来看，企业单位占86.6%，事业单位占12.1%，公务员系统占1.3%。从岗位属性来看，基层员工占69.3%，中层管理者占25.3%，高层管理者占5.4%。

4.2.3 数据分析方法

本研究采用AMOS，SPSS和MPLUS进行统计分析。首先，本研究使用AMOS进行验证性因子分析，考察量表的区分效度，并使用SPSS进行Harman单因素检验进一步检验共同方法偏差。然后，使用SPSS进行描述性统计分析和相关分析。最后，使用MPLUS对辱虐管理、组织公正、心理困扰、工作—家庭冲突关系模型进行分析，验证组织公正与心理困扰对辱虐管理与工作—家庭冲突关系的中介作用。

4.3　研究结果

4.3.1　验证性因子分析及共同方法偏差检验

本研究对辱虐管理、组织公正、心理困扰和工作—家庭冲突因子结构进行了验证性因子分析，相关结果见表4-1。验证性因子分析结果表明4因子结构的拟合度相对较好，CFI为0.911，NFI为0.895，IFI为0.911，TLI为0.903，RMSEA为0.087，明显优于其他因子模型，证明4个因子是不同的构念。

表4-1　　　　　　　　　　　验证性因子分析

Model	χ^2	df	CFI	NFI	IFI	TLI	RMSEA
1因子模型	13 574.026	495	0.527	0.518	0.528	0.496	0.199
2因子模型	11 222.078	494	0.612	0.602	0.613	0.585	0.180
3因子模型	4 838.681	492	0.843	0.828	0.843	0.831	0.115
4因子模型	2 960.798	489	0.911	0.895	0.911	0.903	0.087

注：n=668。

1因子模型：辱虐管理+组织公正+心理困扰+工作—家庭冲突；

2因子模型：辱虐管理+组织公正+心理困扰，工作—家庭冲突；

3因子模型：辱虐管理+组织公正，心理困扰，工作—家庭冲突；

4因子模型：辱虐管理，组织公正，心理困扰，工作—家庭冲突。

本研究采用了Harman单因素检验进一步检验了共同方法偏差，结果表明，未旋转时所有变量进行的探索性因子分析共析出4个因子，解释了43.299%的方差变异，小于50%，表明本研究共同方法偏差影响并不严重（Harrison，Mclaughlin，and Coalter，1996）。

4.3.2　变量描述性统计分析与相关分析

各变量的均值、标准差和相关性见表4-2。相关分析结果表明，辱虐管理与组织公正显著负相关（r = −0.308，p < 0.01），与心理困扰显著正相关（r = 0.271，p < 0.01），与工作—家庭冲突显著正相关（r = 0.236，p < 0.01）。结果表明，4个变量间具有相关性，为下文分析奠定基础。而且，变量间相关系数大多在0.2到0.8之间，表明变量相关性较高，但具有较好的区分性。

表4-2　　　　　各变量均值、标准差和相关系数表

变量	M	SD	1	2	3	4
辱虐管理	1.75	0.89	1.00			
组织公正	2.80	1.03	−0.308**	1.00		
心理困扰	2.44	0.86	0.271**	0.160**	1.00	
工作—家庭冲突	2.62	0.93	0.236**	0.06	0.554**	1.00

注：** p<0.01；* p<0.05。

4.3.3　组织公正中介效应检验

本研究使用拔靴法（bootstrapping），利用SPSS中的PROCESS宏插件（Hayes，2018）对组织公正的中介效应进行实证检验。采取拔靴法偏相关置信区间方法检验中介关系中的直接效应和间接效应，其结果更准确（Hassi，2019）。

分析结果表明，组织公正对于辱虐管理与工作—家庭冲突的中介作用是显著的。组织公正的间接效应是−0.052，95% 偏相关置信区间为［−0.0986，−0.0096］，不包括0。辱虐管理对组织公正有显著的负向影响效应（β=−0.432，p<0.001，95% CI［−0.518，−0.346］），组织公正对工作—家庭冲突有显著的正向影响效应（β=0.120，p<0.01，95% CI［0.048，0.192］），辱虐管理对工作—家庭冲突依然有正向的直接效应（β=0.267，p<0.001，95% CI［0.181，0.353］）。辱虐管理对工作—家庭冲突总效应显著（β=0.215，p<0.001，95% CI［0.134，0.296］）。组织公正对于辱虐管理与工作—家庭冲突的中介作用得到证实。假设1得到验证。其他数据结果详见图4-2。从数据结果来看，组织公正对辱虐

管理与工作—家庭冲突的中介作用并不完善，其间可能存在其他中介变量，有待进一步探索。

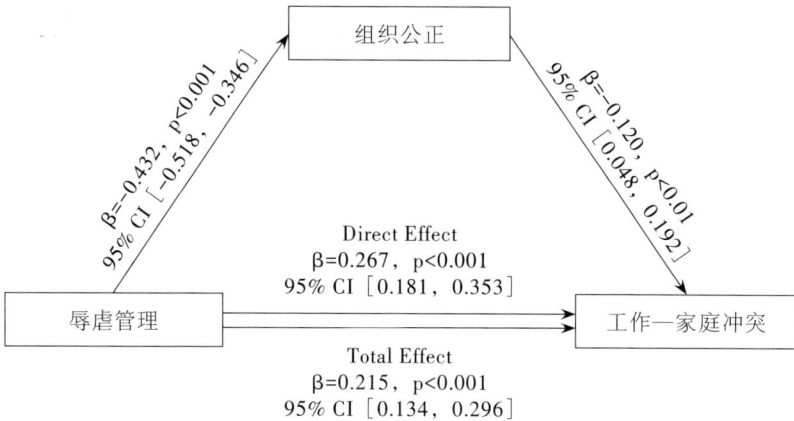

图4-2　组织公正对辱虐管理与员工工作—家庭冲突影响中介作用分析结果

4.3.4　心理困扰中介效应检验

本书根据Baron and Kenny（1986）中介作用成立的判断标准，进行假设检验：（1）自变量对因变量作用显著（模型2）；（2）自变量对中介变量作用显著（模型3）；（3）中介变量对因变量作用显著（模型4）；（4）当中介变量加入时，自变量对因变量的影响降低或消失（模型4）。模型1为控制模型。具体数据见表4-3。

研究结果表明心理困扰在辱虐管理与工作—家庭冲突间有显著的中介作用。（1）自变量辱虐管理对因变量工作—家庭冲突作用显著。在未加入中介变量心理困扰的模型2中，在控制了性别、年龄、文化程度、工作年限、企业性质、岗位属性等变量后，辱虐管理对工作—家庭冲突有显著的正向影响（β=0.206，p<0.001）。（2）自变量辱虐管理对中介变量心理困扰作用显著。在模型3中，本研究设计了辱虐管理对心理困扰的影响模型，在控制了性别、年龄、文化程度、工作年限、企业性质、岗位属性等变量后，辱虐管理对心理困扰影响显著（β=0.224，p<0.001）。（3）中介变量心理困扰对因变量工作—家庭冲突作用显著。模型4为自变量辱虐管理、中介变量心理困扰及控制变量共同对工作—家庭冲突影响模型。在控制了性别、年龄、文化

表4-3　　　　　　心理困扰在辱虐管理与工作—家庭冲突间

中介作用多层回归分析

因变量	模型1	模型2	模型3	模型4
	工作—家庭冲突	工作—家庭冲突	心理困扰	工作—家庭冲突
1.控制变量				
性别	−0.083*	−0.074*	0.017	−0.083**
年龄	0.151**	0.152**	0.021	0.141**
文化程度	−0.102*	−0.077	−0.197***	0.026
工作年限	0.127*	0.122*	0.073	0.084
企业性质	0.079	0.003	0.037	−0.017
岗位属性	−0.134**	−0.107**	−0.210	0.002
2.自变量				
辱虐管理		0.206***	0.224***	0.089*
3.中介变量				
心理困扰				0.522***
R^2	0.092	0.128	0.135	0.363
调整后R^2	0.084	0.119	0.126	0.356
F	11.187***	13.837***	14.683***	47.008***

注：*$p<0.05$；**$p<0.01$；***$p<0.001$。

程度、工作年限、企业性质、岗位属性等变量的影响后，心理困扰对工作—家庭冲突依然有显著的正向影响（$\beta=0.522$，$p<0.001$）。（4）当中介变量进入时，自变量对因变量的影响作用减小。模型4中，当中介变量心理困扰加入模型后，自变量辱虐管理对因变量工作—家庭冲突的影响效应减弱（$\beta=0.089$，$p<0.05$），显著性水平由模型2中的$p<0.001$降低到$p<0.05$，系数绝对值也由模型2中的0.206降低到0.089。因此，心理困扰在辱虐管理与工作—家庭冲突间起到部分中介作用。假设2通过假设检验。

本研究使用bootstrapping，利用SPSS中的PROCESS宏插件（Hayes，2018）对心理困扰的中介效应进行实证检验。分析结果表明，心理困扰对于辱虐管理与工作—家庭冲突的中介作用是显著的。心理困扰的间接效应是0.122，95%偏相关置信区间为［0.077，0.177］，不包括0。辱虐管理对心理困扰具有显著的正向影响（β=0.218，p<0.001，95% CI［0.143，0.293］），心理困扰对工作—家庭冲突具有显著的正向影响（β=0.561，p<0.001，95% CI［0.491，0.632］）。辱虐管理对工作—家庭冲突的直接效应为0.093，95%偏相关置信区间为［0.022，0.164］，不包括0。辱虐管理对工作—家庭冲突的总效应为0.215，95%偏相关置信区间为［0.134，0.296］，不包括0。其他数据结果详见图4-3。心理困扰对于辱虐管理与工作—家庭冲突的中介作用得到证实。假设2得到验证。

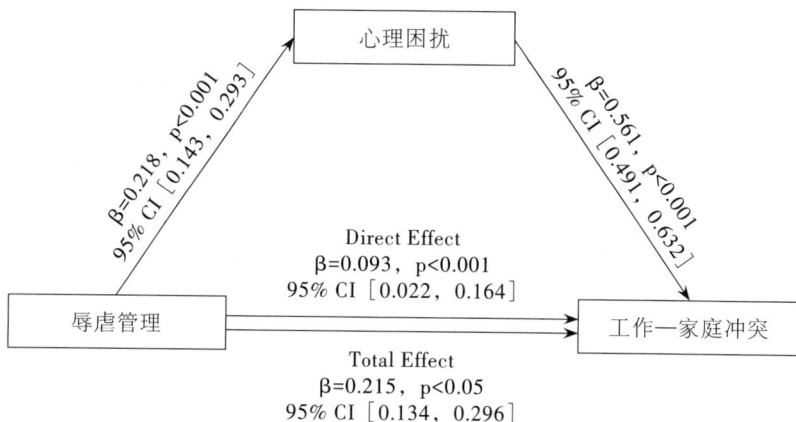

图4-3　心理困扰对辱虐管理与员工工作—家庭冲突影响中介作用分析结果

4.3.5　组织公正与心理困扰整合中介效应检验

本书使用PROCESS插件对组织公正和心理困扰在辱虐管理与工作—家庭冲突间起到的中介作用进行实证分析，判断连续中介和平行中介作用。研究结果表明，连续中介效应成立。

本研究利用SPSS中的PROCESS宏插件，使用bootstrapping，抽样1 000次，采用偏相关分析法，结果表明：（1）心理困扰在辱虐管理与工作—家庭冲突间的中介效应显著。间接效应为0.171，95%偏相关置信区间为［0.123，0.228］，不包括0，证明存在显著的间接效应，中介效应成立。辱虐管理对心理困扰有显著的正向影响（β=0.305，p<0.001，95%CI［0.227，0.383］），心理困扰对工作—家庭冲突有显著正向影响（β=0.559，p<0.001，95% CI［0.487，0.632］）。（2）组织公正与心理困扰在辱虐管理与工作—家庭冲突间存在连续中介关系，连续中介的间接效应为－0.049，95% 偏相关置信区间为［-0.081，-0.025］，不包括0，证明存在显著的间接效应，连续中介效应成立。辱虐管理对组织公正有显著的负向影响（β=-0.432，p<0.001，95% CI［-0.518，-0.346］），组织公正对心理困扰有显著正向影响（β=0.201，p<0.001，95% CI［0.136，0.267］），心理困扰对工作—家庭冲突有显著正向影响（β=0.559，p<0.001，95% CI［0.487，0.632］）。组织公正对工作—家庭冲突影响效应不显著（β=0.007，p=0.820，95% CI［-0.056，0.071］）。辱虐管理对工作—家庭冲突依然有正向的直接效应（β=0.096，p<0.05，95% CI［0.019，0.174］）。辱虐管理对工作—家庭冲突总效应显著（β=0.215，p<0.001，95% CI［0.134，0.296］）。其他数据结果详见图4-4。组织公正与心理困扰在辱虐管理与工作—家庭冲突间起到连续中介作用。假设3得到验证。

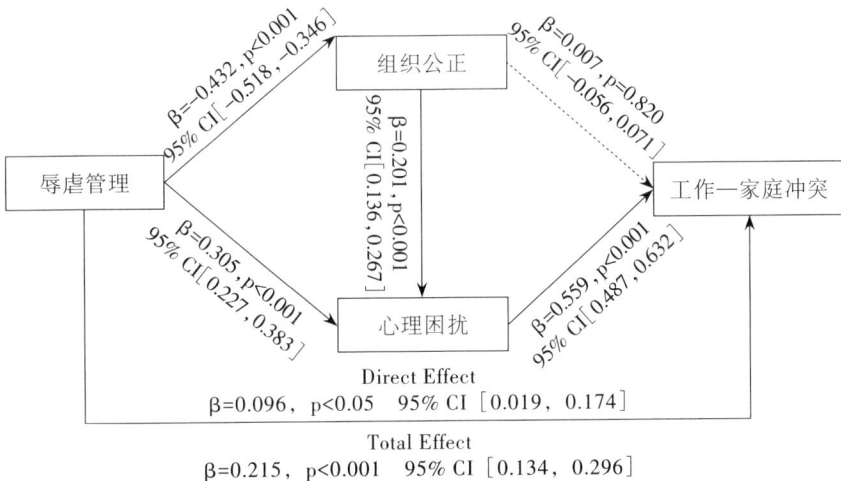

图4-4 组织公正与心理困扰连续中介和平行中介效应检验结果

4.4　本章小结

本章基于 Tepper（2000）和 Restubog et al.（2011）的研究基础，以及第 3 章辱虐管理对员工工作—家庭冲突影响的直接效应研究结果，使用 SPSS，AMOS，MPLUS 等软件，采用多层回归、bootstrapping 等方法，对组织公正和心理困扰在辱虐管理和工作—家庭冲突间的中介作用进行了实证研究，解决了辱虐管理和工作—家庭冲突间中介机制的组织公正（Tepper，2000）和心理困扰（Restubog et al.，2011）之争。本章主要得到如下研究结果：

第一，组织公正对辱虐管理和工作—家庭冲突的关系具有部分中介作用。本章使用 PROCESS 宏插件，通过 bootstrapping 的方法证实了组织公正在辱虐管理和工作—家庭冲突间的部分中介作用。这表明辱虐管理除了通过影响组织公正感知导致工作—家庭冲突外，还可以直接导致工作—家庭冲突，抑或有其他构念影响这一关系。

第二，心理困扰在辱虐管理与工作—家庭冲突间起到部分中介作用。本章使用 Baron and Kenny（1986）中介作用判断标准以及 MPLUS 采用 bootstrapping 对心理困扰在辱虐管理与工作—家庭冲突间的中介作用进行了双重检验。结果表明，心理困扰能够部分中介辱虐管理与工作—家庭冲突的关系。这说明辱虐管理可以通过心理困扰影响工作—家庭冲突，同时，辱虐管理还对工作—家庭冲突具有直接影响效应，抑或这一关系也有其他影响要素。

第三，组织公正通过影响心理困扰在辱虐管理与工作—家庭冲突间起到中介作用。组织公正与心理困扰二者并非割裂地对辱虐管理与工作—家庭冲突的关系产生影响，而是在相互影响中产生整合的中介作用。本章使用 PROCESS 宏插件对组织公正和心理困扰是存在连续中介还是平行中介效应进行了分析，并进一步使用 AMOS 软件进行了结构方程全模型分析，双重验证连续中介关系。研究结果表明，组织公正与心理困扰在辱虐管理与工作—家庭冲突间起到连续中介作用，解决了目前研究中组织公正和心理困扰中介效应不一致的争议。

　　总之，组织公正和心理困扰对辱虐管理与工作—家庭冲突关系起到中介作用，组织公正通过心理困扰发挥中介作用，二者形成连续中介模型。

第5章　宽恕行为在辱虐管理对员工工作—家庭冲突影响中的调节作用研究

基于第3章对于辱虐管理与工作—家庭冲突直接关系的结论，本章进一步探讨辱虐管理引发工作—家庭冲突的情境条件，探索减少辱虐管理带来消极结果的途径。本章基于文献提出相关研究假设与概念模型，通过对228份中国企业员工的横截面问卷调查数据，分析了宽恕行为的宽恕意向和宽恕行动两个维度对辱虐管理与员工工作—家庭冲突关系的调节作用。本章内容具体安排如下：首先，该章通过文献分析法，提出相关研究假设。其次，通过对中国企业员工问卷调查的方法获取实证数据，进行实证检验。具体的，首先，该章用SPSS软件进行了Harman单因素检验，检验了共同方法偏差；其次，使用MPLUS软件进行了验证性因子分析，测试了实证研究的效度；之后，使用SPSS软件对相关变量进行了相关分析和描述性统计；最后，使用bootstrapping，利用SPSS中的PROCESS宏插件对宽恕行为在辱虐管理与工作—家庭冲突间的调节效应进行检验。

5.1　概念模型与研究假设

5.1.1　宽恕行为的概念

宽恕行为（Forgiveness Behavior）源于心理学领域的研究。在个体层面的研究上，学者们从个体内心和人际间反应两个视角对宽恕行为展开了讨论（Baumeister，Exline，and Sommer，1998）。有的学者认为宽恕行为是一种个体内心反应，是放弃愤怒、怨恨和报复的内部行为（Murphy，1988；Aquino，Tripp，and Bies，2006），在释放消极情感的同时，替换成积极情感的一种高尚的道德响应（Enright，Gassin，and Wu，1992；Bradfield and Aquino，1999）。有的学者认为宽恕行为是人际间反应，是被害者放弃对行为上不公平的侵犯者的怨恨、谴责和报复的权利，反而培养对侵犯者慷慨的同情甚至爱戴的行为（Goodstein and Aquino，2010）。在宽恕行为中受害者动机发生改变，报复侵犯者和与侵犯者疏远的动机减少，而调解和友好的动机增加，且不在意侵害者的伤害行为（McCullough，Worthington，and Rachal，1997）。宽恕行为是情感、认知和行为现象的复杂体，对于侵害者的消极情感和判断被消除了，这种消除行为并非通过否认自己对于这种情感和判断的权利，而是通过对侵害者持有同情、善意和喜爱的看法（Enright et al.，1992）。

后来，组织行为领域的研究将宽恕行为引入组织和工作场所，认为宽恕行为是对工作场所侵犯的一种应对策略（Aquino，Tripp，and Bies，2006），其存在于组织系统中，为冲突提供了恢复的途径。组织层面的研究主要集中于宽恕型组织（Forgiving Organization）和组织宽恕氛围（Organizational Forgiveness Climate）。在宽恕型组织中，宽恕并不是对每日冲突的简单的偶发反应，而是组织自身浮现出的最基本的特征（Fehr and Gelfand，2012）。Fehr and Gelfand（2012）从组织层面提出了组织宽恕氛围理论，从浮现、意义建构和行动三个阶段对组织宽恕氛围的形成过程进行了详细分析。他们指出，宽恕氛围是指来自受害者对冲突的同情或友善的反应的共同感知。像其他氛围构建一样，宽恕氛围聚焦于员工对于日常行为的感知及这种行为是组织支持的判断。与一般的组织氛围不同，宽恕氛围具有目标性和战略性，反映组织目标，可以与某些结果密切相关，而一般的组织氛围始终探讨组织情境问题。宽恕氛围的目的在于通过亲社会途径解决组织内冲突管理问题。

5.1.2 假设提出

相关研究发现，宽恕行为能够缓解遭受辱虐的不良后果，例如降低抑郁症状和增加幸福感（Brown，2003；Liao and Wei，2015）。在家庭关系研究中，许多研究指出，在遭受辱虐后，家庭成员会产生心理和精神障碍，甚至产生创伤后应激障碍（Beydoun et al.，2012；Ouellet et al.，2015；Rogers and Follingstad，2014）。宽恕行为可以缓解这些辱虐行为带来的不良心理和精神症状（Ysseldyk，Matheson，and Anisman，2017）。

人际冲突经常是具有压力性的，宽恕在降低压力中起到应对策略的作用（Ysseldyk，Matheson，and Anisman，2009）。个体选择宽恕人际间的侵犯，其目的是减少压力相关的结果（Worthington，2006）。宽恕行为是一种积极的应对策略（Strelan and Covic，2006）。在宽恕实施辱虐行为的对象后，个体会理性评估控制感、影响、威胁，确定参与解决问题还是干脆规避和逃离，从问题导向角度理性应对辱虐行为，从而减少抑郁等心理症状的发生（Ysseldyk，Matheson，and Anisman，2009）。

在工作场所的辱虐管理中，虽然上司并没有对下属产生身体接触类的辱虐行为，也不会产生严重到创伤后应激障碍（PTSD）的压力结果。但工作场所的辱虐管理会导致精神和心理上的压力以及身体健康上的负面影响已经被广泛认可（Tepper et al.，2007；Carlson et al.，2011），也会造成工作—家庭冲突这种角色压力（Tepper，2000）。基于已有宽恕行为对于辱虐行为导致压力的缓解作用研究结果（Ysseldyk，Matheson，and Anisman，2009），本研究认为，宽恕行为也能够缓解辱虐管理对工作——家庭冲突的影响作用。因此，本研究提出如下假设：

H1：宽恕行为在辱虐管理对工作——家庭冲突影响中起到调节作用

H1a：宽恕意向在辱虐管理对工作——家庭冲突影响中起到调节作用

H1b：宽恕行动在辱虐管理对工作——家庭冲突影响中起到调节作用

5.2 研究方法

5.2.1 变量测量

辱虐管理采用的是 Tepper（2000）等编制的量表，共 15 个题项。量表采用 Likert 5 点计分，1 代表非常不同意，5 代表非常同意。代表题项如"我的主管生气时会拿我当出气筒"。本研究中 Cronbach's Alpha 值为 0.984。

工作——家庭冲突采用的是 Anderson et al.（2002）使用的工作对家庭冲突量表，共 5 个题项。量表采用 Likert 5 点计分，1 代表非常不同意，5 代表非常同意。代表题项如"我会因工作而没有足够时间留给家人"。本研究中 Cronbach's Alpha 值为 0.923。

宽恕行为采用的是 Bradfield and Aquino（1999）使用的宽恕行为量表，共 9 个题项，分为宽恕意向和宽恕行动两个维度。宽恕意向包括 4 个题项，代表题项如"我想给他们一个新的开始和重归于好"，本研究中 Cronbach's Alpha 值为 0.966。宽恕行动包括 5 个题项，代表题项如"我接受了他们的人性、缺陷和失败"，本研究中 Cronbach's Alpha 值为 0.968。量表采用 Likert 5 点计分，1 代表非常不同意，5 代表非常同意。整体量表在本研究中 Cronbach's Alpha 值为 0.971。

5.2.2 样本选择与数据收集

样本取自深圳市、天津市、大连市等多个城市，涉及国有建筑企业、大型民营企业、不同星级的酒店企业等多种样本。本研究共发放问卷 400 份，回收了 286 份，回收率为 71.5%，其中有效问卷 228 份，有效率为79.72%。

样本人口统计特征为，男性占61.8%，女性占38.2%。从文化程度来看，专科占11.4%，本科占80.7%，硕士占4.8%，博士占0.4%，其他占2.7%。从年龄来看，25岁以下占37.7%，26~30岁占40.4%，31~35岁占8.8%，36~40岁占5.7%，41~45岁占3.9%，46~50岁占2.6%，50岁以上占0.9%。从工作年限来看，1年以内占27.2%，1~5年占43.3%，6~10年占15.4%，11~15年占7%，16~20年占3.1%，21~25年占1.8%，26~30年占1.8%，30年以上占0.4%。从企业性质来看，企业单位占85.1%，事业单位占11.4%，公务员系统占3.5%。从岗位属性来看，基层员工占84.7%，中层管理者占11.4%，高层管理者占3.9%。

5.2.3　数据分析方法

本研究采用SPSS及PROCESS宏插件、MPLUS进行统计分析。首先，本研究使用MPLUS进行验证性因子分析，考察量表的区分效度，并使用SPSS进行Harman单因素检验进一步检验共同方法偏差。然后，使用SPSS进行描述性统计分析和相关分析。最后，使用PROCESS宏插件对宽恕行为在辱虐管理与工作—家庭冲突间的调节效应进行分析。

5.3　研究结果

5.3.1　验证性因子分析及共同方法偏差检验

本研究对辱虐管理、工作—家庭冲突和宽恕行为因子结构进行了验证性因子分析，相关结果见表5-1。验证性因子分析结果表明4因子结构的拟合度相对较好，CFI为0.911，TLI为0.895，RMSEA为0.090。由于样本量较小，RMSEA结果会在一定程度上受到影响，但依然可以接受。4因子模型拟合度明显优于其他因子模型，证明4个因子是不同的构念。

表 5-1   验证性因子分析

Model	χ^2	df	CFI	TLI	RMSEA
1因子模型	3 286.146	377	0.595	0.564	0.184
2因子模型	2 107.232	376	0.759	0.740	0.142
3因子模型	1 621.311	374	0.826	0.811	0.121
4因子模型	988.014	346	0.911	0.895	0.090

注：n=228。

1因子模型：辱虐管理+工作—家庭冲突+宽恕意向+宽恕行动；

2因子模型：辱虐管理，工作—家庭冲突+宽恕意向+宽恕行动；

3因子模型：辱虐管理，工作—家庭冲突，宽恕意向+宽恕行动；

4因子模型：辱虐管理，工作—家庭冲突，宽恕意向，宽恕行动。

本研究采用了 Harman 单因素检验进一步检验了共同方法偏差，结果表明，未旋转时所有变量进行的探索性因子分析，最大贡献因子解释了 43.211% 的方差变异，小于 50%，表明本研究共同方法偏差影响并不严重（Harrison，Mclaughlin，and Coalter，1996）。

5.3.2 变量描述性统计分析与相关分析

各变量的均值、标准差和相关性见表 5–2。相关分析结果表明，辱虐管理与工作—家庭冲突显著正相关（r = 0.302，p < 0.01）。结果表明，4 个变量间具有相关性，为下文分析奠定基础。而且，变量间相关系数大多在 0.2 到 0.8 之间，表明变量相关性较高，但具有较好的区分性。

表 5-2   各变量均值、标准差和相关系数表

变量	M	SD	1	2	3	4
辱虐管理	2.03	1.02	1			
宽恕意向	3.30	1.06	0.202**	1		
宽恕行动	3.47	0.77	−0.090	0.739**	1	
工作—家庭冲突	2.67	0.80	0.302**	0.103	0.031	1

注：n=228。* p < 0.05；** p < 0.01；*** p < 0.001。

5.3.3 宽恕行为在辱虐管理对工作—家庭冲突影响中的调节作用检验

本研究使用 bootstrapping，利用 SPSS 中的 PROCESS 宏插件（Hayes，2018）对宽恕行为的宽恕意向和宽恕行动两个维度对辱虐管理与工作—家庭冲突关系的调节效应进行分析。研究结果表明，宽恕意向和宽恕行动在辱虐管理与工作—家庭冲突关系间都起到调节作用。

宽恕意向能够调节辱虐管理与工作—家庭冲突的关系。本研究采用偏相关法进行 1 000 次 bootstrapping，抽样结果显示，辱虐管理与宽恕意向交互项对因变量工作—家庭冲突影响显著（B=0.111，p<0.05，95% CI［0.025，0.197］）（见表5-3）。假设 1a "宽恕意向在辱虐管理对工作—家庭冲突影响中起到调节作用" 得到验证。

表5-3　宽恕意向在辱虐管理与工作—家庭冲突间的调节效应

变量	因变量：工作—家庭冲突						
	B	SE	t	p	95% LLCI	95% ULCI	R^2
常数项	2.771	0.448	6.187	0.000	1.888	3.654	
控制变量							
性别	−0.231	0.106	−2.191	0.030	−0.439	−0.023	
年龄	0.111	0.065	1.704	0.090	−0.017	0.239	
文化程度	0.052	0.081	0.645	0.520	−0.108	0.213	
工作年限	0.057	0.063	0.909	0.364	−0.067	0.181	
企业性质	−0.051	0.115	−0.443	0.659	−0.277	0.175	
岗位属性	0.087	0.118	0.735	0.463	−0.146	0.319	
自变量							
辱虐管理	−0.222	0.184	−1.205	0.229	−0.584	0.141	
调节变量							
宽恕意向	−0.186	0.104	−1.788	0.075	−0.391	0.019	
交互项							
辱虐管理×宽恕意向	0.111	0.044	2.543	0.012	0.025	0.197	
ΔR^2 interaction term ［F = 6.4650］							0.024*
R^2 ［F= 5.7866］							0.193***

注：n=228。*p < 0.05；**p < 0.01；***p < 0.001。Unstandardized coefficients（B）。LLCI= lower level confidence interval；ULCI= upper level confidence interval。

不同水平的宽恕意向下，辱虐管理对工作—家庭冲突的影响效应差异显著。当宽恕意向较低时，辱虐管理对工作—家庭冲突影响不显著（effect=0.026，p=0.783，95% CI［-0.160，0.213］）。当宽恕意向居中时，辱虐管理对工作—家庭冲突影响显著（effect=0.144，p<0.05，95% CI［0.022，0.265］）。当宽恕意向较高时，辱虐管理对工作—家庭冲突影响显著（effect=0.262，p<0.001，95% CI［0.155，0.368］）（见表5-4）。

表5-4　不同水平宽恕意向下辱虐管理对工作—家庭冲突的影响效应

变量	宽恕意向	效应	SE	t	p	95% LLCI	95% ULCI
低宽恕意向（Mean-1 SD）	2.234	0.026	0.095	0.275	0.783	-0.160	0.213
Average EFS	3.296	0.144	0.062	2.332	0.021	0.022	0.265
高宽恕意向（Mean +1 SD）	4.358	0.262	0.054	4.826	0.000	0.155	0.368

注：n=228。LLCI= lower level confidence interval；ULCI=upper level confidence interval。Bootstrap sample size：1000。

宽恕行动能够调节辱虐管理与工作—家庭冲突的关系。本研究采用偏相关法进行1 000次bootstrapping，抽样结果显示，辱虐管理与宽恕行动交互项对因变量工作—家庭冲突影响显著（B=0.149，p<0.05，95% CI［0.001，0.298］）（见表5-5）。假设1b"宽恕行动在辱虐管理对工作—家庭冲突影响中起到调节作用"得到验证。

表5-5　宽恕行动在辱虐管理与工作—家庭冲突间的调节效应

变量	因变量：工作—家庭冲突						
	B	SE	t	p	95% LLCI	95% ULCI	R²
常数项	2.793	0.601	4.651	0.000	1.609	3.977	
控制变量							
性别	-0.230	0.107	-2.154	0.032	-0.441	-0.020	
年龄	0.121	0.065	1.851	0.066	-0.008	0.249	
文化程度	0.029	0.081	0.359	0.720	-0.131	0.189	
工作年限	0.044	0.063	0.703	0.483	-0.080	0.168	
企业性质	-0.062	0.115	-0.541	0.589	-0.289	0.165	
岗位属性	0.096	0.119	0.802	0.424	-0.139	0.330	

续表

变量	因变量：工作—家庭冲突						
	B	SE	t	p	95% LLCI	95% ULCI	R^2
自变量							
辱虐管理	−0.301	0.279	−1.076	0.283	−0.851	0.250	
调节变量							
宽恕行动	−0.199	0.151	−1.315	0.190	−0.496	0.099	
交互项							
辱虐管理×宽恕行动	0.149	0.075	1.977	0.049	0.001	0.298	
ΔR^2 interaction term [F= 3.909]							0.015*
R^2 [F= 5.467]							0.184***

注：n=228。*p < 0.05；**p < 0.01；***p < 0.001。Unstandardized coefficients（B）。LLCI= lower level confidence interval；ULCI= upper level confidence interval。

不同水平宽恕行动下，辱虐管理对工作—家庭冲突的影响效应差异显著。当宽恕行动较低时，辱虐管理对工作—家庭冲突影响不显著（effect=0.101，p=0.256，95% CI［−0.073，0.274］）。当宽恕行动居中时，辱虐管理对工作—家庭冲突影响显著（effect=0.216，p<0.001，95% CI［0.111，0.320］）。当宽恕行动较高时，辱虐管理对工作—家庭冲突影响显著（effect=0.331，p<0.001，95% CI［0.196，0.465］）（见表5-6）。

表5-6　不同水平宽恕行动下辱虐管理对工作—家庭冲突的影响效应

变量	宽恕行动	效应	SE	t	p	95%	
						LLCI	ULCI
低宽恕行动（Mean−1 SD）	2.693	0.101	0.088	1.140	0.256	−0.073	0.274
Average EFS	3.466	0.216	0.053	4.059	0.000	0.111	0.320
高宽恕行动（Mean+1 SD）	4.239	0.331	0.068	4.848	0.000	0.196	0.465

注：n = 228。LLCI= lower level confidence interval；ULCI= upper level confidence interval。Bootstrap sample size：1000。

宽恕行为的宽恕意向和宽恕行动两个维度都能够调节辱虐管理对工作—家庭冲突的影响。因此，假设1"宽恕行为在辱虐管理对工作—家庭冲突影响中起到调节作用"得到验证。

5.4 本章小结

本章基于 Ysseldyk，Matheson，and Anisman（2009）对于宽恕行为对辱虐带来心理压力的缓解作用的研究基础，以及第3章辱虐管理对员工工作—家庭冲突影响的直接效应研究结果，使用 SPSS 和 MPLUS 等软件，采用多层回归、bootstrapping 等方法，对宽恕行为在辱虐管理和工作—家庭冲突间的调节作用进行了实证研究，主要得到如下研究结果：

第一，证实了宽恕行为在工作域中的辱虐管理情境下也可以缓解辱虐行为带来的负面影响，拓展了宽恕行为调节研究的研究领域和范畴。已有的对于宽恕行为对辱虐行为的缓解作用研究，大多集中于家庭域的家庭暴力和女性侵害的研究，相关结果大多证实了宽恕行为具有缓解辱虐行为结果的效果（Beydoun et al.，2012；Ysseldyk，Matheson，and Anisman，2017），但工作域的相关研究缺乏。本研究从工作域中的辱虐行为即辱虐管理这一问题入手，探讨了宽恕行为在工作域中的调控作用，丰富了宽恕行为的相关研究，拓展了研究结果的适用范围。

第二，拓展了宽恕行为可调控的压力范畴，从心理压力和身体健康方面拓宽到工作—家庭冲突这一角色压力上，丰富了宽恕行为的研究。现有研究大多集中于宽恕行为对在遭受辱虐后产生心理和精神障碍甚至创伤后应激障碍的缓解作用（Beydoun et al.，2012；Ouellet et al.，2015；Rogers and Follingstad，2014），其他方面的结果影响研究缺乏。本研究分析了辱虐管理对工作—家庭冲突影响中宽恕行为的调控作用，拓宽了宽恕行为调控的研究范畴。

第三，发现了宽恕意向和宽恕行动都能够调节辱虐管理造成负面结果的过程，解决了已有研究的争议。已有研究存在宽恕意向和宽恕行动调控效果不一致的争论，认为宽恕意向是个体内的单方面想法，对缓解人际冲突无效，而宽恕行动才是人际间的具体互动行为，可以缓解人际关系（Freedman，1998，2011）。然而，本研究发现，宽恕意向和宽恕行动都能够调节辱虐管理带来的工作—家庭冲突，表明宽恕意向也可以帮助个体应对辱虐行为，缓解心理压力。这一发现解决了宽恕意向和宽恕行动影响效果相异的矛盾，推进了宽恕行为内容及其深层次影响研究。

第6章 宽恕行为对以组织公正为中介的辱虐管理与员工工作—家庭冲突关系的调节作用研究

基于第4章对于组织公正对辱虐管理与工作—家庭冲突关系的中介作用结论，本章进一步探讨宽恕行为在这一关系中的调节作用，探索缓解辱虐管理带来消极结果的途径。本章通过文献分析提出相关研究假设，通过对228份中国企业员工的横截面问卷调查数据，分析了宽恕行为的宽恕意向和宽恕行动两个维度对以组织公正为中介的辱虐管理与员工工作—家庭冲突关系的调节作用。

本章主要包括三大研究内容：首先，该章探讨了宽恕行为在以组织公正为中介的辱虐管理对工作—家庭冲突影响中的第一阶段调节效应；其次，该章分析了宽恕行为在以组织公正为中介的辱虐管理对工作—家庭冲突影响中的第二阶段调节效应；最后，探索了宽恕行为在以组织公正为中介的辱虐管理对工作—家庭冲突影响中的全路径调节效应，包括辱虐管理对组织公正影响中的第一阶段、组织公正对工作

—家庭冲突影响中的第二阶段和辱虐管理对工作—家庭冲突影响的直接效应路径。

本章内容具体研究步骤如下：首先，该章通过文献分析法，提出相关研究假设。其次，通过对中国企业员工问卷调查的方法获取实证数据，进行实证检验。具体的，首先，该章用SPSS软件进行了Harman单因素检验，检验了共同方法偏差；其次，使用MPLUS软件进行了验证性因子分析，测试了实证研究的效度；之后，使用SPSS软件对相关变量进行了相关分析和描述性统计；最后，使用bootstrapping，利用SPSS中的PROCESS宏插件对宽恕行为在以组织公正为中介的辱虐管理与工作—家庭冲突间的调节效应进行检验。

6.1 概念模型与研究假设

6.1.1 宽恕行为在以组织公正为中介的辱虐管理对工作—家庭冲突影响中的第一阶段调节效应

1. 宽恕行为在辱虐管理对组织公正影响中的调节作用分析

宽恕行为被理解为受害者对侵犯者的动机和态度从消极向积极的转变，表明对侵犯者报复或惩罚倾向、逃避等行为的减少，以及对侵犯者仁慈行为的增加（McCullough，Root，and Cohen，2006；McCullough et al.，1998）。被害者可能在开始时感到气愤，想要报复或与侵犯者断交。宽恕意味着这些初期的倾向被克服了，但是并不意味着侵犯者错误行为的严重性或者责任可以轻描淡写（Wenzel and Okimoto，2012）。因此，宽恕更像是送给侵犯者没有遭到应有惩罚的礼物（Enright，1994）。这在某种程度上暗示着宽恕与公正看似对立。

一些研究表明，宽恕与公正并非对立的概念。一方面，对于公正的不同理解，造成公正与宽恕的相对性。传统上对于公正的理解，是侵犯者得到他们应有的报应的公正，是从道德角度对侵犯者错误行为的惩罚，是要让侵犯者受到同样的错误对待（Darley and Pitman，2003）。然而，公正还有其他角度的理解，例如恢复性公正（Exline et al.，2003）。恢复性公正（Restorative Justice）是一种双边共同建立的公正认识，是受害者和侵犯者同样认为侵害行为是不对的，进而重新建立的公正观（Wenzel et al.，2008）。宽恕行为和意识都能够促进这种恢复性公正的形成（Wenzel and Okimoto，2012）。

另一方面，受害者对于不公正的感知来自他没有能力去处理这一不公正的认识（Okimoto and Wenzel，2008）。宽恕行为作为一种主动选择，是对这一不公正的积极应对，是开始处理这一不公正事件的标志（Enright，1991）。宽恕行为是受害者主动做出的决定，这会给受害者带来控制感和权力感。宽恕行为会使宽恕者感觉自己站在道德制高点，拒绝像侵害者一样，拉低自己的道德水准，这会提高宽恕者的地位感知（Bies and Tripp，1996），从而恢复公正感。宽恕行为的表达是建立在侵犯者侵犯行为的基础上的。在宽恕行为的表达过程中，宽恕者默认侵犯者已经意识到自己所犯的错误（Eaton et al.，2006；Walker，2006）。宽恕行为可以增加宽恕者对地位、权力和价值一致性的感知，这种感知会增加公正感（Wenzel and Okimoto，2010）。因此，宽恕行为可以缓解辱虐行为带来的不公正感。

基于已有研究，工作域中的辱虐管理带来的组织不公正感知，也可以通过下属宽恕行为得到缓解。下属通过宽恕行为可以试图解决问题，向前看，不再陷在辱虐管理事件的泥潭里不能自拔。宽恕行为可以使被辱虐的下属更理性地看待与上司的关系，不再希望上司受到同样辱虐的对待，而是从恢复性公正的角度，希望通过宽恕使上司意识到自己行为上的不得当，恢复对下属的公正。宽恕行为的主动选择也带给被辱虐的下属较高的道德成就感、地位感和权力感，甚至同情上司的低道德水准，从而提高公正感知。因此，本研究提出如下假设：

H1：宽恕行为在辱虐管理对组织公正影响中起到调节作用

H1a：宽恕意向在辱虐管理对组织公正影响中起到调节作用

H1b：宽恕行动在辱虐管理对组织公正影响中起到调节作用

2.宽恕行为与辱虐管理交互作用通过组织公正对工作—家庭冲突影响分析

基于第4章研究结果,组织公正在辱虐管理对工作—家庭冲突影响中起到中介作用,以及假设1所述,宽恕行为在辱虐管理对组织公正影响中起到调节作用。本研究认为,宽恕行为在辱虐管理对组织公正影响中起到的调节作用,可以通过组织公正传导到工作—家庭冲突,即较高的宽恕行为可以缓解辱虐管理导致的组织不公正感知,也能够进一步缓解这一效应进入家庭域后造成的工作—家庭冲突。因此,本研究提出如下假设:

H2:宽恕行为与辱虐管理交互作用通过组织公正影响工作—家庭冲突

H2a:宽恕意向与辱虐管理交互作用通过组织公正影响工作—家庭冲突

H2b:宽恕行动与辱虐管理交互作用通过组织公正影响工作—家庭冲突

3.宽恕行为对直接效应和第一阶段路径影响分析

基于第5章研究结果,宽恕行为能够调节辱虐管理对工作—家庭冲突的直接影响效应,以及假设2所述,宽恕行为与辱虐管理交互作用通过组织公正影响工作—家庭冲突。本研究认为,宽恕行为会同时在辱虐管理对工作—家庭冲突的直接影响路径和以组织公正为中介的辱虐管理对工作—家庭冲突间接影响中的第一阶段路径产生调节效应。因此,本研究提出如下假设:

H3:在以组织公正为中介的辱虐管理对工作—家庭冲突影响中,宽恕行为同时调节辱虐管理对工作—家庭冲突的直接效应路径,以及第一阶段路径即辱虐管理对组织公正影响

H3a:在以组织公正为中介的辱虐管理对工作—家庭冲突影响中,宽恕意向同时调节辱虐管理对工作—家庭冲突的直接效应路径,以及第一阶段路径即辱虐管理对组织公正影响

H3b:在以组织公正为中介的辱虐管理对工作—家庭冲突影响中,宽恕行动同时调节辱虐管理对工作—家庭冲突的直接效应路径,以及第一阶段路径即辱虐管理对组织公正影响

6.1.2 宽恕行为在以组织公正为中介的辱虐管理对工作—家庭冲突影响中的第二阶段调节效应

1.宽恕行为在组织公正对工作家庭冲突影响中的调节效应分析

宽恕行为作为一种积极主动的行为反应（Enright，1991），能够调节组织公正对工作—家庭冲突的影响。工作—家庭冲突领域的研究发现，积极主动的性格可以改善工作与家庭冲突的情况（Aryee et al.，2005）。具有主动型人格的个体是不为环境所困，积极主动改变环境的人（Bateman and Crant，1993）。主动的个体会识别机会并抓住机会，表现主动权，一直坚持到有意义的变化发生。在工作—家庭平衡的情境下，具有主动型人格的个体会逐步寻求到支持或者引导角色重组和协商，以降低工作—家庭冲突，提升工作—家庭增益（Aryee et al.，2005）。在组织公正感降低导致工作—家庭冲突的情境下，具有宽恕行为的积极个体，会通过自己的积极努力寻求到支持或者引导角色重组和协商，以降低工作—家庭冲突，提升工作—家庭增益。所以，本研究认为宽恕行为在组织公正对工作家庭冲突影响中起到调节作用。

H4：宽恕行为在组织公正对工作家庭冲突影响中起到调节作用

H4a：宽恕意向在组织公正对工作家庭冲突影响中起到调节作用

H4b：宽恕行动在组织公正对工作家庭冲突影响中起到调节作用

2.宽恕行为与组织公正交互对辱虐管理与工作—家庭冲突的中介作用分析

基于第4章研究结果，组织公正在辱虐管理对工作—家庭冲突影响中起到中介作用，以及假设4所述，宽恕行为在组织公正对工作家庭冲突影响中起到调节作用。本研究认为，在辱虐管理通过组织公正影响工作—家庭冲突过程中，宽恕行为可以影响组织公正到工作—家庭冲突路径，即较高的宽恕行为可以缓解辱虐管理导致的组织不公正感知带来的工作—家庭冲突。辱虐管理造成的下属组织不公正的感知会传导到家庭域，造成工作对家庭的冲突，在下属采取宽恕行为时，组织不公正感知对工作—家庭冲突的影响会减弱，个体会通过积极的沟通寻求解决问题的方法，寻找支持，减少工作和家庭角色的冲突，从而缓解辱虐管理导致的组织不公正感知并最终造成工作—家庭冲突的效应。因此，本研究提出如下假设：

H5：宽恕行为与组织公正交互作用中介性地影响了辱虐管理与工作—家庭冲突的关系

H5a：宽恕意向与组织公正交互作用中介性地影响了辱虐管理与工作—家庭冲突的关系

H5b：宽恕行动与组织公正交互作用中介性地影响了辱虐管理与工作—家庭冲突的关系

3.宽恕行为对直接效应和第二阶段路径的调节作用分析

基于第5章研究结果，宽恕行为能够调节辱虐管理对工作—家庭冲突的直接影响效应，以及假设5所述，宽恕行为与组织公正交互作用中介性地影响了辱虐管理与工作—家庭冲突的关系。本研究认为，宽恕行为会同时在辱虐管理对工作—家庭冲突的直接影响路径和以组织公正为中介的辱虐管理对工作—家庭冲突间接影响中的第二阶段路径产生调节效应。因此，本研究提出如下假设：

H6：在以组织公正为中介的辱虐管理对工作—家庭冲突影响中，宽恕行为同时调节辱虐管理对工作—家庭冲突的直接效应路径，以及第二阶段路径即组织公正对工作—家庭冲突影响

H6a：在以组织公正为中介的辱虐管理对工作—家庭冲突影响中，宽恕意向同时调节辱虐管理对工作—家庭冲突的直接效应路径，以及第二阶段路径即组织公正对工作—家庭冲突影响

H6b：在以组织公正为中介的辱虐管理对工作—家庭冲突影响中，宽恕行动同时调节辱虐管理对工作—家庭冲突的直接效应路径，以及第二阶段路径即组织公正对工作—家庭冲突影响

6.1.3　宽恕行为在以组织公正为中介的辱虐管理对工作—家庭冲突影响中的全路径调节效应

1.宽恕行为在以组织公正为中介的辱虐管理对工作—家庭冲突影响中的第一阶段和第二阶段路径调节作用分析

正如前文所述，宽恕行为与辱虐管理交互作用通过组织公正影响

工作—家庭冲突（假设 2），宽恕行为与组织公正交互作用中介性地影响了辱虐管理与工作—家庭冲突的关系（假设 5）。因此，本研究思索，在组织公正对辱虐管理与工作—家庭冲突起到中介作用的基础上，宽恕行为是否能够同时调节第一阶段辱虐管理对组织公正影响路径和第二阶段组织公正对工作—家庭冲突影响路径。因此，本研究提出如下假设：

H7：宽恕行为在以组织公正为中介的辱虐管理对工作—家庭冲突影响中同时对第一阶段和第二阶段路径起到调节作用

H7a：宽恕意向在以组织公正为中介的辱虐管理对工作—家庭冲突影响中同时对第一阶段和第二阶段路径起到调节作用

H7b：宽恕行动在以组织公正为中介的辱虐管理对工作—家庭冲突影响中同时对第一阶段和第二阶段路径起到调节作用

2.宽恕行为在以组织公正为中介的辱虐管理对工作—家庭冲突影响中的第一阶段、第二阶段、直接效应路径调节作用分析

按照上文推论，在以组织公正为中介的辱虐管理对工作—家庭冲突影响中，宽恕行为同时调节辱虐管理对工作—家庭冲突的直接效应路径，以及第一阶段路径即辱虐管理对组织公正影响（假设 3）；宽恕行为也同时调节辱虐管理对工作—家庭冲突的直接效应路径，以及第二阶段路径即组织公正对工作—家庭冲突影响（假设 6）。本研究认为，在这种情况下，在以组织公正为中介的辱虐管理对工作—家庭冲突影响中，宽恕行为有可能同时对第一阶段辱虐管理对组织公正影响路径、第二阶段组织公正对工作—家庭冲突影响路径、直接效应辱虐管理对工作—家庭冲突影响路径起到调节作用。因此，本研究提出如下假设：

H8：宽恕行为在以组织公正为中介的辱虐管理对工作—家庭冲突影响中同时对第一阶段、第二阶段、直接效应路径起到调节作用

H8a：宽恕意向在以组织公正为中介的辱虐管理对工作—家庭冲突影响中同时对第一阶段、第二阶段、直接效应路径起到调节作用

H8b：宽恕行动在以组织公正为中介的辱虐管理对工作—家庭冲突影响中同时对第一阶段、第二阶段、直接效应路径起到调节作用

6.2　研究方法

6.2.1　变量测量

辱虐管理采用的是 Tepper（2000）等编制的量表，共 15 个题项。量表采用 Likert 5 点计分，1 代表非常不同意，5 代表非常同意。代表题项如"我的主管生气时会拿我当出气筒"。本研究中 Cronbach's Alpha 值为 0.984。

组织公正采用的是 Kim and Leung（2007）使用的整体公正感知量表，共 3 个题项。量表采用 Likert 5 点计分，1 代表非常不同意，5 代表非常同意。代表题项如"我所在组织总能给我公正的对待"。本研究中 Cronbach's Alpha 值为 0.947。

工作—家庭冲突采用的是 Anderson et al.（2002）使用的工作对家庭冲突量表，共 5 个题项。量表采用 Likert 5 点计分，1 代表非常不同意，5 代表非常同意。代表题项如"我会因工作而没有足够时间留给家人"。本研究中 Cronbach's Alpha 值为 0.923。

宽恕行为采用的是 Bradfield and Aquino（1999）使用的宽恕行为量表，共 9 个题项，分为宽恕意向和宽恕行动两个维度。宽恕意向包括 4 个题项，代表题项如"我想给他们一个新的开始和重归于好"，本研究中 Cronbach's Alpha 值为 0.966。宽恕行动包括 5 个题项，代表题项如"我接受了他们的人性、缺陷和失败"，本研究中 Cronbach's Alpha 值为 0.968。量表采用 Likert 5 点计分，1 代表非常不同意，5 代表非常同意。整体量表在本研究中 Cronbach's Alpha 值为 0.971。

6.2.2　样本选择与数据收集

样本取自深圳市、天津市、大连市等多个城市，涉及国有建筑企业、大型民营企业、不同星级的酒店企业等多种样本。本研究共发放问卷 400 份，回收了 286 份，回收率为 71.5%，其中有效问卷 228 份，有效率为 79.72%。

样本人口统计特征为，男性占 61.8%，女性占 38.2%。从文化程度来看，专科占 11.4%，本科占 80.7%，硕士占 4.8%，博士占 0.4%，其他占 2.7%。从年龄来看，25 岁以下占 37.7%，26~30 岁占 40.4%，31~35 岁占 8.8%，36~40 岁占 5.7%，41~45 岁占 3.9%，46~50 岁占 2.6%，50 岁以上占 0.9%。从工作年限来看，1 年以内占 27.2%，1~5 年占 43.3%，6~10 年占 15.4%，11~15 年占 7%，16~20 年占 3.1%，21~25 年占 1.8%，26~30 年占 1.8%，30 年以上占 0.4%。从企业性质来看，企业单位占 85.1%，事业单位占 11.4%，公务员系统占 3.5%。从岗位属性来看，基层员工占 84.7%，中层管理者占 11.4%，高层管理者占 3.9%。

6.2.3　数据分析方法

本研究采用 SPSS 及 PROCESS 插件、MPLUS 进行统计分析。首先，本研究使用 MPLUS 进行验证性因子分析，考察量表的区分效度，并使用 SPSS 进行 Harman 单因素检验进一步检验共同方法偏差。然后，使用 SPSS 进行描述性统计分析和相关分析。最后，使用 MPLUS 对宽恕行为在以组织公正为中介的辱虐管理对工作—家庭冲突影响中的调节作用进行研究。

6.3　研究结果

6.3.1　验证性因子分析及共同方法偏差检验

本研究对辱虐管理、组织公正、工作—家庭冲突和宽恕行为因子结构进行了验证性因子分析，相关结果见表 6-1。验证性因子分析结果表明 5 因子结构的拟合度相对较好，CFI 为 0.907，TLI 为 0.890，RMSEA 为 0.089。由于样本量较小，RMSEA 结果会在一定程度上受到影响，但依然可以接受。5 因子模型拟合度明显优于其他因子模型，证明 5 个因子是不同的构念。

表 6-1　　　　　　　　　　　验证性因子分析

Model	χ^2	df	CFI	TLI	RMSEA
1因子模型	4 012.252	464	0.561	0.531	0.183
2因子模型	3 637.054	463	0.607	0.579	0.173
3因子模型	3 235.905	461	0.657	0.631	0.162
4因子模型	1 897.827	458	0.822	0.807	0.117
5因子模型	1 176.646	422	0.907	0.890	0.089

注：n=228。

1因子模型：辱虐管理+组织公正+工作—家庭冲突+宽恕意向+宽恕行动；

2因子模型：辱虐管理，组织公正+工作—家庭冲突+宽恕意向+宽恕行动；

3因子模型：辱虐管理，组织公正，工作—家庭冲突+宽恕意向+宽恕行动；

4因子模型：辱虐管理，组织公正，工作—家庭冲突，宽恕意向+宽恕行动；

5因子模型：辱虐管理，组织公正，工作—家庭冲突，宽恕意向，宽恕行动。

本研究采用了 Harman 单因素检验进一步检验了共同方法偏差，结果表明，未旋转时所有变量进行的探索性因子分析，最大贡献因子解释了 42.431% 的方差变异，小于 50%，表明本研究共同方法偏差影响并不严重（Harrison，Mclaughlin，and Coalter，1996）。

6.3.2　变量描述性统计分析与相关分析

各变量的均值、标准差和相关性见表 6-2。相关分析结果表明，辱虐管理与组织公正显著负相关（$r = -0.584$，$p < 0.01$），与工作—家庭冲突显著正相关（$r = 0.302$，$p < 0.01$）。结果表明，5 个变量间具有相关性，为下文分析奠定基础。而且，变量间相关系数大多在 0.2 到 0.8 之间，表明变量相关性较高，但具有较好的区分性。

表 6-2　　　　　　　各变量均值、标准差和相关系数表

变量	M	SD	1	2	3	4	5
辱虐管理	2.03	1.02	1				
组织公正	2.93	1.07	-0.584**	1			
宽恕意向	3.30	1.06	0.202**	-0.007	1		
宽恕行动	3.47	0.77	-0.090	0.099	0.739**	1	
工作—家庭冲突	2.67	0.80	0.302**	-0.333**	0.103	0.031	1

注：n=228。* $p < 0.05$；** $p < 0.01$；*** $p < 0.001$。

6.3.3 宽恕行为在以组织公正为中介的辱虐管理对工作—家庭冲突影响中的第一阶段调节效应检验

1.宽恕行为在辱虐管理对组织公正影响中的调节作用检验

本研究使用 bootstrapping，利用 SPSS 中的 PROCESS 宏插件（Hayes，2018）对宽恕行为的宽恕意向和宽恕行动两个维度对辱虐管理与组织公正关系的调节效应进行分析。研究结果表明，宽恕意向和宽恕行动在辱虐管理与组织公正关系间都起到调节作用。

宽恕意向能够调节辱虐管理与组织公正的关系。本研究采用偏相关法进行 1 000 次 bootstrapping，抽样结果显示，辱虐管理与宽恕意向交互项对因变量组织公正影响显著（B=-0.184，$p<0.001$，95% CI [-0.281，-0.088]）（见表6-3）。假设1a"宽恕意向在辱虐管理对组织公正影响中起到调节作用"得到验证。

表6-3　　宽恕意向在辱虐管理与组织公正间的调节效应

变量	因变量：组织公正						
	B	SE	t	p	95% LLCI	95% ULCI	R^2
常数项	2.584	0.503	5.134	0.000	1.592	3.576	
控制变量							
性别	-0.130	0.119	-1.100	0.273	-0.364	0.103	
年龄	-0.142	0.073	-1.937	0.054	-0.285	0.003	
文化程度	-0.038	0.091	-0.418	0.677	-0.218	0.142	
工作年限	0.010	0.071	0.140	0.889	-0.129	0.149	
企业性质	0.201	0.129	1.560	0.120	-0.053	0.455	
岗位属性	0.044	0.133	0.334	0.739	-0.217	0.306	
自变量							
辱虐管理	0.087	0.207	0.419	0.676	-0.321	0.494	
调节变量							
宽恕意向	0.510	0.117	4.367	0.000	0.280	0.741	
交互项							
辱虐管理×宽恕意向	-0.184	0.049	-3.759	0.000	-0.281	-0.088	
ΔR^2 interaction term [F = 14.129]							0.037*
R^2 [F= 18.062]							0.427***

注：n=228。*p<0.05；**p<0.01；***p<0.001。Unstandardized coefficients（B）。LLCI=lower level confidence interval；ULCI=upper level confidence interval。

　　不同水平宽恕意向下，辱虐管理对组织公正的影响效应存在差异。当宽恕意向较低时，辱虐管理对组织公正影响显著（effect=-0.325，p<0.01，95% CI［-0.534，-0.115］）。当宽恕意向居中时，辱虐管理对组织公正影响显著（effect=-0.520，p<0.001，95% CI［-0.657，-0.384］）。当宽恕意向较高时，辱虐管理对组织公正影响显著（effect=-0.716，p<0.001，95% CI［-0.836，-0.596］）（见表6-4）。

表6-4　　不同水平宽恕意向下辱虐管理对组织公正的影响效应

变量	宽恕意向	效应	SE	t	p	95%	
						LLCI	ULCI
低宽恕意向（Mean-1 SD）	2.234	-0.325	0.106	3.055	0.003	-0.534	-0.115
Average EFS	3.296	-0.520	0.069	7.511	0.000	-0.657	-0.384
高宽恕意向（Mean +1 SD）	4.358	-0.716	0.061	1.757	0.000	-0.836	-0.596

　　注：n = 228。LLCI= lower level confidence interval；ULCI= upper level confidence interval。Bootstrap sample size：1000。

　　宽恕行动能够调节辱虐管理与组织公正的关系。本研究采用偏相关法进行1 000次bootstrapping，抽样结果显示，辱虐管理与宽恕行动交互项对因变量组织公正影响显著（B=-0.280，p<0.01，95% CI［-0.448，-0.111］）（见表6-5）。假设1b"宽恕行动在辱虐管理对组织公正影响中起到调节作用"得到验证。

表6-5　　　宽恕行动在辱虐管理与组织公正间的调节效应

变量	因变量：组织公正						
	B	SE	t	p	95% LLCI	95% ULCI	R^2
常数项	2.264	0.682	3.321	0.001	0.920	3.608	
控制变量							
性别	-0.130	0.121	-1.074	0.284	-0.369	0.109	
年龄	-0.163	0.074	-2.204	0.029	-0.309	-0.017	
文化程度	-0.021	0.092	-0.233	0.816	-0.203	0.160	
工作年限	0.021	0.071	0.294	0.769	-0.119	0.161	
企业性质	0.210	0.131	1.605	0.110	-0.048	0.467	
岗位属性	0.034	0.135	0.252	0.801	-0.232	0.301	

变量	因变量：组织公正						
	B	SE	t	p	95% LLCI	95% ULCI	R^2
自变量							
辱虐管理	0.395	0.317	1.245	0.214	-0.230	1.020	
调节变量							
宽恕行动	0.588	0.172	3.431	0.001	0.250	0.926	
交互项							
辱虐管理×宽恕行动	-0.280	0.086	-3.269	0.001	-0.448	-0.111	
ΔR^2 interaction term [F = 10.684]							0.029**
R^2 [F= 16.775]							0.409***

注：n=228。*p<0.05；**p<0.01；***p<0.001。Unstandardized coefficients（B）。LLCI= lower level confidence interval；ULCI= upper level confidence interval。

不同水平宽恕行动下，辱虐管理对组织公正的影响效应存在差异。当宽恕行动较低时，辱虐管理对组织公正影响显著（effect=-0.358，p<0.001，95% CI ［-0.555，-0.161］）。当宽恕行动居中时，辱虐管理对组织公正影响显著（effect=-0.574，p<0.001，95% CI ［-0.693，-0.455］）。当宽恕行动较高时，辱虐管理对组织公正影响显著（effect=-0.790，p<0.001，95% CI ［-0.943，-0.638］）（见表6-6）。

表6-6　不同水平宽恕行动下辱虐管理对组织公正的影响效应

变量	宽恕行动	效应	SE	t	p	95% LLCI	95% ULCI
低宽恕行动（Mean-1 SD）	2.693	-0.358	0.100	3.577	0.000	-0.555	-0.161
Average EFS	3.466	-0.574	0.060	9.518	0.000	-0.693	-0.455
高宽恕行动（Mean +1 SD）	4.239	-0.790	0.078	0.203	0.000	-0.943	-0.638

注：n = 228。LLCI= lower level confidence interval；ULCI= upper level confidence interval。Bootstrap sample size：1000。

宽恕行为的宽恕意向和宽恕行动两个维度都能够调节辱虐管理对组织公正的影响。因此，假设1"宽恕行为在辱虐管理对组织公正影响中起到调节作用"得到验证。

2.宽恕行为与辱虐管理交互作用通过组织公正对工作—家庭冲突影响检验

本研究使用SPSS中的PROCESS宏插件，采用bootstrapping抽样1 000次，对宽恕行为的宽恕意向和宽恕行动两个维度在以组织公正为中介的辱虐管理对工作—家庭冲突影响中的第一阶段调节效应进行分析。研究结果表明，宽恕意向和宽恕行动都能够与辱虐管理交互作用通过组织公正影响工作—家庭冲突。

宽恕意向能够在以组织公正为中介的辱虐管理对工作—家庭冲突影响中的第一阶段起到调节作用。本研究采用偏相关法进行1 000次bootstrapping，抽样结果显示，辱虐管理与宽恕意向交互项对中介变量组织公正影响显著（B=-0.184，p<0.001，95% CI ［-0.281，-0.088］）（见表6-7）。辱虐管理对工作—家庭冲突的直接效应为0.141，p<0.05，95% 置信区间不包括0（95% CI ［0.018，0.264］）。中介变量组织公正对因变量工作—家庭冲突影响显著（B=-0.156，p<0.01，95% CI ［-0.269，-0.042］）。

不同水平宽恕意向下，组织公正在辱虐管理对工作—家庭冲突影响中的中介效应存在差异。当宽恕意向较低时，组织公正在辱虐管理对工作—家庭冲突影响中的中介效应显著（effect=0.051，95% CI ［0.009，0.139］）。当宽恕意向居中时，组织公正在辱虐管理对工作—家庭冲突影响中的中介效应显著（effect=0.081，95% CI ［0.023，0.167］）。当宽恕意向较高时，组织公正在辱虐管理对工作—家庭冲突影响中的中介效应显著（effect=0.111，95% CI ［0.025，0.203］）（见表6-8）。有调节的中介效应显著（Index=0.029，SE=0.015，95% CI ［0.006，0.067］）。假设2a"宽恕意向与辱虐管理交互作用通过组织公正影响工作—家庭冲突"得到验证。

表6-7　宽恕意向对以组织公正为中介的辱虐管理对工作—家庭冲突影响中的第一阶段调节效应结果

变量	组织公正						工作—家庭冲突					
	B	SE	t	p	95% LLCI	95% ULCI	B	SE	t	p	95% LLCI	95% ULCI
常数项	2.584	0.503	5.134	0.000	1.592	3.576	2.748	0.358	7.675	0.000	2.042	3.454
控制变量												
性别	-0.130	0.119	-1.100	0.273	-0.364	0.103	-0.208	0.104	-1.999	0.047	-0.414	-0.003
年龄	-0.142	0.073	-1.937	0.054	-0.285	0.003	0.094	0.065	1.442	0.151	-0.035	0.223
文化程度	-0.038	0.091	-0.418	0.677	-0.218	0.142	0.025	0.081	0.304	0.762	-0.134	0.183
工作年限	0.010	0.071	0.140	0.889	-0.129	0.149	0.040	0.062	0.637	0.525	-0.083	0.162
企业性质	0.201	0.129	1.560	0.120	-0.053	0.455	-0.056	0.114	-0.490	0.624	-0.281	0.169
岗位属性	0.044	0.133	0.334	0.739	-0.217	0.306	0.088	0.118	0.748	0.455	-0.144	0.320
自变量												
辱虐管理	-0.130	0.119	-1.100	0.273	-0.364	0.103	-0.208	0.104	-1.999	0.047	-0.414	-0.003
中介变量												
组织公正	0.087	0.207	0.419	0.676	-0.321	0.494	0.141	0.063	2.253	0.025	0.018	0.264
调节变量												
宽恕意向	0.510	0.117	4.367	0.000	0.280	0.741	-0.156	0.058	-2.698	0.008	-0.269	-0.042
交互项												
辱虐管理×宽恕意向	-0.184	0.049	-3.759	0.000	-0.281	-0.088						
R^2	0.427						0.192					
F	18.062***						6.495***					

注：n=228。*p<0.05；**p<0.01；***p<0.001。

表6-8 第一阶段调节模型宽恕意向高低分组下

组织公正中介效应对比结果

变量	宽恕意向	效应	SE	95%	
				LLCI	ULCI
低宽恕意向（Mean-1 SD）	2.234	0.051	0.032	0.009	0.139
Average EFS	3.296	0.081	0.035	0.023	0.167
高宽恕意向（Mean +1 SD）	4.358	0.111	0.044	0.025	0.203

注：n = 228。LLCI= lower level confidence interval；ULCI= upper level confidence interval。Bootstrap sample size：1 000。

宽恕行动能够在以组织公正为中介的辱虐管理对工作—家庭冲突影响中的第一阶段起到调节作用。本研究采用偏相关法进行1 000次bootstrapping，抽样结果显示，辱虐管理与宽恕行动交互项对中介变量组织公正影响显著（B=-0.280，p<0.01，95% CI ［-0.448，-0.111］）（见表6-9）。辱虐管理对工作—家庭冲突的直接效应为0.141，p<0.05，95% 置信区间不包括0（95% CI ［0.018，0.264］）。中介变量组织公正对因变量工作—家庭冲突影响显著（B=-0.156，p<0.01，95% CI ［-0.269，-0.042］）。

不同水平宽恕行动下，组织公正在辱虐管理对工作—家庭冲突影响中的中介效应存在差异。当宽恕行动较低时，组织公正在辱虐管理对工作—家庭冲突影响中的中介效应显著（effect=0.056，95% CI ［0.011，0.141］）。当宽恕行动居中时，组织公正在辱虐管理对工作—家庭冲突影响中的中介效应显著（effect=0.089，95% CI ［0.023，0.170］）。当宽恕行动较高时，组织公正在辱虐管理对工作—家庭冲突影响中的中介效应显著（effect=0.123，95% CI ［0.027，0.226］）（见表6-10）。有调节的中介效应显著（Index=0.044，SE=0.026，95% CI ［0.005，0.109］）。假设2b "宽恕行动与辱虐管理交互作用通过组织公正影响工作—家庭冲突"得到验证。

表6-9　宽恕行动对以组织公正为中介的辱管管理对工作—家庭冲突影响中的第一阶段调节效应结果

变量	组织公正						工作—家庭冲突					
	B	SE	t	p	95%LLCI	95%ULCI	B	SE	t	p	95%LLCI	95%ULCI
常数项	2.264	0.682	3.321	0.001	0.920	3.608	2.748	0.358	7.675	0.000	2.042	3.454
控制变量												
性别	-0.130	0.121	-1.074	0.284	-0.369	0.109	-0.208	0.104	-1.999	0.047	-0.414	-0.003
年龄	-0.163	0.074	-2.204	0.029	-0.309	-0.017	0.094	0.065	1.442	0.151	-0.035	0.223
文化程度	-0.021	0.092	-0.233	0.816	-0.203	0.160	0.025	0.081	0.304	0.762	-0.134	0.183
工作年限	0.021	0.071	0.294	0.769	-0.119	0.161	0.040	0.062	0.637	0.525	-0.083	0.162
企业性质	0.210	0.131	1.605	0.110	-0.048	0.467	-0.056	0.114	-0.490	0.624	-0.281	0.169
岗位属性	0.034	0.135	0.252	0.801	-0.232	0.301	0.088	0.118	0.748	0.455	-0.144	0.320
自变量												
辱虐管理	0.395	0.317	1.245	0.214	-0.230	1.020	0.141	0.063	2.253	0.025	0.018	0.264
中介变量												
组织公正							-0.156	0.058	-2.698	0.008	-0.269	-0.042
调节变量												
宽恕行动	0.588	0.172	3.431	0.001	0.250	0.926						
交互项												
辱虐管理×宽恕行动	-0.280	0.086	-3.269	0.001	-0.448	-0.111						
R²	0.409						0.192					
F	16.775***						6.495***					

注：n=228。*p<0.05；**p<0.01；***p<0.001。

表6-10　　　　　　第一阶段调节模型宽恕行动高低分组下
组织公正中介效应对比结果

变量	宽恕行动	效应	SE	95%	
				LLCI	ULCI
低宽恕行动（Mean-1 SD）	2.693	0.056	0.033	0.011	0.141
Average EFS	3.466	0.089	0.037	0.023	0.170
高宽恕行动（Mean +1 SD）	4.239	0.123	0.049	0.027	0.226

注：n = 228。LLCI= lower level confidence interval；ULCI= upper level confidence interval。Bootstrap sample size：1000。

宽恕行为的宽恕意向和宽恕行动两个维度在以组织公正为中介的辱虐管理对工作—家庭冲突影响中的第一阶段有调节的中介作用都显著。因此，假设2"宽恕行为与辱虐管理交互作用通过组织公正影响工作—家庭冲突"得到验证。

3.宽恕行为对直接效应和第一阶段路径影响检验

本研究利用SPSS中的PROCESS宏插件，采用bootstrapping抽样法，选择模型8（Hayes，2018），对宽恕行为的宽恕意向和宽恕行动两个维度在以组织公正为中介的辱虐管理对工作—家庭冲突影响中的第一阶段和直接效应路径调节效应进行分析。研究结果表明，宽恕意向和宽恕行动两个维度在以组织公正为中介的辱虐管理对工作—家庭冲突影响中的第一阶段和直接效应路径都起到调节作用。

宽恕意向能够同时调节以组织公正为中介的辱虐管理对工作—家庭冲突影响中的第一阶段和直接效应路径。本研究采用偏相关法进行1 000次bootstrapping，抽样结果显示，自变量辱虐管理对中介变量组织公正影响不显著（B=0.087，p=0.676，95% CI［-0.321，0.494］），调节变量宽恕意向对中介变量组织公正影响显著（B=0.510，p<0.001，95% CI［0.280，0.741］），辱虐管理与宽恕意向交互项对中介变量组织公正影响显著（B=-0.184，p<0.001，95% CI［-0.281，-0.088］）（见表6-11）。在结果变量工作—家庭冲突对自变量辱虐管理、中介变量组织公正、调节变量宽恕意向、辱虐管理与宽恕意向交互项bootstrapping抽样回归结果中，自变量辱虐管理对因变量工作—家庭冲

表6-11 宽恕意向对以组织公正为中介的辱虐管理对工作—家庭冲突影响中的第一阶段和直接效应调节结果

变量	组织公正						工作—家庭冲突					
	B	SE	t	p	95%LLCI	95%ULCI	B	SE	t	p	95%LLCI	95%ULCI
常数项	2.584	0.503	5.134	0.000	1.592	3.576	3.132	0.469	6.673	0.000	2.207	4.057
控制变量												
性别	-0.130	0.119	-1.100	0.273	-0.364	0.103	-0.250	0.105	-2.381	0.018	-0.456	-0.043
年龄	-0.142	0.073	-1.937	0.054	-0.285	0.003	0.091	0.065	1.402	0.162	-0.037	0.219
文化程度	-0.038	0.091	-0.418	0.677	-0.218	0.142	0.047	0.081	0.585	0.559	-0.112	0.206
工作年限	0.010	0.071	0.140	0.889	-0.129	0.149	0.058	0.062	0.941	0.348	-0.064	0.181
企业性质	0.201	0.129	1.560	0.120	-0.053	0.455	-0.023	0.114	-0.199	0.843	-0.248	0.202
岗位属性	0.044	0.133	0.334	0.739	-0.217	0.306	0.093	0.117	0.795	0.427	-0.137	0.323
自变量												
辱虐管理	0.087	0.207	0.419	0.676	-0.321	0.494	-0.209	0.182	-1.151	0.251	-0.568	0.149
中介变量												
组织公正							-0.140	0.060	-2.343	0.020	-0.257	-0.022
调节变量												
宽恕意向	0.510	0.117	4.367	0.000	0.280	0.741	-0.115	0.107	-1.068	0.287	-0.326	0.097
交互项												
辱虐管理×宽恕意向	-0.184	0.049	-3.759	0.000	-0.281	-0.088	0.085	0.045	1.911	0.057	-0.003	0.173
R^2	0.427						0.213					
F	18.062***						5.864***					

注：n = 228。*p<0.05；**p<0.01；***p<0.001。

突影响不显著（B=-0.209，p=0.251，95% CI［-0.568，0.149］），中介变量组织公正对因变量工作—家庭冲突影响显著（B=-0.140，p<0.05，95% CI［-0.257，-0.022］），调节变量宽恕意向对因变量工作—家庭冲突影响不显著（B=-0.115，p=0.287，95% CI［-0.326，0.097］），辱虐管理与宽恕意向交互项对因变量工作—家庭冲突影响不显著（B=0.085，p=0.057，95% CI［-0.003，0.173］）。

不同水平宽恕意向下，辱虐管理对工作—家庭冲突的直接效应存在显著差异。当宽恕意向较低时，辱虐管理对工作—家庭冲突影响的直接效应不显著（effect=-0.019，p=0.840，95% CI［-0.208，0.169］）。当宽恕意向居中时，辱虐管理对工作—家庭冲突影响的直接效应不显著（effect=0.071，p=0.301，95% CI［-0.064，0.206］）。当宽恕意向较高时，辱虐管理对工作—家庭冲突影响的直接效应显著（effect=0.161，p<0.05，95% CI［0.026，0.297］）（见表6-12）。由此证明，宽恕意向在辱虐管理与工作—家庭冲突间起到调节作用。

表6-12　　以组织公正为中介的宽恕意向高低分组下直接效应对比结果

变量	宽恕意向	效应	SE	t	p	95%	
						LLCI	ULCI
低宽恕意向（Mean-1 SD）	2.234	-0.019	0.096	-0.202	0.840	-0.208	0.169
Average EFS	3.296	0.071	0.069	1.038	0.301	-0.064	0.206
高宽恕意向（Mean +1 SD）	4.358	0.161	0.069	2.354	0.020	0.026	0.297

注：n = 228。LLCI= lower level confidence interval；ULCI= upper level confidence interval。Bootstrap sample size：1000。

不同水平宽恕意向下，组织公正在辱虐管理对工作—家庭冲突影响中的中介效应差异显著。当宽恕意向较低时，组织公正在辱虐管理对工作—家庭冲突影响中的间接效应显著（effect=0.045，95% CI［0.003，0.150］）。当宽恕意向居中时，组织公正在辱虐管理对工作—家庭冲突影响中的中介效应显著（effect=0.073，95% CI［0.005，0.163］）。当宽恕意向较高时，组织公正在辱虐管理对工作—家庭冲突影响中的中介效应显著（effect=0.100，95% CI［0.007，0.205］）（见表6-13）。有调节的中介效应显著（Index=0.026，SE=0.016，95% CI［0.002，

0.071〕）。这说明宽恕意向能够同时调节以组织公正为中介的辱虐管理对工作—家庭冲突影响中的第一阶段和直接效应路径。假设3a"在以组织公正为中介的辱虐管理对工作—家庭冲突影响中，宽恕意向同时调节辱虐管理对工作—家庭冲突的直接效应路径，以及第一阶段路径即辱虐管理对组织公正影响"得到验证。

表6-13　　第一阶段和直接效应同时调节模型宽恕意向高低

分组下组织公正中介效应对比结果

变量	宽恕意向	效应	SE	95%	
				LLCI	ULCI
低宽恕意向（Mean−1 SD）	2.234	0.045	0.036	0.003	0.150
Average EFS	3.296	0.073	0.042	0.005	0.163
高宽恕意向（Mean +1 SD）	4.358	0.100	0.053	0.007	0.205

注：n = 228。LLCI= lower level confidence interval；ULCI= upper level confidence interval。Bootstrap sample size：1 000。

宽恕行动能够同时调节以组织公正为中介的辱虐管理对工作—家庭冲突影响中的第一阶段和直接效应路径。本研究采用偏相关法进行1 000次bootstrapping，抽样结果显示，自变量辱虐管理对中介变量组织公正影响不显著（B=0.395，p=0.214，95% CI〔−0.230，1.020〕），调节变量宽恕行动对中介变量组织公正影响显著（B=0.588，p<0.01，95% CI〔0.250，0.926〕），辱虐管理与宽恕行动交互项对中介变量组织公正影响显著（B=−0.280，p<0.01，95% CI〔−0.448，−0.111〕（见表6-14）。在结果变量工作—家庭冲突对自变量辱虐管理、中介变量组织公正、调节变量宽恕行动、辱虐管理与宽恕行动交互项bootstrapping抽样回归结果中，自变量辱虐管理对因变量工作—家庭冲突影响不显著（B=−0.244，p=0.379，95% CI〔−0.791，0.302〕），中介变量组织公正对因变量工作—家庭冲突影响显著（B=−0.143，p<0.05，95% CI〔−0.259，−0.027〕），调节变量宽恕行动对因变量工作—家庭冲突影响不显著（B=−0.115，p=0.456，95% CI〔−0.417，0.188〕），辱虐管理与宽恕行动交互项对因变量工作—家庭冲突影响不显著（B=0.109，p=0.155，95% CI〔−0.042，0.259〕）。

表6-14　宽恕行动对以组织公正为中介的辱虐管理对工作—家庭冲突影响中的第一阶段和直接效应调节结果

变量	组织公正						工作—家庭冲突					
	B	SE	t	p	95% LLCI	95% ULCI	B	SE	t	p	95% LLCI	95% ULCI
常数项	2.264	0.682	3.321	0.001	0.920	3.608	3.117	0.609	5.120	0.000	1.917	4.317
控制变量												
性别	-0.130	0.121	-1.074	0.284	-0.369	0.109	-0.249	0.106	-2.349	0.020	-0.457	-0.040
年龄	-0.163	0.074	-2.204	0.029	-0.309	-0.017	0.097	0.065	1.494	0.137	-0.031	0.226
文化程度	-0.021	0.092	-0.233	0.816	-0.203	0.160	0.026	0.080	0.325	0.746	-0.132	0.184
工作年限	0.021	0.071	0.294	0.769	-0.119	0.161	0.047	0.062	0.758	0.449	-0.075	0.169
企业性质	0.210	0.131	1.605	0.110	-0.048	0.467	-0.032	0.114	-0.282	0.778	-0.258	0.193
岗位属性	0.034	0.135	0.252	0.801	-0.232	0.301	0.100	0.118	0.852	0.395	-0.132	0.333
自变量												
辱虐管理	0.395	0.317	1.245	0.214	-0.230	1.020	-0.244	0.277	-0.881	0.379	-0.791	0.302
中介变量												
组织公正							-0.143	0.059	-2.424	0.016	-0.259	-0.027
调节变量												
宽恕行动	0.588	0.172	3.431	0.001	0.250	0.926	-0.115	0.153	-0.747	0.456	-0.417	0.188
交互项												
辱虐管理×宽恕行动	-0.280	0.086	-3.269	0.001	-0.448	-0.111	0.109	0.076	1.428	0.155	-0.042	0.259
R^2	0.409						0.206					
F	16.775***						5.618***					

注：n = 228。*p<0.05；**p<0.01；***p<0.001。

不同水平宽恕行动下，辱虐管理对工作—家庭冲突的直接效应存在显著差异。当宽恕行动较低时，辱虐管理对工作—家庭冲突影响的直接效应不显著（effect=0.049，p=0.583，95% CI［-0.128，0.226］）。当宽恕行动居中时，辱虐管理对工作—家庭冲突影响的直接效应显著（effect=0.134，p<0.05，95% CI［0.010，0.257］）。当宽恕行动较高时，辱虐管理对工作—家庭冲突影响的直接效应显著（effect=0.218，p<0.01，95% CI［0.056，0.380］）（见表6-15）。由此证明，宽恕行动在辱虐管理与工作—家庭冲突间起到调节作用。

表6-15　以组织公正为中介的宽恕行动高低分组下直接效应对比结果

变量	宽恕行动	效应	SE	t	p	95%	
						LLCI	ULCI
低宽恕行动（Mean-1 SD）	2.693	0.049	0.090	0.550	0.583	-0.128	0.226
Average EFS	3.466	0.134	0.063	2.136	0.034	0.010	0.257
高宽恕行动（Mean +1 SD）	4.239	0.218	0.082	2.655	0.009	0.056	0.380

注：n = 228。LLCI= lower level confidence interval；ULCI= upper level confidence interval。Bootstrap sample size：1000。

不同水平宽恕行动下，组织公正在辱虐管理对工作—家庭冲突影响中的中介效应差异显著。当宽恕行动较低时，组织公正在辱虐管理对工作—家庭冲突影响中的间接效应显著（effect=0.051，95% CI［0.003，0.141］）。当宽恕行动居中时，组织公正在辱虐管理对工作—家庭冲突影响中的中介效应显著（effect=0.082，95% CI［0.001，0.161］）。当宽恕行动较高时，组织公正在辱虐管理对工作—家庭冲突影响中的中介效应显著（effect=0.113，95% CI［0.004，0.220］）（见表6-16）。有调节的中介效应显著（Index=0.040，SE=0.026，95% CI［0.002，0.112］）。这说明宽恕行动能够同时调节以组织公正为中介的辱虐管理对工作—家庭冲突影响中的第一阶段和直接效应路径。假设3b"在以组织公正为中介的辱虐管理对工作—家庭冲突影响中，宽恕行动同时调节辱虐管理对工作—家庭冲突的直接效应路径，以及第一阶段路径即辱虐管理对组织公正影响"得到验证。

表6-16　　　第一阶段和直接效应同时调节模型宽恕行动高低

分组下组织公正中介效应对比结果

变量	宽恕行动	效应	SE	95%	
				LLCI	ULCI
低宽恕行动 （Mean-1 SD）	2.693	0.051	0.034	0.003	0.141
Average EFS	3.466	0.082	0.041	0.001	0.161
高宽恕行动 （Mean +1 SD）	4.239	0.113	0.054	0.004	0.220

注：n = 228。LLCI= lower level confidence interval；ULCI= upper level confidence interval。Bootstrap sample size：1000。

在以组织公正为中介的辱虐管理对工作—家庭冲突影响中，宽恕行为的宽恕意向和宽恕行动两个维度都能够同时调节第一阶段和直接效应路径。因此，假设3"在以组织公正为中介的辱虐管理对工作—家庭冲突影响中，宽恕行为同时调节辱虐管理对工作—家庭冲突的直接效应路径，以及第一阶段路径即辱虐管理对组织公正影响"得到验证。

6.3.4　宽恕行为在以组织公正为中介的辱虐管理对工作—家庭冲突影响中的第二阶段调节效应检验

1.宽恕行为在组织公正对工作家庭冲突影响中的调节效应检验

本研究使用 bootstrapping，利用 SPSS 中的 PROCESS 宏插件（Hayes，2018）对宽恕行为的宽恕意向和宽恕行动两个维度对组织公正与工作—家庭冲突关系的调节效应进行分析。研究结果表明，宽恕意向和宽恕行动在组织公正与工作—家庭冲突关系间都起到调节作用。

宽恕意向能够调节组织公正与工作—家庭冲突的关系。本研究采用偏相关法进行 1 000 次 bootstrapping，抽样结果显示，组织公正与宽恕意向交互项对因变量工作—家庭冲突影响显著（B=-0.116，p<0.01，95% CI ［-0.194，-0.038］）（见表6-17）。假设 4a"宽恕意向在组织公正对工作—家庭冲突影响中起到调节作用"得到验证。

表6-17　宽恕意向在组织公正与工作—家庭冲突间的调节效应

变量	因变量：工作—家庭冲突						
	B	SE	t	p	95% LLCI	95% ULCI	R²
常数项	1.676	0.527	3.181	0.002	0.637	2.714	
控制变量							
性别	−0.271	0.104	−2.620	0.009	−0.476	−0.067	
年龄	0.095	0.065	1.476	0.142	−0.032	0.222	
文化程度	0.054	0.079	0.681	0.497	−0.102	0.210	
工作年限	0.057	0.061	0.935	0.351	−0.064	0.178	
企业性质	0.020	0.108	0.188	0.851	−0.192	0.232	
岗位属性	0.064	0.116	0.551	0.582	−0.164	0.292	
自变量							
组织公正	0.209	0.157	1.330	0.185	−0.101	0.518	
调节变量							
宽恕意向	0.405	0.116	3.482	0.001	0.176	0.634	
交互项							
组织公正×宽恕意向	−0.116	0.040	−2.923	0.004	−0.194	−0.038	
ΔR^2 interaction term [F = 8.546]							0.031**
R^2　[F= 6.766]							0.218***

　　注：　n=228。 *p<0.05；**p<0.01；***p<0.001。 Unstandardized coefficients（B）。LLCI= lower level confidence interval；ULCI= upper level confidence interval。

　　不同水平宽恕意向下，组织公正对工作—家庭冲突的影响效应差异显著。当宽恕意向较低时，组织公正对工作—家庭冲突影响不显著（effect=−0.051，p=0.509，95% CI ［−0.202，0.100］）。当宽恕意向居中时，组织公正对工作—家庭冲突影响显著（effect=−0.174，p<0.01，95% CI ［−0.273，−0.076］）。当宽恕意向较高时，组织公正对工作—家庭冲突影响显著（effect=−0.298，p<0.001，95% CI ［−0.400，−0.195］）（见表6-18）。

表6-18 不同水平宽恕意向下组织公正对工作—家庭冲突的影响效应

变量	宽恕意向	效应	SE	t	p	95%	
						LLCI	ULCI
低宽恕意向（Mean−1 SD）	2.234	−0.051	0.077	−0.662	0.509	−0.202	0.100
Average EFS	3.296	−0.174	0.050	3.478	0.001	−0.273	−0.076
高宽恕意向（Mean+1 SD）	4.358	−0.298	0.052	5.737	0.000	−0.400	−0.195

注：n = 228。LLCI= lower level confidence interval；ULCI= upper level confidence interval。Bootstrap sample size：1000。

宽恕行动能够调节组织公正与工作—家庭冲突的关系。本研究采用偏相关法进行1 000次bootstrapping，抽样结果显示，组织公正与宽恕行动交互项对因变量工作—家庭冲突影响显著（B=−0.193，p<0.01，95% CI［−0.305，−0.082］）（见表6-19）。假设4b"宽恕行动在组织公正对工作—家庭冲突影响中起到调节作用"得到验证。

表6-19 宽恕行动在组织公正与工作—家庭冲突间的调节效应

变量	因变量：工作—家庭冲突						
	B	SE	t	p	95% LLCI	95% ULCI	R^2
常数项	0.703	0.739	0.950	0.343	−0.755	2.160	
控制变量							
性别	−0.277	0.104	−2.672	0.008	−0.481	−0.073	
年龄	0.086	0.064	1.342	0.181	−0.041	0.213	
文化程度	0.061	0.079	0.764	0.446	−0.096	0.217	
工作年限	0.053	0.061	0.862	0.390	−0.068	0.173	
企业性质	0.026	0.108	0.243	0.809	−0.187	0.239	
岗位属性	0.045	0.116	0.385	0.701	−0.184	0.273	
自变量							
组织公正	0.467	0.211	2.210	0.028	0.050	0.883	
调节变量							
宽恕行动	0.707	0.193	3.658	0.000	0.326	1.087	
交互项							
组织公正×宽恕行动	−0.193	0.057	−3.414	0.001	−0.305	−0.082	
ΔR^2 interaction term ［F = 11.656］							0.042***
R^2 ［F= 6.868］							0.221***

注：n=228。*p<0.05；**p<0.01；***p<0.001。Unstandardized coefficients（B）。LLCI= lower level confidence interval；ULCI= upper level confidence interval。

不同水平宽恕行动下，组织公正对工作—家庭冲突的影响效应差异显著。当宽恕行动较低时，组织公正对工作—家庭冲突影响不显著（effect=-0.054，p=0.450，95% CI［-0.194，0.086］）。当宽恕行动居中时，组织公正对工作—家庭冲突影响显著（effect=-0.203，p<0.001，95% CI［-0.297，-0.109］）。当宽恕行动较高时，组织公正对工作—家庭冲突影响显著（effect=-0.353，p<0.001，95% CI［-0.466，-0.239］）（见表6-20）。

表6-20 不同水平宽恕行动下组织公正对工作—家庭冲突的影响效应

变量	宽恕行动	效应	SE	t	p	95%	
						LLCI	ULCI
低宽恕行动（Mean-1 SD）	2.693	-0.054	0.071	-0.757	0.450	-0.194	0.086
Average EFS	3.466	-0.203	0.048	4.273	0.000	-0.297	-0.109
高宽恕行动（Mean +1 SD）	4.239	-0.353	0.058	6.128	0.000	-0.466	-0.239

注：n = 228。LLCI= lower level confidence interval；ULCI= upper level confidence interval。Bootstrap sample size：1000。

宽恕行为的宽恕意向和宽恕行动两个维度都能够调节组织公正对工作—家庭冲突的影响。因此，假设4"宽恕行为在组织公正对工作—家庭冲突影响中起到调节作用"得到验证。

2.宽恕行为与组织公正交互对辱虐管理与工作—家庭冲突的中介作用检验

本研究使用PROCESS宏插件，采用bootstrapping抽样1 000次，对宽恕行为的宽恕意向和宽恕行动两个维度在以组织公正为中介的辱虐管理对工作—家庭冲突影响中的第二阶段调节效应进行分析。研究结果表明，辱虐管理通过组织公正影响工作—家庭冲突，宽恕意向和宽恕行动都对第二阶段路径起到调节作用。

宽恕意向能够在以组织公正为中介的辱虐管理对工作—家庭冲突影响中的第二阶段起到调节作用。本研究采用偏相关法进行1 000次bootstrapping，抽样结果显示，自变量辱虐管理对中介变量组织公正影响显著（B=-0.628，p<0.001，95% CI［-0.745，-0.511］）（见表6-21）。

表6-21 宽恕意向对以组织公正为中介的辱管对工作—家庭冲突影响中的第二阶段调节效应结果

变量	组织公正						工作—家庭冲突					
	B	SE	t	p	95% LLCI	95% ULCI	B	SE	t	p	95% LLCI	95% ULCI
常数项	4.384	0.296	14.803	0.000	3.800	4.968	1.679	0.527	3.185	0.002	0.640	2.719
控制变量												
性别	-0.194	0.121	-1.603	0.110	-0.433	0.045	-0.261	0.105	-2.501	0.013	-0.467	-0.055
年龄	-0.160	0.076	-2.117	0.035	-0.309	-0.011	0.096	0.065	1.488	0.138	-0.031	0.223
文化程度	-0.015	0.094	-0.163	0.871	-0.201	0.170	0.046	0.080	0.581	0.562	-0.111	0.204
工作年限	0.034	0.073	0.463	0.644	-0.109	0.177	0.055	0.062	0.894	0.372	-0.066	0.176
企业性质	0.232	0.133	1.749	0.082	-0.029	0.493	-0.008	0.114	-0.071	0.944	-0.233	0.217
岗位属性	0.086	0.137	0.625	0.533	-0.185	0.357	0.071	0.116	0.607	0.545	-0.159	0.300
自变量												
辱虐管理	-0.628	0.060	10.541	0.000	-0.745	-0.511	0.053	0.069	0.760	0.448	-0.084	0.189
中介变量												
组织公正							0.190	0.159	1.194	0.234	-0.124	0.503
调节变量												
宽恕意向							0.361	0.130	2.782	0.006	0.105	0.617
交互项												
组织公正×宽恕意向							-0.104	0.043	-2.413	0.017	-0.189	-0.019
R^2	0.377						0.220					
F	19.007***						6.135***					

注：n=228。*p<0.05; **p<0.01; ***p<0.001。

在结果变量工作—家庭冲突对自变量辱虐管理、中介变量组织公正、调节变量宽恕意向、组织公正与宽恕意向交互项bootstrapping抽样回归结果中，自变量辱虐管理对因变量工作—家庭冲突影响不显著（B=0.053，p=0.448，95% CI［-0.084，0.189］），中介变量组织公正对因变量工作—家庭冲突影响不显著（B=0.190，p=0.234，95%CI［-0.124，0.503］），调节变量宽恕意向对因变量工作—家庭冲突影响显著（B=0.361，p<0.01，95% CI［0.105，0.617］），组织公正与宽恕意向交互项对因变量工作—家庭冲突影响显著（B=-0.104，p<0.05，95% CI［-0.189，-0.019］）。

　　不同水平宽恕意向下，组织公正在辱虐管理对工作—家庭冲突影响中的中介效应存在差异。当宽恕意向较低时，组织公正在辱虐管理对工作—家庭冲突影响中的间接效应不显著（effect=0.026，95% CI［-0.058，0.130］）。当宽恕意向居中时，组织公正在辱虐管理对工作—家庭冲突影响中的中介效应显著（effect=0.096，95% CI［0.022，0.190］）。当宽恕意向较高时，组织公正在辱虐管理对工作—家庭冲突影响中的中介效应显著（effect=0.165，95% CI［0.072，0.283］）（见表6-22）。有调节的中介效应显著（Index=0.065，SE=0.026，95% CI［0.017，0.120］）。假设5a"宽恕意向与组织公正交互作用中介性地影响了辱虐管理与工作—家庭冲突的关系"得到验证。

表6-22　第二阶段调节模型宽恕意向高低分组下组织公正中介效应对比结果

变量	宽恕意向	效应	SE	95%	
				LLCI	ULCI
低宽恕意向（Mean-1 SD）	2.234	0.026	0.048	-0.058	0.130
Average EFS	3.296	0.096	0.043	0.022	0.190
高宽恕意向（Mean +1 SD）	4.358	0.165	0.054	0.072	0.283

　　注：n = 228。LLCI= lower level confidence interval；ULCI= upper level confidence interval。Bootstrap sample size：1000。

　　宽恕行动能够在以组织公正为中介的辱虐管理对工作—家庭冲突影响中的第二阶段起到调节作用。本研究采用偏相关法进行1 000次bootstrapping，抽样结果显示，自变量辱虐管理对中介变量组织公正影响显著（B=-0.628，p<0.001，95% CI［-0.745，-0.511］）（见表6-23）。在结果变量工作—家庭冲突对自变量辱虐管理、中介变量组织公正、

表6-23　宽恕行动对以组织公正为中介的辱虐管理对工作—家庭冲突影响中的第二阶段调节效应结果

变量	组织公正						工作—家庭冲突					
	B	SE	t	p	95% LLCI	95% ULCI	B	SE	t	p	95% LLCI	95% ULCI
常数项	4.384	0.296	14.803	0.000	3.800	4.968	0.563	0.740	0.760	0.448	-0.896	2.021
控制变量												
性别	-0.194	0.121	-1.603	0.110	-0.433	0.045	-0.264	0.103	-2.553	0.011	-0.468	-0.060
年龄	-0.160	0.076	-2.117	0.035	-0.309	-0.011	0.090	0.064	1.396	0.164	-0.037	0.216
文化程度	-0.015	0.094	-0.163	0.871	-0.201	0.170	0.046	0.079	0.581	0.562	-0.110	0.202
工作年限	0.034	0.073	0.463	0.644	-0.109	0.177	0.051	0.061	0.832	0.406	-0.069	0.171
企业性质	0.232	0.133	1.749	0.082	-0.029	0.493	-0.032	0.112	-0.284	0.777	-0.253	0.190
岗位属性	0.086	0.137	0.625	0.533	-0.185	0.357	0.059	0.116	0.506	0.613	-0.169	0.286
自变量												
辱虐管理	-0.628	0.060	10.541	0.000	-0.745	-0.511	0.110	0.062	1.764	0.079	-0.013	0.232
中介变量												
组织公正							0.464	0.210	2.207	0.028	0.050	0.879
调节变量												
宽恕行动							0.653	0.195	3.358	0.001	0.270	1.037
交互项												
组织公正×宽恕行动							-0.177	0.057	-3.088	0.002	-0.289	-0.064
R^2	0.377						0.232					
F	19.007***						6.553***					

注：n = 228。*p<0.05；**p<0.01；***p<0.001。

调节变量宽恕行动、组织公正与宽恕行动交互项 bootstrapping 抽样回归结果中，自变量辱虐管理对因变量工作—家庭冲突影响不显著（B=0.110，p=0.079，95% CI［−0.013，0.232］），中介变量组织公正对因变量工作—家庭冲突影响显著（B=0.464，p<0.05，95% CI［0.050，0.879］），调节变量宽恕行动对因变量工作—家庭冲突影响显著（B=0.653，p<0.01，95% CI［0.270，1.037］），组织公正与宽恕行动交互项对因变量工作—家庭冲突影响显著（B=−0.177，p<0.01，95% CI［−0.289，−0.064］）。

不同水平宽恕行动下，组织公正在辱虐管理对工作—家庭冲突影响中的中介效应存在差异。当宽恕行动较低时，组织公正在辱虐管理对工作—家庭冲突影响中的间接效应不显著（effect=0.007，95% CI［−0.093，0.092］）。当宽恕行动居中时，组织公正在辱虐管理对工作—家庭冲突影响中的中介效应显著（effect=0.093，95% CI［0.007，0.176］）。当宽恕行动较高时，组织公正在辱虐管理对工作—家庭冲突影响中的中介效应显著（effect=0.178，95% CI［0.078，0.298］）（见表6-24）。有调节的中介效应显著（Index=0.111，SE=0.041，95% CI［0.035，0.197］）。假设5b"宽恕行动与组织公正交互作用中介性地影响了辱虐管理与工作—家庭冲突的关系"得到验证。

表6-24　　　　第二阶段调节模型宽恕行动高低分组下

组织公正中介效应对比结果

变量	宽恕行动	效应	SE	95%	
				LLCI	ULCI
低宽恕行动（Mean−1 SD）	2.693	0.007	0.047	−0.093	0.092
Average EFS	3.466	0.093	0.042	0.007	0.176
高宽恕行动（Mean +1 SD）	4.239	0.178	0.058	0.078	0.298

注：n = 228。LLCI= lower level confidence interval；ULCI= upper level confidence interval。Bootstrap sample size：1000。

宽恕行为的宽恕意向和宽恕行动两个维度在以组织公正为中介的辱虐管理对工作—家庭冲突影响中的第二阶段有调节的中介作用都显著。因此，假设5"宽恕行为与组织公正交互作用中介性地影响了辱虐管理与工作—家庭冲突的关系"得到验证。

3.宽恕行为对直接效应和第二阶段路径的调节作用检验

本研究利用 SPSS 中的 PROCESS 宏插件，采用 bootstrapping 抽样法，选择模型 15（Hayes，2018），对宽恕行为的宽恕意向和宽恕行动两个维度在以组织公正为中介的辱虐管理对工作—家庭冲突影响中的第二阶段和直接效应路径调节效应进行分析。研究结果表明，宽恕意向和宽恕行动两个维度在以组织公正为中介的辱虐管理对工作—家庭冲突影响中的第二阶段和直接效应路径没有同时起到调节作用。

宽恕意向不能够同时调节以组织公正为中介的辱虐管理对工作—家庭冲突影响中的第二阶段和直接效应路径。本研究采用偏相关法进行 1 000 次 bootstrapping，抽样结果显示，自变量辱虐管理对中介变量组织公正影响显著（B=-0.628，p<0.001，95% CI ［-0.745，-0.511］）（见表6-25）。在结果变量工作—家庭冲突对自变量辱虐管理、中介变量组织公正、调节变量宽恕意向、组织公正与宽恕意向交互项、辱虐管理与宽恕意向交互项 bootstrapping 抽样回归结果中，自变量辱虐管理对因变量工作—家庭冲突影响不显著（B=-0.033，p=0.877，95% CI ［-0.458，0.391］），中介变量组织公正对因变量工作—家庭冲突影响不显著（B=0.142，p=0.467，95% CI ［-0.242，0.527］），调节变量宽恕意向对因变量工作—家庭冲突影响不显著（B=0.262，p=0.333，95% CI ［-0.270，0.794］），组织公正与宽恕意向交互项对因变量工作—家庭冲突影响不显著（B=-0.088，p=0.130，95% CI ［-0.201，0.026］），辱虐管理与宽恕意向交互项对因变量工作—家庭冲突影响不显著（B=0.025，p=0.674，95% CI ［-0.092，0.142］）。

表6-25 宽恕意向对以组织公正为中介的辱虐管理对工作—家庭冲突影响中的第二阶段和直接效应调节结果

变量	组织公正						工作—家庭冲突					
	B	SE	t	p	95% LLCI	95% ULCI	B	SE	t	p	95% LLCI	95% ULCI
常数项	4.384	0.296	14.803	0.000	3.800	4.968	1.982	0.891	2.225	0.027	0.226	3.737
控制变量												
性别	-0.194	0.121	-1.603	0.110	-0.433	0.045	-0.264	0.105	-2.515	0.013	-0.470	-0.057
年龄	-0.160	0.076	-2.117	0.035	-0.309	-0.011	0.095	0.065	1.465	0.144	-0.033	0.222
文化程度	-0.015	0.094	-0.163	0.871	-0.201	0.170	0.049	0.080	0.607	0.544	-0.110	0.207
工作年限	0.034	0.073	0.463	0.644	-0.109	0.177	0.057	0.062	0.927	0.355	-0.065	0.180
企业性质	0.232	0.133	1.749	0.082	-0.029	0.493	-0.008	0.114	-0.070	0.945	-0.233	0.217
岗位属性	0.086	0.137	0.625	0.533	-0.185	0.357	0.076	0.117	0.646	0.519	-0.155	0.306
自变量												
辱虐管理	-0.628	0.060	10.541	0.000	-0.745	-0.511	-0.033	0.215	-0.155	0.877	-0.458	0.391
中介变量												
组织公正							0.142	0.195	0.729	0.467	-0.242	0.527
调节变量												
宽恕意向							0.262	0.270	0.969	0.333	-0.270	0.794
交互项												
组织公正×宽恕意向							-0.088	0.058	-1.518	0.130	-0.201	0.026
辱虐管理×宽恕意向							0.025	0.060	0.421	0.674	-0.092	0.142
R^2						0.377						0.221
F						19.007***						5.573***

注：n=228。*p<0.05；**p<0.01；***p<0.001。

不同水平宽恕意向下，辱虐管理对工作—家庭冲突的直接效应不存在显著差异。当宽恕意向较低时，辱虐管理对工作—家庭冲突影响的直接效应不显著（effect=0.023，p=0.820，95% CI ［-0.173，0.218］）。当宽恕意向居中时，辱虐管理对工作—家庭冲突影响的直接效应不显著（effect=0.049，p=0.481，95% CI ［-0.088，0.187］）。当宽恕意向较高时，辱虐管理对工作—家庭冲突影响的直接效应不显著（effect=0.076，p=0.393，95% CI ［-0.099，0.251］）（见表6-26）。

表6-26　　　　　　以组织公正为中介的宽恕意向高低

分组下直接效应对比结果

变量	宽恕意向	效应	SE	t	p	95%	
						LLCI	ULCI
低宽恕意向（Mean-1 SD）	2.234	0.023	0.099	0.228	0.820	-0.173	0.218
Average EFS	3.296	0.049	0.070	0.705	0.481	-0.088	0.187
高宽恕意向（Mean +1 SD）	4.358	0.076	0.089	0.856	0.393	-0.099	0.251

注：n = 228。LLCI= lower level confidence interval；ULCI= upper level confidence interval。Bootstrap sample size：1000。

不同水平宽恕意向下，组织公正在辱虐管理对工作—家庭冲突影响中的中介效应差异不显著。当宽恕意向较低时，组织公正在辱虐管理对工作—家庭冲突影响中的间接效应显著（effect=0.034，95% CI ［0.064，0.148］）。当宽恕意向居中时，组织公正在辱虐管理对工作—家庭冲突影响中的中介效应显著（effect=0.092，95% CI ［0.010，0.195］）。当宽恕意向较高时，组织公正在辱虐管理对工作—家庭冲突影响中的中介效应显著（effect=0.150，95% CI ［0.007，0.354］）（见表6-27）。有调节的中介效应不显著（Index=0.055，SE=0.051，95% CI ［-0.031，0.174］）。这说明宽恕意向不能够同时调节以组织公正为中介的辱虐管理对工作—家庭冲突影响中的第二阶段和直接效应路径。假设6a"在以组织公正为中介的辱虐管理对工作—家庭冲突影响中，宽恕意向同时调节辱虐管理对工作—家庭冲突的直接效应路径，以及第二阶段路径即组织公正对工作—家庭冲突影响"被拒绝。

表6-27　　　第二阶段和直接效应同时调节模型宽恕意向高低

分组下组织公正中介效应对比结果

变量	宽恕意向	效应	SE	95%	
				LLCI	ULCI
低宽恕意向（Mean−1 SD）	2.234	0.034	0.055	0.064	0.148
Average EFS	3.296	0.092	0.047	0.010	0.195
高宽恕意向（Mean +1 SD）	4.358	0.150	0.086	0.007	0.354

注：n = 228。LLCI= lower level confidence interval；ULCI= upper level confidence interval。Bootstrap sample size：1000。

宽恕行动不能够同时调节以组织公正为中介的辱虐管理对工作—家庭冲突影响中的第二阶段和直接效应路径。本研究采用偏相关法进行1 000次bootstrapping，抽样结果显示，自变量辱虐管理对中介变量组织公正影响显著（B=−0.628，p<0.001，95% CI［−0.745，−0.511］）（见表6-28）。在结果变量工作—家庭冲突对自变量辱虐管理、中介变量组织公正、调节变量宽恕行动、组织公正与宽恕行动交互项、辱虐管理与宽恕行动交互项bootstrapping抽样回归结果中，自变量辱虐管理对因变量工作—家庭冲突影响不显著（B=0.075，p=0.802，95% CI［−0.511，0.661］），中介变量组织公正对因变量工作—家庭冲突影响显著（B=0.454，p<0.05，95% CI［0.007，0.901］），调节变量宽恕行动对因变量工作—家庭冲突影响显著（B=0.624，p<0.05，95% CI［0.012，1.237］），组织公正与宽恕行动交互项对因变量工作—家庭冲突影响显著（B=−0.173，p<0.01，95% CI［−0.299，−0.048］），辱虐管理与宽恕行动交互项对因变量工作—家庭冲突影响不显著（B=0.010，p=0.905，95% CI［−0.155，0.175］）。

不同水平宽恕行动下，辱虐管理对工作—家庭冲突的直接效应不存在显著差异。当宽恕行动较低时，辱虐管理对工作—家庭冲突影响的直接效应不显著（effect=0.102，p=0.262，95% CI［−0.077，0.280］）。

表6-28　宽恕行动对以组织公正为中介的辱虐管理对工作—家庭冲突影响中的第二阶段和直接效应调节结果

变量	组织公正 B	SE	t	p	95%LLCI	95%ULCI	工作—家庭冲突 B	SE	t	p	95%LLCI	95%ULCI
常数项	4.384	0.296	14.803	0.000	3.800	4.968	0.658	0.085	0.606	0.545	-1.480	2.795
控制变量												
性别	-0.194	0.121	-1.603	0.110	-0.433	0.045	-0.266	0.105	-2.542	0.012	-0.472	-0.060
年龄	-0.160	0.076	-2.117	0.035	-0.309	-0.011	0.090	0.064	1.398	0.164	-0.037	0.217
文化程度	-0.015	0.094	-0.163	0.871	-0.201	0.170	0.046	0.080	0.577	0.565	-0.111	0.203
工作年限	0.034	0.073	0.463	0.644	-0.109	0.177	0.051	0.061	0.835	0.405	-0.070	0.172
企业性质	0.232	0.133	1.749	0.082	-0.029	0.493	-0.031	0.113	-0.277	0.782	-0.254	0.191
岗位属性	0.086	0.137	0.625	0.533	-0.185	0.357	0.061	0.117	0.517	0.606	-0.170	0.291
自变量												
辱虐管理	-0.628	0.060	10.541	0.000	-0.745	-0.511	0.075	0.297	0.251	0.802	-0.511	0.661
中介变量												
组织公正							0.454	0.227	2.001	0.047	0.007	0.901
调节变量												
宽恕行动							0.624	0.311	2.010	0.046	0.012	1.237
交互项												
组织公正×宽恕行动							-0.173	0.064	-2.722	0.007	-0.299	-0.048
辱虐管理×宽恕行动							0.010	0.084	0.120	0.905	-0.155	0.175
R^2	0.377						0.232					
F	19.007***						5.931***					

注：n = 228。*p<0.05；**p<0.01；***p<0.001。

当宽恕行动居中时，辱虐管理对工作—家庭冲突影响的直接效应不显著（effect=0.110，p=0.080，95% CI［-0.013，0.232］）。当宽恕行动较高时，辱虐管理对工作—家庭冲突影响的直接效应不显著（effect=0.117，p=0.189，95% CI［-0.058，0.292］）（见表6-29）。

表6-29　以组织公正为中介的宽恕行动高低分组下直接效应对比结果

变量	宽恕行动	效应	SE	t	p	95%	
						LLCI	ULCI
低宽恕行动（Mean-1 SD）	2.693	0.102	0.091	1.124	0.262	-0.077	0.280
Average EFS	3.466	0.110	0.062	1.758	0.080	-0.013	0.232
高宽恕行动（Mean +1 SD）	4.239	0.117	0.089	1.318	0.189	-0.058	0.292

注：n = 228。LLCI= lower level confidence interval；ULCI= upper level confidence interval。Bootstrap sample size：1000。

不同水平宽恕行动下，组织公正在辱虐管理对工作—家庭冲突影响中的中介效应差异显著。当宽恕行动较低时，组织公正在辱虐管理对工作—家庭冲突影响中的间接效应显著（effect=0.008，95% CI［0.091，0.103］）。当宽恕行动居中时，组织公正在辱虐管理对工作—家庭冲突影响中的中介效应显著（effect=0.092，95% CI［0.010，0.185］）。当宽恕行动较高时，组织公正在辱虐管理对工作—家庭冲突影响中的中介效应显著（effect=0.176，95% CI［0.057，0.351］）（见表6-30）。有调节的中介效应显著（Index=0.109，SE=0.056，95% CI［0.009，0.226］）。这说明宽恕行动能够调节以组织公正为中介的辱虐管理对工作—家庭冲突影响中的第二阶段路径。

表6-30　第二阶段和直接效应同时调节模型宽恕行动高低

分组下组织公正中介效应对比结果

变量	宽恕行动	效应	SE	95%	
				LLCI	ULCI
低宽恕行动（Mean-1 SD）	2.693	0.008	0.050	0.091	0.103
Average EFS	3.466	0.092	0.045	0.010	0.185
高宽恕行动（Mean +1 SD）	4.239	0.176	0.073	0.057	0.351

注：n = 228。LLCI= lower level confidence interval；ULCI= upper level confidence interval。Bootstrap sample size：1000。

从结果来看，在以组织公正为中介的辱虐管理对工作—家庭冲突影响中，宽恕行动只能调节辱虐管理对工作—家庭冲突的第二阶段路径即组织公正对工作—家庭冲突影响，不能调节直接效应。假设6b"在以组织公正为中介的辱虐管理对工作—家庭冲突影响中，宽恕行动同时调节辱虐管理对工作—家庭冲突的直接效应路径，以及第二阶段路径即组织公正对工作—家庭冲突影响"被拒绝。

在以组织公正为中介的辱虐管理对工作—家庭冲突影响中，宽恕行为的宽恕意向和宽恕行动维度都不能够同时调节直接效应和第二阶段路径。因此，假设6"在以组织公正为中介的辱虐管理对工作—家庭冲突影响中，宽恕行为同时调节辱虐管理对工作—家庭冲突的直接效应路径，以及第二阶段路径即组织公正对工作—家庭冲突影响"被拒绝。

6.3.5 宽恕行为在以组织公正为中介的辱虐管理对工作—家庭冲突影响中的全路径调节效应检验

1.宽恕行为在以组织公正为中介的辱虐管理对工作—家庭冲突影响中的第一阶段和第二阶段路径调节作用检验

本研究利用SPSS中的PROCESS宏插件，采用bootstrapping抽样法，选择模型58（Hayes，2018），对宽恕行为的宽恕意向和宽恕行动两个维度在以组织公正为中介的辱虐管理对工作—家庭冲突影响中的第一阶段和第二阶段路径调节效应进行分析。研究结果表明，宽恕意向和宽恕行动两个维度在以组织公正为中介的辱虐管理对工作—家庭冲突影响中的第一阶段和第二阶段路径同时起到调节作用。

宽恕意向能够同时调节以组织公正为中介的辱虐管理对工作—家庭冲突影响中的第一阶段和第二阶段路径。本研究采用偏相关法进行1 000次bootstrapping，抽样结果显示，自变量辱虐管理对中介变量组织公正影响不显著（B=0.087，p=0.676，95%CI［-0.321，0.494］），调节变量宽恕意向对中介变量组织公正影响显著（B=0.510，p<0.001，95% CI［0.280，0.741］），辱虐管理与宽恕意向交互项对中介变量组织公正影响显著（B=-0.184，p<0.001，95% CI［-0.281，-0.088］）（见表6-31）。在结果变量工作—家庭冲突对自变量辱虐管理、中介变

表6-31 宽恕意向对以组织公正为中介的辱虐管理对工作—家庭冲突影响中的第一阶段和第二阶段调节结果

变量	组织公正						工作—家庭冲突					
	B	SE	t	p	95%LLCI	95%ULCI	B	SE	t	p	95%LLCI	95%ULCI
常数项	2.584	0.503	5.134	0.000	1.592	3.576	1.679	0.527	3.185	0.002	0.640	2.719
控制变量												
性别	-0.130	0.119	-1.100	0.273	-0.364	0.103	-0.261	0.105	-2.501	0.013	-0.467	-0.055
年龄	-0.142	0.073	-1.937	0.054	-0.285	0.003	0.096	0.065	1.488	0.138	-0.031	0.223
文化程度	-0.038	0.091	-0.418	0.677	-0.218	0.142	0.046	0.080	0.581	0.562	-0.111	0.204
工作年限	0.010	0.071	0.140	0.889	-0.129	0.149	0.055	0.062	0.894	0.372	-0.066	0.176
企业性质	0.201	0.129	1.560	0.120	-0.053	0.455	-0.008	0.114	-0.071	0.944	-0.233	0.217
岗位属性	0.044	0.133	0.334	0.739	-0.217	0.306	0.071	0.116	0.607	0.545	-0.159	0.300
自变量												
辱虐管理	0.087	0.207	0.419	0.676	-0.321	0.494	0.053	0.069	0.760	0.448	-0.084	0.189
中介变量												
组织公正							0.190	0.159	1.194	0.234	-0.124	0.503
调节变量												
宽恕意向	0.510	0.117	4.367	0.000	0.280	0.741	0.361	0.130	2.782	0.006	0.105	0.617
交互项												
组织公正×宽恕意向							-0.104	0.043	-2.413	0.017	-0.189	-0.019
辱虐管理×宽恕意向	-0.184	0.049	-3.759	0.000	-0.281	-0.088						
R^2	0.427						0.220					
F	18.062***						6.135***					

注：n = 228。*p<0.05；**p<0.01；***p<0.001。

量组织公正、调节变量宽恕意向、组织公正与宽恕意向交互项 bootstrapping 抽样回归结果中，自变量辱虐管理对因变量工作—家庭冲突影响不显著（B=0.053，p=0.448，95% CI［-0.084，0.189］），中介变量组织公正对因变量工作—家庭冲突影响不显著（B=0.190，p=0.234，95% CI［-0.124，0.503］），调节变量宽恕意向对因变量工作—家庭冲突影响显著（B=0.361，p<0.01，95% CI［0.105，0.617］），组织公正与宽恕意向交互项对因变量工作—家庭冲突影响显著（B=-0.104，p<0.05，95% CI［-0.189，-0.019］）。

不同水平宽恕意向下，组织公正在辱虐管理对工作—家庭冲突影响中的中介效应差异显著。当宽恕意向较低时，组织公正在辱虐管理对工作—家庭冲突影响中的间接效应不显著（effect=0.014，95% CI［-0.036，0.092］）。当宽恕意向居中时，组织公正在辱虐管理对工作—家庭冲突影响中的中介效应显著（effect=0.079，95% CI［0.013，0.170］）。当宽恕意向较高时，组织公正在辱虐管理对工作—家庭冲突影响中的中介效应显著（effect=0.188，95% CI［0.078，0.320］）（见表6-32）。自变量辱虐管理对因变量工作—家庭冲突影响的直接效应不显著（effect=0.053，SE=0.069，p=0.448，95% CI［-0.084，0.189］）。假设7a"宽恕意向在以组织公正为中介的辱虐管理对工作—家庭冲突影响中同时对第一阶段和第二阶段路径起到调节作用"得到验证。

表6-32 第一阶段和第二阶段同时调节模型宽恕意向高低分组下组织公正中介效应对比结果

变量	宽恕意向	效应	SE	95% LLCI	ULCI
低宽恕意向（Mean-1 SD）	2.234	0.014	0.030	-0.036	0.092
Average EFS	3.296	0.079	0.040	0.013	0.170
高宽恕意向（Mean +1 SD）	4.358	0.188	0.063	0.078	0.320

注：n = 228。LLCI= lower level confidence interval；ULCI= upper level confidence interval。Bootstrap sample size：1000。

　　宽恕行动能够同时调节以组织公正为中介的辱虐管理对工作—家庭冲突影响中的第一阶段和第二阶段路径。本研究采用偏相关法进行1 000次bootstrapping，抽样结果显示，自变量辱虐管理对中介变量组织公正影响不显著（B=0.395，p=0.214，95% CI ［-0.230，1.020］），调节变量宽恕行动对中介变量组织公正影响显著（B=0.588，p<0.01，95% CI ［0.250，0.926］），辱虐管理与宽恕行动交互项对中介变量组织公正影响显著（B=-0.280，p<0.01，95% CI ［-0.448，-0.111］）（见表6-33）。在结果变量工作—家庭冲突对自变量辱虐管理、中介变量组织公正、调节变量宽恕行动、组织公正与宽恕行动交互项bootstrapping抽样回归结果中，自变量辱虐管理对因变量工作—家庭冲突影响不显著（B=0.110，p=0.079，95% CI ［-0.013，0.232］），中介变量组织公正对因变量工作—家庭冲突影响显著（B=0.464，p<0.05，95% CI ［0.050，0.879］），调节变量宽恕行动对因变量工作—家庭冲突影响显著（B=0.653，p<0.01，95% CI ［0.270，1.037］），组织公正与宽恕行动交互项对因变量工作—家庭冲突影响显著（B=-0.177，p<0.01，95% CI ［-0.289，-0.064］）。

　　不同水平宽恕行动下，组织公正在辱虐管理对工作—家庭冲突影响中的中介效应差异显著。当宽恕行动较低时，组织公正在辱虐管理对工作—家庭冲突影响中的间接效应不显著（effect=0.004，95% CI ［-0.060，0.064］）。当宽恕行动居中时，组织公正在辱虐管理对工作—家庭冲突影响中的中介效应显著（effect=0.085，95% CI ［0.015，0.167］）。当宽恕行动较高时，组织公正在辱虐管理对工作—家庭冲突影响中的中介效应显著（effect=0.224，95% CI ［0.111，0.368］）（见表6-34）。自变量辱虐管理对因变量工作—家庭冲突影响的直接效应不显著（effect=0.110，SE=0.062，p=0.079，95% CI ［-0.013，0.232］）。假设7b"宽恕行动在以组织公正为中介的辱虐管理对工作—家庭冲突影响中同时对第一阶段和第二阶段路径起到调节作用"得到验证。

表6-33　宽恕行动对以组织公正为中介的辱虐管理对工作—家庭冲突影响中的第一阶段和第二阶段调节结果

变量	组织公正						工作—家庭冲突					
	B	SE	t	p	95% LLCI	95% ULCI	B	SE	t	p	95% LLCI	95% ULCI
常数项	2.264	0.682	3.321	0.001	0.920	3.608	0.563	0.740	0.760	0.448	-0.896	2.021
控制变量												
性别	-0.130	0.121	-1.074	0.284	-0.369	0.109	-0.264	0.103	-2.553	0.011	-0.468	-0.060
年龄	-0.163	0.074	-2.204	0.029	-0.309	-0.017	0.090	0.064	1.396	0.164	-0.037	0.216
文化程度	-0.021	0.092	-0.233	0.816	-0.203	0.160	0.046	0.079	0.581	0.562	-0.110	0.202
工作年限	0.021	0.071	0.294	0.769	-0.119	0.161	0.051	0.061	0.832	0.406	-0.069	0.171
企业性质	0.210	0.131	1.605	0.110	-0.048	0.467	-0.032	0.112	-0.284	0.777	-0.253	0.190
岗位属性	0.034	0.135	0.252	0.801	-0.232	0.301	0.059	0.116	0.506	0.613	-0.169	0.286
自变量												
辱虐管理	0.395	0.317	1.245	0.214	-0.230	1.020	0.110	0.062	1.764	0.079	-0.013	0.232
中介变量												
组织公正							0.464	0.210	2.207	0.028	0.050	0.879
调节变量												
宽恕行动	0.588	0.172	3.431	0.001	0.250	0.926	0.653	0.195	3.358	0.001	0.270	1.037
交互项												
组织公正×宽恕行动							-0.177	0.057	-3.088	0.002	-0.289	-0.064
辱虐管理×宽恕行动	-0.280	0.086	-3.269	0.001	-0.448	-0.111						
R^2	0.409						0.232					
F	16.775***						6.553***					

注：n = 228。*p<0.05；**p<0.01；***p<0.001。

表6-34　　第一阶段和第二阶段同时调节模型宽恕行动高低
分组下组织公正中介效应对比结果

变量	宽恕行动	效应	SE	95%	
				LLCI	ULCI
低宽恕行动（Mean-1 SD）	2.693	0.004	0.030	-0.060	0.064
Average EFS	3.466	0.085	0.038	0.015	0.167
高宽恕行动（Mean +1 SD）	4.239	0.224	0.066	0.111	0.368

注：n = 228。LLCI= lower level confidence interval；ULCI= upper level confidence interval。Bootstrap sample size：1000。

在以组织公正为中介的辱虐管理对工作—家庭冲突影响中，宽恕行为的宽恕行动和宽恕意向维度都能够同时调节第一阶段和第二阶段路径。因此，假设7"宽恕行为在以组织公正为中介的辱虐管理对工作—家庭冲突影响中同时对第一阶段和第二阶段路径起到调节作用"得到验证。

2.宽恕行为在以组织公正为中介的辱虐管理对工作—家庭冲突影响中的第一阶段、第二阶段、直接效应路径调节作用检验

本研究利用SPSS中的PROCESS 宏插件，采用bootstrapping抽样法，选择模型59（Hayes，2018），对宽恕行为的宽恕意向和宽恕行动两个维度在以组织公正为中介的辱虐管理对工作—家庭冲突影响中的第一阶段、第二阶段、直接效应路径调节效应进行分析。研究结果表明，宽恕意向和宽恕行动两个维度在以组织公正为中介的辱虐管理对工作—家庭冲突影响中的第一阶段、第二阶段、直接效应路径没有同时起到调节作用。

宽恕意向不能同时调节以组织公正为中介的辱虐管理对工作—家庭冲突影响中的第一阶段、第二阶段、直接效应路径。本研究采用偏相关法进行1 000次 bootstrapping，抽样结果显示，自变量辱虐管理对中介变量组织公正影响不显著（B=0.087，p=0.676，95% CI［-0.321，0.494］），调节变量宽恕意向对中介变量组织公正影响显著（B=0.510，p<0.001，95% CI［0.280，0.741］），辱虐管理与宽恕意向交互项对中介变量组织公正影响显著（B=-0.184，p<0.001，95% CI［-0.281，-0.088］）（见表6-35）。在结果变量工作—家庭冲突对自变量辱虐管理、中介变量组织公正、调节变量宽恕意向、组织公正与宽恕意向交互项、辱虐管理与宽恕意向交互项bootstrapping抽样回归结果中，自变量辱虐管理对因变量工作—家庭冲突

表6-35　宽恕意向对以组织公正为中介的辱虐管理对工作—家庭冲突影响中的第一阶段、第二阶段、直接效应调节结果

变量	组织公正						工作—家庭冲突					
	B	SE	t	p	95% LLCI	95% ULCI	B	SE	t	p	95% LLCI	95% ULCI
常数项	2.584	0.503	5.134	0.000	1.592	3.576	1.982	0.891	2.225	0.027	0.226	3.737
控制变量												
性别	-0.130	0.119	-1.100	0.273	-0.364	0.103	-0.264	0.105	-2.515	0.013	-0.470	-0.057
年龄	-0.142	0.073	-1.937	0.054	-0.285	0.003	0.095	0.065	1.465	0.144	-0.033	0.222
文化程度	-0.038	0.091	-0.418	0.677	-0.218	0.142	0.049	0.080	0.607	0.544	-0.110	0.207
工作年限	0.010	0.071	0.140	0.889	-0.129	0.149	0.057	0.062	0.927	0.355	-0.065	0.180
企业性质	0.201	0.129	1.560	0.120	-0.053	0.455	-0.008	0.114	-0.070	0.945	-0.233	0.217
岗位属性	0.044	0.133	0.334	0.739	-0.217	0.306	0.076	0.117	0.646	0.519	-0.155	0.306
自变量												
辱虐管理	0.087	0.207	0.419	0.676	-0.321	0.494	-0.033	0.215	-0.155	0.877	-0.458	0.391
中介变量												
组织公正							0.142	0.195	0.729	0.467	-0.242	0.527
调节变量												
宽恕意向	0.510	0.117	4.367	0.000	0.280	0.741	0.262	0.270	0.969	0.333	-0.270	0.794
交互项												
组织公正×宽恕意向							-0.088	0.058	-1.518	0.130	-0.201	0.026
辱虐管理×宽恕意向	-0.184	0.049	-3.759	0.000	-0.281	-0.088	0.025	0.060	0.421	0.674	-0.092	0.142
R^2	0.427						0.221					
F	18.062***						5.573***					

注：n = 228。*p<0.05；**p<0.01；***p<0.001。

影响不显著（B=-0.033，p=0.877，95% CI ［-0.458，0.391］），中介变量组织公正对因变量工作—家庭冲突影响不显著（B=0.142，p=0.467，95% CI ［-0.242，0.527］），调节变量宽恕意向对因变量工作—家庭冲突影响不显著（B=0.262，p=0.333，95% CI ［-0.270，0.794］），组织公正与宽恕意向交互项对因变量工作—家庭冲突影响不显著（B=-0.088，p=0.130，95% CI ［-0.201，0.026］），辱虐管理与宽恕意向交互项对因变量工作—家庭冲突影响不显著（B=0.025，p=0.674，95% CI ［-0.092，0.142］）。

不同水平宽恕意向下，辱虐管理对工作—家庭冲突影响的直接效应不存在显著差异。当宽恕意向较低时，辱虐管理对工作—家庭冲突影响的直接效应不显著（effect=0.023，p=0.820，95% CI ［-0.173，0.218］）。当宽恕意向居中时，辱虐管理对工作—家庭冲突影响的直接效应不显著（effect=0.049，p=0.481，95% CI ［-0.088，0.187］）。当宽恕意向较高时，辱虐管理对工作—家庭冲突影响的直接效应不显著（effect=0.076，p=0.393，95% CI ［-0.099，0.251］）（见表6-36）。

表6-36　　以组织公正为中介的宽恕意向高低
分组下直接效应对比结果

变量	宽恕意向	效应	SE	t	p	95% LLCI	ULCI
低宽恕意向（Mean-1 SD）	2.234	0.023	0.099	0.228	0.820	-0.173	0.218
Average EFS	3.296	0.049	0.070	0.705	0.481	-0.088	0.187
高宽恕意向（Mean +1 SD）	4.358	0.076	0.089	0.856	0.393	-0.099	0.251

注：n = 228。LLCI= lower level confidence interval；ULCI= upper level confidence interval。Bootstrap sample size：1000。

不同水平宽恕意向下，组织公正在辱虐管理对工作—家庭冲突影响中的中介效应差异显著。当宽恕意向较低时，组织公正在辱虐管理对工作—家庭冲突影响中的间接效应不显著（effect=0.017，95% CI ［-0.034，0.106］）。当宽恕意向居中时，组织公正在辱虐管理对工作—家庭冲突影响中的中介效应显著（effect=0.076，95% CI ［0.009，0.175］）。当宽恕意向较高时，组织公正在辱虐管理对工作—家庭冲突影响中的中介效应显著（effect=0.171，95% CI ［0.008，0.387］）（见表6-37）。由此证明有调节的中介作用是存在的。

表6-37 第一阶段、第二阶段、直接效应同时调节模型宽恕意向
高低分组下组织公正中介效应对比结果

变量	宽恕意向	效应	SE	95%	
				LLCI	ULCI
低宽恕意向（Mean-1 SD）	2.234	0.017	0.034	-0.034	0.106
Average EFS	3.296	0.076	0.043	0.009	0.175
高宽恕意向（Mean +1 SD）	4.358	0.171	0.097	0.008	0.387

注：n = 228。LLCI= lower level confidence interval；ULCI= upper level confidence interval。Bootstrap sample size：1000。

虽然有调节的中介作用是显著的，但第二阶段路径上各交互项影响系数是不显著的，因此宽恕意向不能同时调节以组织公正为中介的辱虐管理对工作—家庭冲突影响中的第一阶段、第二阶段、直接效应路径。假设8a"宽恕意向在以组织公正为中介的辱虐管理对工作—家庭冲突影响中同时对第一阶段、第二阶段、直接效应路径起到调节作用"被拒绝。

宽恕行动不能同时调节以组织公正为中介的辱虐管理对工作—家庭冲突影响中的第一阶段、第二阶段、直接效应路径。本研究采用偏相关法进行1 000次bootstrapping，抽样结果显示，自变量辱虐管理对中介变量组织公正影响不显著（B=0.395，p=0.214，95% CI［-0.230，1.020］），调节变量宽恕行动对中介变量组织公正影响显著（B=0.588，p<0.01，95% CI［0.250，0.926］），辱虐管理与宽恕行动交互项对中介变量组织公正影响显著（B=-0.280，p<0.01，95% CI［-0.448，-0.111］）（见表6-38）。在结果变量工作—家庭冲突对自变量辱虐管理、中介变量组织公正、调节变量宽恕行动、组织公正与宽恕行动交互项、辱虐管理与宽恕行动交互项bootstrapping抽样回归结果中，自变量辱虐管理对因变量工作—家庭冲突影响不显著（B=0.075，p=0.802，95% CI［-0.511，0.661］），中介变量组织公正对因变量工作—家庭冲突影响显著（B=0.454，p<0.05，95% CI［0.007，0.901］），调节变量宽恕行动对因变量工作—家庭冲突影响显著（B=0.624，p<0.05，95% CI［0.012，1.237］），组织公正与宽恕行动交互项对因变量工作—家庭冲突影响显著（B=-0.173，p<0.01，95% CI［-0.299，-0.048］），辱虐管理与宽恕行动交互项对因变量工作—家庭冲突影响不显著（B=0.010，p=0.905，95% CI［-0.155，0.175］）。

表6-38 宽恕行动对以组织公正为中介的辱虐管理对工作—家庭冲突影响中的第一阶段、第二阶段、直接效应调节结果

变量	组织公正						工作—家庭冲突					
	B	SE	t	p	95% LLCI	95% ULCI	B	SE	t	p	95% LLCI	95% ULCI
常数项	2.264	0.682	3.321	0.001	0.920	3.608	0.658	0.085	0.606	0.545	-1.480	2.795
控制变量												
性别	-0.130	0.121	-1.074	0.284	-0.369	0.109	-0.266	0.105	-2.542	0.012	-0.472	-0.060
年龄	-0.163	0.074	-2.204	0.029	-0.309	-0.017	0.090	0.064	1.398	0.164	-0.037	0.217
文化程度	-0.021	0.092	-0.233	0.816	-0.203	0.160	0.046	0.080	0.577	0.565	-0.111	0.203
工作年限	0.021	0.071	0.294	0.769	-0.119	0.161	0.051	0.061	0.835	0.405	-0.070	0.172
企业性质	0.210	0.131	1.605	0.110	-0.048	0.467	-0.031	0.113	-0.277	0.782	-0.254	0.191
岗位属性	0.034	0.135	0.252	0.801	-0.232	0.301	0.061	0.117	0.517	0.606	-0.170	0.291
自变量												
辱虐管理	0.395	0.317	1.245	0.214	-0.230	1.020	0.075	0.297	0.251	0.802	-0.511	0.661
中介变量												
组织公正							0.454	0.227	2.001	0.047	0.007	0.901
调节变量												
宽恕行动	0.588	0.172	3.431	0.001	0.250	0.926	0.624	0.311	2.010	0.046	0.012	1.237
交互项												
组织公正×宽恕行动	-0.280	0.086	-3.269	0.001	-0.448	-0.111	-0.173	0.064	-2.722	0.007	-0.299	-0.048
辱虐管理×宽恕行动							0.010	0.084	0.120	0.905	-0.155	0.175
R^2	0.409						0.232					
F	16.775***						5.931***					

注：n=228。*p<0.05；**p<0.01；***p<0.001。

　　不同水平宽恕行动下，辱虐管理对工作—家庭冲突影响的直接效应不存在显著差异。当宽恕行动较低时，辱虐管理对工作—家庭冲突影响的直接效应不显著（effect=0.102，p=0.262，95% CI［-0.077，0.280］）。当宽恕行动居中时，辱虐管理对工作—家庭冲突影响的直接效应不显著（effect=0.110，p=0.080，95% CI［-0.013，0.232］）。当宽恕行动较高时，辱虐管理对工作—家庭冲突影响的直接效应不显著（effect=0.117，p=0.189，95% CI［-0.058，0.292］）（见表6-39）。

表6-39　　　　　以组织公正为中介的宽恕行动高低分组下

直接效应对比结果

变量	宽恕行动	效应	SE	t	p	95%	
						LLCI	ULCI
低宽恕行动（Mean-1 SD）	2.693	0.102	0.091	1.124	0.262	-0.077	0.280
Average EFS	3.466	0.110	0.062	1.758	0.080	-0.013	0.232
高宽恕行动（Mean +1 SD）	4.239	0.117	0.089	1.318	0.189	-0.058	0.292

　　注：n = 228。LLCI= lower level confidence interval；ULCI= upper level confidence interval。Bootstrap sample size：1000。

　　不同水平宽恕行动下，组织公正在辱虐管理对工作—家庭冲突影响中的中介效应差异显著。当宽恕行动较低时，组织公正在辱虐管理对工作—家庭冲突影响中的间接效应不显著（effect=0.004，95% CI［-0.056，0.081］）。当宽恕行动居中时，组织公正在辱虐管理对工作—家庭冲突影响中的中介效应显著（effect=0.084，95% CI［0.014，0.167］）。当宽恕行动较高时，组织公正在辱虐管理对工作—家庭冲突影响中的中介效应显著（effect=0.221，95% CI［0.076，0.422］）（见表6-40）。由此证明有调节的中介作用是存在的。

表6-40　第一阶段、第二阶段、直接效应同时调节模型宽恕行动

高低分组下组织公正中介效应对比结果

变量	宽恕行动	效应	SE	95%	
				LLCI	ULCI
低宽恕行动 （Mean-1 SD）	2.693	0.004	0.031	-0.056	0.081
Average EFS	3.466	0.084	0.041	0.014	0.167
高宽恕行动（Mean +1 SD）	4.239	0.221	0.093	0.076	0.422

　　注：n = 228。LLCI= lower level confidence interval；ULCI= upper level confidence interval。Bootstrap sample size：1000。

虽然有调节的中介作用是显著的，但直接效应路径上各交互项影响系数是不显著的，因此宽恕行动不能同时调节以组织公正为中介的辱虐管理对工作—家庭冲突影响中的第一阶段、第二阶段、直接效应路径。假设 8b "宽恕行动在以组织公正为中介的辱虐管理对工作—家庭冲突影响中同时对第一阶段、第二阶段、直接效应路径起到调节作用"被拒绝。

在以组织公正为中介的辱虐管理对工作—家庭冲突影响中，宽恕行为的宽恕行动和宽恕意向维度都不能够同时调节第一阶段、第二阶段、直接效应路径。因此，假设 8 "宽恕行为在以组织公正为中介的辱虐管理对工作—家庭冲突影响中同时对第一阶段、第二阶段、直接效应路径起到调节作用"被拒绝。

6.4 本章小结

本章在第 4 章组织公正对辱虐管理与工作—家庭冲突关系的中介作用基础上，引入宽恕行为理论，进一步探讨了这一中介机制中的调节效应。基于 228 个员工问卷调查的实证分析，验证了宽恕行为的调节效应，得到如下结论：

（1）宽恕行为能够同时调节以组织公正为中介的辱虐管理对工作—家庭冲突影响中的第一阶段和直接效应路径。研究发现，宽恕行为的宽恕意向和宽恕行动都能调节辱虐管理对组织公正的直接影响，也能调节以组织公正为中介的辱虐管理对工作—家庭冲突影响中的第一阶段路径即辱虐管理对组织公正影响路径。基于此，研究进一步发现，宽恕行为的宽恕意向和宽恕行动两个维度可以同时调节以组织公正为中介的辱虐管理对工作—家庭冲突影响中的第一阶段和直接效应路径。

（2）宽恕行为能够同时调节以组织公正为中介的辱虐管理对工作—家庭冲突影响中的第一阶段和第二阶段路径。研究结果证实，宽恕行为的宽恕意向和宽恕行动都能调节组织公正对工作—家庭冲突的直接影响，也能调节以组织公正为中介的辱虐管理对工作—家庭冲突影响中的第二阶段路径即组织公正对工作—家庭冲突影响路径。在宽恕行为的宽恕意向和宽恕行动能够调节以组织公正为中介的辱虐管理对工作—家庭冲突影响中的第一阶段路径即辱虐管理对组织公正影响路径的基础上，该章发现，宽恕行为的宽恕意向和宽恕行动两个维度可以同时调节以组织公正为中介的辱虐管理对工作—家庭冲突影响中的第一阶段和第二阶段路径。

（3）宽恕行为不能够同时调节以组织公正为中介的辱虐管理对工作—家庭冲突影响中的第二阶段和直接效应路径。本书实证研究发现，宽恕行为虽然可以调节以组织公正为中介的辱虐管理对工作—家庭冲突影响中的第二阶段路径，也可以调节直接效应路径，但并不能同时调节第二阶段和直接效应路径。

第7章　宽恕行为对以心理困扰为中介的 辱虐管理与员工工作—家庭冲突关系的 调节作用研究

本书第4章得到了心理困扰在辱虐管理对工作—家庭冲突影响中起到中介作用的结论。基于此，该章进一步分析宽恕行为在这一关系中的调节作用，探索缓解辱虐管理带来的心理困扰和工作—家庭冲突等消极结果的途径。在228份中国企业员工的横截面问卷调查数据基础上，该章分析了宽恕行为的宽恕意向和宽恕行动两个维度对以心理困扰为中介的辱虐管理与员工工作—家庭冲突关系的调节作用。

本章主要包括三大研究内容：首先，该章探讨了宽恕行为在以心理困扰为中介的辱虐管理对工作—家庭冲突影响中的第一阶段调节效应；其次，该章分析了宽恕行为在以心理困扰为中介的辱虐管理对工作—家庭冲突影响中的第二阶段调节效应；最后，探索了宽恕行为在以心理困扰为中介的辱虐管理对工作—家庭冲突影响中的全路径调节效应，包括第一阶段即辱虐管理对心理困扰影响、第二阶段即心理困扰对工作—家庭冲突影响和辱虐管理对工作—家庭冲突影响的直接效应路径。

7.1 概念模型与研究假设

7.1.1 宽恕行为在以心理困扰为中介的辱虐管理对工作—家庭冲突影响中的第一阶段调节效应

1.宽恕行为在辱虐管理与心理困扰间的调节效应分析[①]

辱虐管理对员工心理困扰的影响会受到下属应对方式的调节。当下属采取规避行为时，下属避免与领导的正面接触，能躲即躲，这并不利于员工心理困扰的化解；当下属采取积极应对行为时，下属能够面对领导，更有助于心理困扰的排解，从而降低下属心理困扰水平（Tepper et al.，2007）。

如前所述，宽恕行为可以从个体内心和人际间反应两个视角展开讨论。研究发现，宽恕行为能够降低消极情绪（Fitzgibbons，1986；Hebl and Enright，1993），改善身体和心理健康状况（Strasser，1984；Trainer，1981），降低心理压力（Witvliet，2001），修复被侵犯者的控制力（Bies and Tripp，1995）。可见，从个体自我疏导角度来看，宽恕行为可以缓解因领导辱虐管理造成的心理困扰，使下属能够正视领导，继续与领导交流和接触。

另外，宽恕行为还能够修复和增强人际间关系（McCullough and Wortbington，1995）。下属可以通过宽恕行为修复与领导之间的关系，从而改善领导—部属交换质量，降低再次遭受辱虐的可能，从而减少心理困扰。

因此，员工在遭受辱虐管理后可以采取宽恕行为从而降低自己的心理困扰。一方面，员工可以放宽心，放弃愤怒、怨恨和报复的想法，培养对领导的理解甚至爱戴的行为。从自我宽恕、自我解脱的角度进行自我调节，降低心理困扰水平。另一方面，员工的这种宽恕行为可以感化

---

① 该小节部分内容发表于《农业技术经济》2016年第2期，详见《农民工宽恕行为对不当督导与心理困扰关系的调节效应研究》一文。

领导，改善与领导的关系，降低进一步辱虐管理的可能，从而降低心理困扰水平。基于此，本书提出如下假设：

H1：宽恕行为在辱虐管理对心理困扰影响中起到调节作用

H1a：宽恕意向在辱虐管理对心理困扰影响中起到调节作用

H1b：宽恕行动在辱虐管理对心理困扰影响中起到调节作用

2.宽恕行为与辱虐管理交互作用通过心理困扰对工作—家庭冲突影响分析

在理论上，在参与人际宽恕行为时，心理困扰可以通过负面情绪的释放而降低（Orcutt，2006）。受到侵犯后，个体最初的反应通常是恐惧、气愤、伤心。这些初始反应通常会混杂在一起，形成第二阶段对侵犯行为的反刍，形成延时情绪、怨恨、辛酸，以及残留的气愤、惧怕、憎恨、敌意和压力（Worthington，2001）。宽恕行为过程可以减弱这些负面情绪（Orcutt，2006）。在宽恕行为过程中，个体会发生情绪替换，从负面情绪转化为积极情绪，例如无私的爱、共情、怜悯、同情等（Worthington，2001）。可见，宽恕行为是对负面情绪的释放，并取而代之形成正面情绪，减缓心理困扰。

许多研究也证实了宽恕行为能够缓解焦虑、抑郁等心理困扰。Spielberger，Gorsuch，and Lushene（1970）研究指出，宽恕意向与焦虑和抑郁负相关。Touissant，Williams，Musick，and Everson（2001）研究发现，控制性别、民族、婚姻状况、受教育程度、收入和一系列精神层面的变量后，人际宽恕与心理困扰显著负相关。Orcutt（2006）研究发现，宽恕的意图和行为都能够降低后续的心理困扰。

结合第4章心理困扰能够中介辱虐管理对工作—家庭冲突的影响这一研究结果，本研究认为，辱虐管理造成心理困扰过程中，宽恕行为可以缓解这一负面影响，同时这一减缓过程会通过心理困扰传递给工作—家庭冲突，工作—家庭冲突也会降低。因此，本研究提出如下假设：

H2：宽恕行为与辱虐管理交互作用通过心理困扰影响工作—家庭冲突

H2a：宽恕意向与辱虐管理交互作用通过心理困扰影响工作—家庭冲突

H2b：宽恕行动与辱虐管理交互作用通过心理困扰影响工作—家庭冲突

3.宽恕行为对直接效应和第一阶段路径调节效应分析

基于第5章研究结果，宽恕行为能够调节辱虐管理对工作—家庭冲突的直接效应，以及假设2所述，宽恕行为与辱虐管理交互作用通过心理困扰影响工作—家庭冲突。本研究认为，宽恕行为会同时在辱虐管理对工作—家庭冲突的直接效应路径和以心理困扰为中介的辱虐管理对工作—家庭冲突间接影响中的第一阶段路径产生调节效应。因此，本研究提出如下假设：

H3：在以心理困扰为中介的辱虐管理对工作—家庭冲突影响中，宽恕行为同时调节辱虐管理对工作—家庭冲突的直接效应路径，以及第一阶段路径即辱虐管理对心理困扰影响

H3a：在以心理困扰为中介的辱虐管理对工作—家庭冲突影响中，宽恕意向同时调节辱虐管理对工作—家庭冲突的直接效应路径，以及第一阶段路径即辱虐管理对心理困扰影响

H3b：在以心理困扰为中介的辱虐管理对工作—家庭冲突影响中，宽恕行动同时调节辱虐管理对工作—家庭冲突的直接效应路径，以及第一阶段路径即辱虐管理对心理困扰影响

7.1.2 宽恕行为在以心理困扰为中介的辱虐管理对工作—家庭冲突影响中的第二阶段调节效应

1.宽恕行为在心理困扰与工作—家庭冲突间的调节作用分析

宽恕行为作为一种积极主动的行为反应（Enright，1991），能够调节心理困扰与工作—家庭冲突间的关系。积极乐观的个体始终坚信未来的生活会很好，即使目前面临不幸（Carver and Scheier，1999）。在压力情境下，积极行为与问题导向应对策略相关，有更强的控制感（Scheier，Weintraub，and Carver，1986）。积极乐观的个体更容易体验到积极情感，高效修复负面情绪，更擅长管理情绪和压力。积极乐观的个体能够识别冲突和模糊情况中的积极成分，在这种情况下更能够保持平衡和管理冲突（Aryee et al.，2005）。宽恕行为是一种积极主动的反

应行为，宽恕者具有积极和主动行为特征。因此，具有宽恕行为的个体也能够调解工作—家庭冲突，增加平衡和增益。心理困扰会导致个体过多地沉浸于工作域中的困难，从而减少参与家庭活动的时间和精力，宽恕行为可以降低心理困扰造成的这种后果。个体可以通过宽恕行为积极解决问题，寻求更多的家庭支持，并从工作域内的不堪中解脱，减轻工作—家庭冲突。因此，本研究提出如下假设：

H4：宽恕行为在心理困扰对工作—家庭冲突影响中起到调节作用

H4a：宽恕意向在心理困扰对工作—家庭冲突影响中起到调节作用

H4b：宽恕行动在心理困扰对工作—家庭冲突影响中起到调节作用

2.宽恕行为与心理困扰交互对辱虐管理与工作—家庭冲突的中介作用分析

基于第4章研究结果，心理困扰在辱虐管理对工作—家庭冲突影响中起到中介作用，以及假设4所述，宽恕行为在心理困扰对工作—家庭冲突影响中起到调节作用。本研究认为，在辱虐管理通过心理困扰影响工作—家庭冲突过程中，宽恕行为可以影响心理困扰到工作—家庭冲突路径，即较高的宽恕行为可以缓解辱虐管理导致的心理困扰带来的工作—家庭冲突。辱虐管理造成的下属心理困扰会传导到家庭域中，造成工作对家庭的冲突，在下属采取宽恕行为时，心理困扰对工作—家庭冲突的影响会减弱，个体会通过积极的沟通寻求解决问题的方法，寻找支持，减少工作和家庭角色的冲突，从而缓解从辱虐管理到心理困扰，最终造成工作—家庭冲突的效应。因此，本研究提出如下假设：

H5：宽恕行为与心理困扰交互作用中介性地影响了辱虐管理与工作—家庭冲突的关系

H5a：宽恕意向与心理困扰交互作用中介性地影响了辱虐管理与工作—家庭冲突的关系

H5b：宽恕行动与心理困扰交互作用中介性地影响了辱虐管理与工作—家庭冲突的关系

3.宽恕行为对直接效应和第二阶段路径的调节作用分析

基于第5章研究结果，宽恕行为能够调节辱虐管理对工作—家庭冲突的直接效应，以及假设5所述，宽恕行为与心理困扰交互作用中介性地影响了辱虐管理与工作—家庭冲突的关系。本研究认为，宽恕行为会同时在辱虐管理对工作—家庭冲突的直接效应路径和以心理困扰为中介的辱虐管理对工作—家庭冲突间接影响中的第二阶段路径产生调节效应。因此，本研究提出如下假设：

H6：在以心理困扰为中介的辱虐管理对工作—家庭冲突影响中，宽恕行为同时调节辱虐管理对工作—家庭冲突的直接效应路径，以及第二阶段路径即心理困扰对工作—家庭冲突影响

H6a：在以心理困扰为中介的辱虐管理对工作—家庭冲突影响中，宽恕意向同时调节辱虐管理对工作—家庭冲突的直接效应路径，以及第二阶段路径即心理困扰对工作—家庭冲突影响

H6b：在以心理困扰为中介的辱虐管理对工作—家庭冲突影响中，宽恕行动同时调节辱虐管理对工作—家庭冲突的直接效应路径，以及第二阶段路径即心理困扰对工作—家庭冲突影响

7.1.3 宽恕行为在以心理困扰为中介的辱虐管理对工作—家庭冲突影响中的全路径调节效应

1.宽恕行为在以心理困扰为中介的辱虐管理对工作—家庭冲突影响中的第一阶段和第二阶段路径调节作用分析

正如上文所述，宽恕行为与辱虐管理交互作用通过心理困扰影响工作—家庭冲突（假设2），宽恕行为与心理困扰交互作用中介性地影响了辱虐管理与工作—家庭冲突的关系（假设5）。因此，本研究思索，在心理困扰对辱虐管理与工作—家庭冲突起到中介作用的基础上，宽恕行为是否能够同时调节第一阶段辱虐管理对心理困扰影响路径和第二阶段心理困扰对工作—家庭冲突影响路径。因此，本研究提出如下假设：

H7：宽恕行为在以心理困扰为中介的辱虐管理对工作—家庭冲突影响中同时对第一阶段和第二阶段路径起到调节作用

H7a：宽恕意向在以心理困扰为中介的辱虐管理对工作—家庭冲突影响中同时对第一阶段和第二阶段路径起到调节作用

H7b：宽恕行动在以心理困扰为中介的辱虐管理对工作—家庭冲突影响中同时对第一阶段和第二阶段路径起到调节作用

2.宽恕行为在以心理困扰为中介的辱虐管理对工作—家庭冲突影响中的第一阶段、第二阶段、直接效应路径调节作用分析

按照上文推论，在以心理困扰为中介的辱虐管理对工作—家庭冲突影响中，宽恕行为同时调节辱虐管理对工作—家庭冲突的直接效应路径，以及第一阶段路径即辱虐管理对心理困扰影响（假设3）；宽恕行为也同时调节辱虐管理对工作—家庭冲突的直接效应路径，以及第二阶段路径即心理困扰对工作—家庭冲突影响（假设6）。本研究认为，在这种情况下，在以心理困扰为中介的辱虐管理对工作—家庭冲突影响中，宽恕行为有可能同时对第一阶段辱虐管理对心理困扰影响路径、第二阶段心理困扰对工作—家庭冲突影响路径、直接效应辱虐管理对工作—家庭冲突影响路径起到调节作用。因此，本研究提出如下假设：

H8：宽恕行为在以心理困扰为中介的辱虐管理对工作—家庭冲突影响中同时对第一阶段、第二阶段、直接效应路径起到调节作用

H8a：宽恕意向在以心理困扰为中介的辱虐管理对工作—家庭冲突影响中同时对第一阶段、第二阶段、直接效应路径起到调节作用

H8b：宽恕行动在以心理困扰为中介的辱虐管理对工作—家庭冲突影响中同时对第一阶段、第二阶段、直接效应路径起到调节作用

7.2 研究方法

7.2.1 变量测量

辱虐管理采用的是 Tepper（2000）等编制的量表，共 15 个题项。量表采用 Likert 5 点计分，1 代表非常不同意，5 代表非常同意。代表题项如"我的主管生气时会拿我当出气筒"。本研究中 Cronbach's Alpha 值为 0.984。

心理困扰采用的是 Kessler and Mroczek（1994）使用的量表，共 10 个题项。代表题项如"我无缘无故地觉得疲倦"。量表采用 Likert 5 点计分，1 代表非常不同意，5 代表非常同意。本研究中 Cronbach's Alpha 值为 0.879。

工作—家庭冲突采用的是 Anderson et al.（2002）使用的工作对家庭冲突量表，共 5 个题项。量表采用 Likert 5 点计分，1 代表非常不同意，5 代表非常同意。代表题项如"我会因工作而没有足够时间留给家人"。本研究中 Cronbach's Alpha 值为 0.923。

宽恕行为采用的是 Bradfield and Aquino（1999）使用的宽恕行为量表，共 9 个题项，分为宽恕意向和宽恕行动两个维度。宽恕意向包括 4 个题项，代表题项如"我想给他们一个新的开始和重归于好"，本研究中 Cronbach's Alpha 值为 0.966。宽恕行动包括 5 个题项，代表题项如"我接受了他们的人性、缺陷和失败"，本研究中 Cronbach's Alpha 值为 0.968。量表采用 Likert 5 点计分，1 代表非常不同意，5 代表非常同意。整体量表在本研究中 Cronbach's Alpha 值为 0.971。

7.2.2 样本选择与数据收集

样本取自深圳市、天津市、大连市等多个城市，涉及国有建筑企业、大型民营企业、不同星级的酒店企业等多种样本。本研究共发放问卷 400 份，回收了 286 份，回收率为 71.5%，其中有效问卷 228 份，有效率为 79.72%。

样本人口统计特征为，男性占 61.8%，女性占 38.2%。从文化程度来看，专科占 11.4%，本科占 80.7%，硕士占 4.8%，博士占 0.4%，其他占 2.7%。从年龄来看，25 岁以下占 37.7%，26~30 岁占 40.4%，31~35 岁占 8.8%，36~40 岁占 5.7%，41~45 岁占 3.9%，46~50 岁占 2.6%，50 岁以上占 0.9%。从工作年限来看，1 年以内占 27.2%，1~5 年占 43.3%，6~10 年占 15.4%，11~15 年占 7%，16~20 年占 3.1%，21~25 年占 1.8%，26~30 年占 1.8%，30 年以上占 0.4%。从企业性质来看，企业单位占 85.1%，事业单位占 11.4%，公务员系统占 3.5%。从岗位属性来看，基层员工占 84.7%，中层管理者占 11.4%，高层管理者占 3.9%。

7.2.3 数据分析方法

本研究采用 SPSS 及 PROCESS 插件、MPLUS 进行统计分析。首先，本研究使用 MPLUS 进行验证性因子分析，考察量表的区分效度，并使用SPSS进行Harman单因素检验进一步检验共同方法偏差。然后，使用SPSS进行描述性统计分析和相关分析。最后，使用MPLUS对宽恕行为在以心理困扰为中介的辱虐管理对工作—家庭冲突影响中的调节作用进行研究。

7.3 研究结果

7.3.1 验证性因子分析及共同方法偏差检验

本研究对辱虐管理、心理困扰、工作—家庭冲突和宽恕行为因子结构进行了验证性因子分析，相关结果见表7-1。验证性因子分析结果表明5因子结构的拟合度相对较好，CFI为0.890，TLI为0.875，RMSEA为0.083。由于样本量较小，RMSEA结果会在一定程度上受到影响，但依然可以接受。5因子模型拟合度明显优于其他因子模型，证明5个因子是不同的构念。

表7-1　　　　　　　　　　　验证性因子分析

Model	χ^2	df	CFI	TLI	RMSEA
1因子模型	5 137.354	702	0.521	0.495	0.166
2因子模型	4 399.459	701	0.601	0.578	0.152
3因子模型	4 059.339	699	0.637	0.615	0.145
4因子模型	2 725.875	696	0.781	0.767	0.113
5因子模型	1 661.737	647	0.890	0.875	0.083

注：n=228。

1因子模型：辱虐管理+心理困扰+工作—家庭冲突+宽恕意向+宽恕行动；

2因子模型：辱虐管理，心理困扰+工作—家庭冲突+宽恕意向+宽恕行动；

3因子模型：辱虐管理，心理困扰，工作—家庭冲突+宽恕意向+宽恕行动；

4因子模型：辱虐管理，心理困扰，工作—家庭冲突，宽恕意向+宽恕行动；

5因子模型：辱虐管理，心理困扰，工作—家庭冲突，宽恕意向，宽恕行动。

本研究采用了 Harman 单因素检验进一步检验了共同方法偏差，结果表明，未旋转时所有变量进行的探索性因子分析共析出 5 个因子，最大贡献因子解释了 39.136% 的方差变异，小于 50%，表明本研究共同方法偏差影响并不严重（Harrison，Mclaughlin，and Coalter，1996）。

7.3.2　变量描述性统计分析与相关分析

各变量的均值、标准差和相关性见表 7-2。相关分析结果表明，辱虐管理与心理困扰显著正相关（r = 0.569，p < 0.01），与工作—家庭冲突显著正相关（r = 0.302，p < 0.01）。结果表明，5 个变量间具有相关性，为下文分析奠定基础。而且，变量间相关系数大多在 0.2 到 0.8 之间，表明变量相关性较高，但具有较好的区分性。

表 7-2　　　　　　　　　各变量均值、标准差和相关系数表

变量	M	SD	1	2	3	4	5
辱虐管理	2.03	1.02	1				
心理困扰	2.50	0.69	0.569**	1			
宽恕意向	3.30	1.06	0.202**	0.100	1		
宽恕行动	3.47	0.77	−0.090	−0.112	0.739**	1	
工作—家庭冲突	2.67	0.80	0.302**	0.396**	0.103	0.031	1

注：n=228。*p<0.05；**p<0.01；***p<0.001。

7.3.3　宽恕行为在以心理困扰为中介的辱虐管理对工作—家庭冲突影响中的第一阶段调节效应检验

1.宽恕行为在辱虐管理与心理困扰间的调节效应检验

本研究使用 bootstrapping，利用 SPSS 中的 PROCESS 宏插件（Hayes，2018）对宽恕行为的宽恕意向和宽恕行动两个维度对辱虐管理与心理困扰关系的调节效应进行分析。研究结果表明，宽恕意向和宽恕行动在辱虐管理与心理困扰间都起到调节作用。

宽恕意向能够调节辱虐管理与心理困扰的关系。本研究采用偏相关

法进行 1 000 次 bootstrapping，抽样结果显示，辱虐管理与宽恕意向交互项对因变量心理困扰影响显著（B=0.080，p<0.05，95% CI［0.015，0.146］）（见表 7-3）。假设 1a "宽恕意向在辱虐管理对心理困扰影响中起到调节作用"得到验证。

表 7-3　　　　宽恕意向在辱虐管理与心理困扰间的调节效应

变量	因变量：心理困扰						
	B	SE	t	p	95% LLCI	95% ULCI	R^2
常数项	2.346	0.342	6.858	0.000	1.672	3.021	
控制变量							
性别	-0.129	0.081	-1.596	0.112	-0.288	0.030	
年龄	-0.006	0.050	-0.128	0.899	-0.104	0.092	
文化程度	0.061	0.062	0.978	0.329	-0.062	0.183	
工作年限	0.043	0.048	0.894	0.372	-0.052	0.137	
企业性质	0.088	0.088	1.000	0.318	-0.085	0.260	
岗位属性	-0.046	0.090	-0.514	0.608	-0.224	0.131	
自变量							
辱虐管理	0.047	0.140	0.335	0.738	-0.230	0.324	
调节变量							
宽恕意向	-0.173	0.079	-2.174	0.031	-0.329	-0.016	
交互项							
辱虐管理×宽恕意向	0.080	0.033	2.407	0.017	0.015	0.146	
ΔR^2 interaction term［F =5.794］							0.017*
R^2［F=13.055］							0.350***

注：n=228。*p<0.05；**p<0.01；***p<0.001。Unstandardized coefficients（B）。LLCI= lower level confidence interval；ULCI= upper level confidence interval。

不同水平宽恕意向下，辱虐管理对心理困扰的影响效应存在差异。当宽恕意向较低时，辱虐管理对心理困扰影响显著（effect=0.226，p<0.01，95% CI［0.084，0.369］）。当宽恕意向居中时，辱虐管理对心理困扰影响显著（effect=0.311，p<0.001，95% CI［0.218，0.404］）。当宽恕意向较高时，辱虐管理对心理困扰影响显著（effect=0.396，p<0.001，95% CI［0.315，0.478］）（见表 7-4）。

表7-4　　不同水平宽恕意向下辱虐管理对心理困扰的影响效应

变量	宽恕意向	效应	SE	t	p	95%	
						LLCI	ULCI
低宽恕意向（Mean−1 SD）	2.234	0.226	0.072	3.128	0.002	0.084	0.369
Average EFS	3.296	0.311	0.047	6.609	0.000	0.218	0.404
高宽恕意向（Mean +1 SD）	4.358	0.396	0.041	9.575	0.000	0.315	0.478

注：n = 228。LLCI= lower level confidence interval；ULCI= upper level confidence interval。Bootstrap sample size：1000。

宽恕行动能够调节辱虐管理与心理困扰的关系。本研究采用偏相关法进行1 000次bootstrapping，抽样结果显示，辱虐管理与宽恕行动交互项对因变量心理困扰影响显著（B=0.162，p<0.01，95% CI ［0.050，0.274］）（见表7-5）。假设1b"宽恕行动在辱虐管理对心理困扰影响中起到调节作用"得到验证。

表7-5　　宽恕行动在辱虐管理与心理困扰间的调节效应

变量	因变量：心理困扰						
	B	SE	t	p	95% LLCI	95% ULCI	R^2
常数项	2.938	0.453	6.485	0.000	2.045	3.832	
控制变量							
性别	−0.132	0.081	−1.639	0.103	−0.291	0.027	
年龄	0.002	0.049	0.049	0.961	−0.095	0.099	
文化程度	0.050	0.061	0.808	0.420	−0.071	0.170	
工作年限	0.037	0.047	0.771	0.441	−0.057	0.130	
企业性质	0.078	0.087	0.898	0.370	−0.093	0.249	
岗位属性	−0.029	0.090	−0.327	0.744	−0.207	0.148	
自变量							
辱虐管理	−0.221	0.211	−1.050	0.295	−0.637	0.194	
调节变量							
宽恕行动	−0.339	0.114	−2.974	0.003	−0.564	−0.114	
交互项							
辱虐管理×宽恕行动	0.162	0.057	2.845	0.005	0.050	0.274	
ΔR^2 interaction term ［F =8.092］							0.024**
R^2 ［F=13.584］							0.359***

注：n=228。*p<0.05；**p<0.01；***p<0.001。Unstandardized coefficients（B）。LLCI= lower level confidence interval；ULCI= upper level confidence interval。

不同水平宽恕行动下，辱虐管理对心理困扰的影响效应存在差异。当宽恕行动较低时，辱虐管理对心理困扰影响显著（effect=0.214，p<0.01，95% CI［0.083，0.345］）。当宽恕行动居中时，辱虐管理对心理困扰影响显著（effect=0.339，p<0.001，95% CI［0.260，0.418］）。当宽恕行动较高时，辱虐管理对心理困扰影响显著（effect=0.464，p<0.001，95% CI［0.363，0.566］）（见表7-6）。

表7-6　　不同水平宽恕行动下辱虐管理对心理困扰的影响效应

变量	宽恕行动	效应	SE	t	p	95%	
						LLCI	ULCI
低宽恕行动（Mean−1 SD）	2.693	0.214	0.067	3.221	0.002	0.083	0.345
Average EFS	3.466	0.339	0.040	8.463	0.000	0.260	0.418
高宽恕行动（Mean +1 SD）	4.239	0.464	0.052	9.019	0.000	0.363	0.566

注：n = 228。LLCI= lower level confidence interval；ULCI= upper level confidence interval。Bootstrap sample size：1000。

宽恕行为的宽恕意向和宽恕行动两个维度都能够调节辱虐管理对心理困扰的影响。因此，假设1"宽恕行为在辱虐管理对心理困扰影响中起到调节作用"得到验证。

2.宽恕行为与辱虐管理交互作用通过心理困扰对工作—家庭冲突影响检验

宽恕意向能够在以心理困扰为中介的辱虐管理对工作—家庭冲突影响中的第一阶段起到调节作用。本研究采用偏相关法进行1 000次bootstrapping，抽样结果显示，辱虐管理与宽恕意向交互项对中介变量心理困扰影响显著（B=0.080，p<0.05，95% CI［0.015，0.146］）（见表7-7）。辱虐管理对工作—家庭冲突的直接效应不显著（B=0.099，p=0.094，95%置信区间包括0（95% CI［−0.017，0.215］））。中介变量心理困扰对因变量工作—家庭冲突影响显著（B=0.377，p<0.001，95% CI［0.209，0.545］）。

表7-7 宽恕意向对以心理困扰为中介的辱虐管理对工作—家庭冲突影响中的第一阶段调节效应结果

变量	心理困扰						工作—家庭冲突					
	B	SE	t	p	95% LLCI	95% ULCI	B	SE	t	p	95% LLCI	95% ULCI
常数项	2.346	0.342	6.858	0.000	1.672	3.021	1.418	0.287	4.947	0.000	0.853	1.984
控制变量												
性别	-0.129	0.081	-1.596	0.112	-0.288	0.030	-0.142	0.101	-1.406	0.161	-0.342	0.057
年龄	-0.006	0.050	-0.128	0.899	-0.104	0.092	0.119	0.063	1.887	0.061	-0.005	0.243
文化程度	0.061	0.062	0.978	0.329	-0.062	0.183	0.010	0.079	0.122	0.903	-0.145	0.165
工作年限	0.043	0.048	0.894	0.372	-0.052	0.137	0.023	0.061	0.386	0.700	-0.096	0.143
企业性质	0.088	0.088	1.000	0.318	-0.085	0.260	-0.117	0.111	-1.054	0.293	-0.334	0.101
岗位属性	-0.046	0.090	-0.514	0.608	-0.224	0.131	0.097	0.115	0.846	0.398	-0.129	0.323
自变量												
辱虐管理	0.047	0.140	0.335	0.738	-0.230	0.324	0.099	0.059	1.684	0.094	-0.017	0.215
中介变量												
心理困扰							0.377	0.085	4.433	0.000	0.209	0.545
调节变量												
宽恕意向	-0.173	0.079	-2.174	0.031	-0.329	-0.016						
交互项												
辱虐管理×宽恕意向	0.080	0.033	2.407	0.017	0.015	0.146						
R^2	0.350						0.234					
F	13.055***						8.347***					

注：n=228。*p<0.05；**p<0.01；***p<0.001。

不同水平宽恕意向下，心理困扰在辱虐管理对工作—家庭冲突影响中的中介效应存在差异。当宽恕意向较低时，心理困扰在辱虐管理对工作—家庭冲突影响中的中介效应显著（effect=0.085，95% CI［0.016，0.172］）。当宽恕意向居中时，心理困扰在辱虐管理对工作—家庭冲突影响中的中介效应显著（effect=0.117，95% CI［0.060，0.197］）。当宽恕意向较高时，心理困扰在辱虐管理对工作—家庭冲突影响中的中介效应显著（effect=0.150，95% CI［0.086，0.231］）（见表7-8）。有调节的中介效应显著（Index=0.030，SE=0.030，95% CI［0.004，0.064］）。假设2a"宽恕意向与辱虐管理交互作用通过心理困扰影响工作—家庭冲突"得到验证。

表7-8　　　　　　第一阶段调节模型宽恕意向高低分组下

心理困扰中介效应对比结果

变量	宽恕意向	效应	SE	95%	
				LLCI	ULCI
低宽恕意向 （Mean-1 SD）	2.234	0.085	0.040	0.016	0.172
Average EFS	3.296	0.117	0.036	0.060	0.197
高宽恕意向 （Mean +1 SD）	4.358	0.150	0.038	0.086	0.231

注：n = 228。LLCI= lower level confidence interval；ULCI= upper level confidence interval。Bootstrap sample size：1000。

宽恕行动能够在以心理困扰为中介的辱虐管理对工作—家庭冲突影响中的第一阶段起到调节作用。本研究采用偏相关法进行1 000次bootstrapping，抽样结果显示，辱虐管理与宽恕行动交互项对中介变量心理困扰影响显著（B=0.162，p<0.01，95% CI［0.050，0.274］）（见表7-9）。辱虐管理对工作—家庭冲突的直接效应不显著（B=0.099，p=0.094，95%置信区间包括0（95% CI［-0.017，0.215]））。中介变量心理困扰对因变量工作—家庭冲突影响显著（B=0.377，p<0.001，95% CI［0.209，0.545］）。

表7-9 宽恕行动对以心理困扰为中介的辱虐管理对工作—家庭冲突影响中的第一阶段调节效应结果

变量	心理困扰						工作—家庭冲突					
	B	SE	t	p	95% LLCI	95% ULCI	B	SE	t	p	95% LLCI	95% ULCI
常数项	2.938	0.453	6.485	0.000	2.045	3.832	1.418	0.287	4.947	0.000	0.853	1.984
控制变量												
性别	-0.132	0.081	-1.639	0.103	-0.291	0.027	-0.142	0.101	-1.406	0.161	-0.342	0.057
年龄	0.002	0.049	0.049	0.961	-0.095	0.099	0.119	0.063	1.887	0.061	-0.005	0.243
文化程度	0.050	0.061	0.808	0.420	-0.071	0.170	0.010	0.079	0.122	0.903	-0.145	0.165
工作年限	0.037	0.047	0.771	0.441	-0.057	0.130	0.023	0.061	0.386	0.700	-0.096	0.143
企业性质	0.078	0.087	0.898	0.370	-0.093	0.249	-0.117	0.111	-1.054	0.293	-0.334	0.101
岗位属性	-0.029	0.090	-0.327	0.744	-0.207	0.148	0.097	0.115	0.846	0.398	-0.129	0.323
自变量												
辱虐管理	-0.221	0.211	-1.050	0.295	-0.637	0.194	0.099	0.059	1.684	0.094	-0.017	0.215
中介变量												
心理困扰							0.377	0.085	4.433	0.000	0.209	0.545
调节变量												
宽恕行动	-0.339	0.114	-2.974	0.003	-0.564	-0.114						
交互项												
辱虐管理×宽恕行动	0.162	0.057	2.845	0.005	0.050	0.274						
R^2	0.359						0.234					
F	13.584***						8.347***					

注：n = 228。*p<0.05；**p<0.01；***p<0.001。

不同水平宽恕行动下，心理困扰在辱虐管理对工作—家庭冲突影响中的中介效应存在差异。当宽恕行动较低时，心理困扰在辱虐管理对工作—家庭冲突影响中的中介效应显著（effect=0.081，95% CI［0.006，0.166］）。当宽恕行动居中时，心理困扰在辱虐管理对工作—家庭冲突影响中的中介效应显著（effect=0.128，95% CI［0.065，0.194］）。当宽恕行动较高时，心理困扰在辱虐管理对工作—家庭冲突影响中的中介效应显著（effect=0.175，95% CI［0.095，0.255］）（见表7-10）。有调节的中介效应显著（Index=0.061，SE=0.030，95% CI［0.014，0.136］）。假设2b"宽恕行动与辱虐管理交互作用通过心理困扰影响工作—家庭冲突"得到验证。

表7-10　　　　第一阶段调节模型宽恕行动高低分组下

心理困扰中介效应对比结果

变量	宽恕行动	效应	SE	95%	
				LLCI	ULCI
低宽恕行动（Mean−1 SD）	2.693	0.081	0.042	0.006	0.166
Average EFS	3.466	0.128	0.035	0.065	0.194
高宽恕行动（Mean +1 SD）	4.239	0.175	0.042	0.095	0.255

注：n = 228。LLCI= lower level confidence interval；ULCI= upper level confidence interval。Bootstrap sample size：1000。

宽恕行为的宽恕意向和宽恕行动两个维度在以心理困扰为中介的辱虐管理对工作—家庭冲突影响中的第一阶段有调节的中介作用都显著。因此，假设2"宽恕行为与辱虐管理交互作用通过心理困扰影响工作—家庭冲突"得到验证。

3.宽恕行为对直接效应和第一阶段路径调节效应检验

本研究利用SPSS中的PROCESS宏插件，采用bootstrapping抽样法，选择模型8（Hayes，2018），对宽恕行为的宽恕意向和宽恕行动两个维度在以心理困扰为中介的辱虐管理对工作—家庭冲突影响中的第一阶段和直接效应路径调节效应进行分析。研究结果表明，宽恕意向和宽恕行动两个维度在以心理困扰为中介的辱虐管理对工作—家庭冲突影响中的第一阶段和直接效应路径都起到调节作用。

宽恕意向能够同时调节以心理困扰为中介的辱虐管理对工作—家庭冲突影响中的第一阶段和直接效应路径。本研究采用偏相关法进行1 000次bootstrapping，抽样结果显示，自变量辱虐管理对中介变量心理困扰影响不显著（B=0.047，p=0.738，95% CI［-0.230，0.324］），调节变量宽恕意向对中介变量心理困扰影响显著（B=-0.173，p<0.05，95% CI［-0.329，-0.016］），辱虐管理与宽恕意向交互项对中介变量心理困扰影响显著（B=0.080，p<0.05，95% CI［0.015，0.146］（见表7-11）。在结果变量工作—家庭冲突对自变量辱虐管理、中介变量心理困扰、调节变量宽恕意向、辱虐管理与宽恕意向交互项bootstrapping抽样回归结果中，自变量辱虐管理对因变量工作—家庭冲突影响不显著（B=-0.238，p=0.181，95% CI［-0.588，0.112］），中介变量心理困扰对因变量工作—家庭冲突影响显著（B=0.351，p<0.001，95% CI［0.182，0.520］），调节变量宽恕意向对因变量工作—家庭冲突影响不显著（B=-0.125，p=0.218，95% CI［-0.325，0.075］），辱虐管理与宽恕意向交互项对因变量工作—家庭冲突影响不显著（B=0.083，p=0.054，95% CI［-0.001，0.167］）。

不同水平宽恕意向下，辱虐管理对工作—家庭冲突的直接效应存在显著差异。当宽恕意向较低时，辱虐管理对工作—家庭冲突影响的直接效应不显著（effect=-0.053，p=0.569，95% CI［-0.237，0.131］）。当宽恕意向居中时，辱虐管理对工作—家庭冲突影响的直接效应不显著（effect=0.035，p=0.596，95% CI［-0.094，0.163］）。当宽恕意向较高时，辱虐管理对工作—家庭冲突影响的直接效应不显著（effect=0.123，p=0.051，95% CI［-0.001，0.245］）（见表7-12）。由此证明，宽恕意向在辱虐管理与工作—家庭冲突间起到调节作用。

表7-11 宽恕意向对以心理困扰为中介的辱虐管理对工作—家庭冲突影响中的第一阶段和直接效应调节结果

变量	心理困扰						工作—家庭冲突					
	B	SE	t	p	95% LLCI	95% ULCI	B	SE	t	p	95% LLCI	95% ULCI
常数项	2.346	0.342	6.858	0.000	1.672	3.021	1.948	0.477	4.085	0.000	1.008	2.888
控制变量												
性别	-0.129	0.081	-1.596	0.112	-0.288	0.030	-0.186	0.103	-1.815	0.071	-0.388	0.016
年龄	-0.006	0.050	-0.128	0.899	-0.104	0.092	0.113	0.063	1.800	0.073	-0.011	0.237
文化程度	0.061	0.062	0.978	0.329	-0.062	0.183	0.031	0.079	0.395	0.693	-0.124	0.186
工作年限	0.043	0.048	0.894	0.372	-0.052	0.137	0.042	0.061	0.692	0.490	-0.078	0.162
企业性质	0.088	0.088	1.000	0.318	-0.085	0.260	-0.082	0.111	-0.734	0.464	-0.300	0.137
岗位属性	-0.046	0.090	-0.514	0.608	-0.224	0.131	0.103	0.114	0.904	0.367	-0.122	0.328
自变量												
辱虐管理	0.047	0.140	0.335	0.738	-0.230	0.324	-0.238	0.178	-1.341	0.181	-0.588	0.112
中介变量												
心理困扰							0.351	0.086	4.098	0.000	0.182	0.520
调节变量												
宽恕意向	-0.173	0.079	-2.174	0.031	-0.329	-0.016	-0.125	0.102	-1.235	0.218	-0.325	0.075
交互项												
辱虐管理×宽恕意向	0.080	0.033	2.407	0.017	0.015	0.146	0.083	0.043	1.940	0.054	-0.001	0.167
R^2	0.350						0.251					
F	13.055***						7.264***					

注：n = 228。*p<0.05；**p<0.01；***p<0.001。

表7-12　　以心理困扰为中介的宽恕意向高低分组下直接效应对比结果

变量	宽恕意向	效应	SE	t	p	95%	
						LLCI	ULCI
低宽恕意向（Mean−1 SD）	2.234	−0.053	0.093	−0.570	0.569	−0.237	0.131
Average EFS	3.296	0.035	0.065	0.530	0.596	−0.094	0.163
高宽恕意向（Mean +1 SD）	4.358	0.123	0.062	1.963	0.051	−0.001	0.245

注：n = 228。LLCI= lower level confidence interval；ULCI= upper level confidence interval。Bootstrap sample size：1000。

不同水平宽恕意向下，心理困扰在辱虐管理对工作—家庭冲突影响中的中介效应差异显著。当宽恕意向较低时，心理困扰在辱虐管理对工作—家庭冲突影响中的间接效应显著（effect=0.079，95% CI［0.018，0.172］）。当宽恕意向居中时，心理困扰在辱虐管理对工作—家庭冲突影响中的中介效应显著（effect=0.109，95% CI［0.048，0.188］）。当宽恕意向较高时，心理困扰在辱虐管理对工作—家庭冲突影响中的中介效应显著（effect=0.139，95% CI［0.067，0.219］）（见表7-13）。有调节的中介效应显著（Index=0.028，SE=0.014，95% CI［0.005，0.059］）。这说明，宽恕意向能够同时调节以心理困扰为中介的辱虐管理对工作—家庭冲突影响中的第一阶段和直接效应路径。假设3a"在以心理困扰为中介的辱虐管理对工作—家庭冲突影响中，宽恕意向同时调节辱虐管理对工作—家庭冲突的直接效应路径，以及第一阶段路径即辱虐管理对心理困扰影响"得到验证。

表7-13　　第一阶段和直接效应同时调节模型宽恕意向

高低分组下心理困扰中介效应对比结果

变量	宽恕意向	效应	SE	95%	
				LLCI	ULCI
低宽恕意向（Mean−1 SD）	2.234	0.079	0.040	0.018	0.172
Average EFS	3.296	0.109	0.036	0.048	0.188
高宽恕意向（Mean +1 SD）	4.358	0.139	0.038	0.067	0.219

注：n = 228。LLCI= lower level confidence interval；ULCI= upper level confidence interval。Bootstrap sample size：1000。

宽恕行动能够同时调节以心理困扰为中介的辱虐管理对工作—家庭冲突影响中的第一阶段和直接效应路径。本研究采用偏相关法进行1 000次bootstrapping，抽样结果显示，自变量辱虐管理对中介变量心理困扰影响不显著（B=-0.221，p=0.295，95% CI［-0.637，0.194］），调节变量宽恕行动对中介变量心理困扰影响显著（B=-0.339，p<0.01，95% CI［-0.564，-0.114］），辱虐管理与宽恕行动交互项对中介变量心理困扰影响显著（B=0.162，p<0.01，95% CI［0.050，0.274］（见表7-14）。在结果变量工作—家庭冲突对自变量辱虐管理、中介变量心理困扰、调节变量宽恕行动、辱虐管理与宽恕行动交互项bootstrapping抽样回归结果中，自变量辱虐管理对因变量工作—家庭冲突影响不显著（B=-0.220，p=0.416，95% CI［-0.752，0.312］），中介变量心理困扰对因变量工作—家庭冲突影响显著（B=0.365，p<0.001，95% CI［0.194，0.535］），调节变量宽恕行动对因变量工作—家庭冲突影响不显著（B=-0.075，p=0.614，95% CI［-0.368，0.218］），辱虐管理与宽恕行动交互项对因变量工作—家庭冲突影响不显著（B=0.090，p=0.225，95% CI［-0.056，0.236］）。

不同水平宽恕行动下，辱虐管理对工作—家庭冲突影响的直接效应存在显著差异。当宽恕行动较低时，辱虐管理对工作—家庭冲突影响的直接效应不显著（effect=0.022，p=0.797，95% CI［-0.149，0.194］）。当宽恕行动居中时，辱虐管理对工作—家庭冲突影响的直接效应不显著（effect=0.092，p=0.121，95% CI［-0.024，0.208］）。当宽恕行动较高时，辱虐管理对工作—家庭冲突影响的直接效应显著（effect=0.162，p<0.05，95% CI［0.010，0.313］）（见表7-15）。由此证明，宽恕行动在辱虐管理与工作—家庭冲突间起到调节作用。

不同水平宽恕行动下，心理困扰在辱虐管理对工作—家庭冲突影响中的中介效应差异显著。当宽恕行动较低时，心理困扰在辱虐管理对工作—家庭冲突影响中的间接效应显著（effect=0.078，95% CI［0.010，0.171］）。当宽恕行动居中时，心理困扰在辱虐管理对工作—家庭冲突影响中的中介效应显著（effect=0.124，95% CI［0.059，0.199］）。当宽恕行动较高时，心理困扰在辱虐管理对工作—家庭冲突影响中的中介

表7-14 宽恕行动对以心理困扰为中介的辱虐管理对工作—家庭冲突影响中的第一阶段和直接效应调节结果

变量	心理困扰						工作—家庭冲突					
	B	SE	t	p	95% LLCI	95% ULCI	B	SE	t	p	95% LLCI	95% ULCI
常数项	2.938	0.453	6.485	0.000	2.045	3.832	1.721	0.632	2.723	0.007	0.475	2.967
控制变量												
性别	-0.132	0.081	-1.639	0.103	-0.291	0.027	-0.182	0.104	-1.757	0.080	-0.386	0.022
年龄	0.002	0.049	0.049	0.961	-0.095	0.099	0.120	0.063	1.907	0.058	-0.004	0.244
文化程度	0.050	0.061	0.808	0.420	-0.071	0.170	0.011	0.078	0.142	0.888	-0.143	0.166
工作年限	0.037	0.047	0.771	0.441	-0.057	0.130	0.031	0.061	0.508	0.612	-0.089	0.150
企业性质	0.078	0.087	0.898	0.370	-0.093	0.249	-0.091	0.111	-0.817	0.415	-0.310	0.128
岗位属性	-0.029	0.090	-0.327	0.744	-0.207	0.148	0.106	0.115	0.925	0.356	-0.120	0.333
自变量												
辱虐管理	-0.221	0.211	-1.050	0.295	-0.637	0.194	-0.220	0.270	-0.815	0.416	-0.752	0.312
中介变量												
心理困扰							0.365	0.087	4.217	0.000	0.194	0.535
调节变量												
宽恕行动	-0.339	0.114	-2.974	0.003	-0.564	-0.114	-0.075	0.149	-0.505	0.614	-0.368	0.218
交互项												
辱虐管理×宽恕行动	0.162	0.057	2.845	0.005	0.050	0.274	0.090	0.074	1.217	0.225	-0.056	0.236
R^2	0.359						0.246					
F	13.584***						7.077***					

注：n=228。*p<0.05；**p<0.01；***p<0.001。

表7-15　　以心理困扰为中介的宽恕行动高低分组下直接效应对比结果

变量	宽恕行动	效应	SE	t	p	95%	
						LLCI	ULCI
低宽恕行动（Mean-1 SD）	2.693	0.022	0.087	0.257	0.797	-0.149	0.194
Average EFS	3.466	0.092	0.059	1.557	0.121	-0.024	0.208
高宽恕行动（Mean +1 SD）	4.239	0.162	0.077	2.096	0.037	0.010	0.313

注：n = 228。LLCI= lower level confidence interval；ULCI= upper level confidence interval。Bootstrap sample size：1000。

效应显著（effect=0.169，95% CI［0.084，0.271］）（见表7-16）。有调节的中介效应显著（Index=0.059，SE=0.029，95% CI［0.014，0.132］）。这说明宽恕行动能够同时调节以心理困扰为中介的辱虐管理对工作—家庭冲突影响中的第一阶段和直接效应路径。假设3b"在以心理困扰为中介的辱虐管理对工作—家庭冲突影响中，宽恕行动同时调节辱虐管理对工作—家庭冲突的直接效应路径，以及第一阶段路径即辱虐管理对心理困扰影响"得到验证。

表7-16　第一阶段和直接效应同时调节模型宽恕行动高低分组下

心理困扰中介效应对比结果

变量	宽恕行动	效应	SE	95%	
				LLCI	ULCI
低宽恕行动（Mean-1 SD）	2.693	0.078	0.041	0.010	0.171
Average EFS	3.466	0.124	0.037	0.059	0.199
高宽恕行动（Mean +1 SD）	4.239	0.169	0.045	0.084	0.271

注：n = 228。LLCI= lower level confidence interval；ULCI= upper level confidence interval。Bootstrap sample size：1000。

在以心理困扰为中介的辱虐管理对工作—家庭冲突影响中，宽恕行为的宽恕意向和宽恕行动两个维度都能够同时调节第一阶段和直接效应路径。因此，假设3"在以心理困扰为中介的辱虐管理对工作—家庭冲突影响中，宽恕行为同时调节辱虐管理对工作—家庭冲突的直接效应路径，以及第一阶段路径即辱虐管理对心理困扰影响"得到验证。

7.3.4 宽恕行为在以心理困扰为中介的辱虐管理对工作—家庭冲突影响中的第二阶段调节效应检验

1.宽恕行为在心理困扰与工作—家庭冲突间的调节作用检验

本研究使用 bootstrapping，利用 SPSS 中的 PROCESS 宏插件（Hayes，2018）对宽恕行为的宽恕意向和宽恕行动两个维度对心理困扰与工作—家庭冲突关系的调节效应进行分析。研究结果表明，宽恕意向和宽恕行动在心理困扰与工作—家庭冲突关系间都起到调节作用。

宽恕意向能够调节心理困扰与工作—家庭冲突的关系。本研究采用偏相关法进行 1 000 次 bootstrapping，抽样结果显示，心理困扰与宽恕意向交互项对因变量工作—家庭冲突影响在 90% 置信区间下显著（B=0.099，p<0.1，95% CI ［−0.018，0.217］）（见表7-17）。假设4a "宽恕意向在心理困扰对工作—家庭冲突影响中起到调节作用" 得到验证。

表7-17　宽恕意向在心理困扰与工作—家庭冲突间的调节效应

变量	因变量：工作—家庭冲突						
	B	SE	t	p	95% LLCI	95% ULCI	R^2
常数项	2.070	0.627	3.301	0.001	0.834	3.307	
控制变量							
性别	−0.170	0.102	−1.657	0.099	−0.371	0.032	
年龄	0.124	0.063	1.972	0.050	0.000	0.248	
文化程度	0.039	0.079	0.491	0.624	−0.117	0.194	
工作年限	0.033	0.061	0.539	0.591	−0.087	0.152	
企业性质	−0.071	0.108	−0.659	0.511	−0.284	0.142	
岗位属性	0.080	0.114	0.703	0.483	−0.145	0.305	
自变量							
心理困扰	0.082	0.228	0.358	0.721	−0.369	0.532	
调节变量							
宽恕意向	−0.190	0.159	−1.196	0.233	−0.503	0.123	
交互项							
心理困扰×宽恕意向	0.099	0.060	1.663	0.098	−0.018	0.217	
ΔR^2 interaction term ［F = 2.765］							0.010†
R^2 ［F=7.657］							0.240***

注：n=228。†p<0.1；*p<0.05；**p<0.01；***p<0.001。Unstandardized coefficients（B）。LLCI= lower level confidence interval；ULCI= upper level confidence interval。

不同水平宽恕意向下，心理困扰对工作—家庭冲突的影响效应存在差异。当宽恕意向较低时，心理困扰对工作—家庭冲突影响显著（effect=0.304，p<0.01，95% CI［0.087，0.521］）。当宽恕意向居中时，心理困扰对工作—家庭冲突影响显著（effect=0.409，p<0.001，95% CI［0.262，0.557］）。当宽恕意向较高时，心理困扰对工作—家庭冲突影响显著（effect=0.515，p<0.001，95% CI［0.349，0.681］）（见表7-18）。

表7-18　　　　　不同水平宽恕意向下心理困扰对
工作—家庭冲突的影响效应

变量	宽恕意向	效应	SE	t	p	95%	
						LLCI	ULCI
低宽恕意向（Mean-1 SD）	2.234	0.304	0.110	2.758	0.006	0.087	0.521
Average EFS	3.296	0.409	0.075	5.472	0.000	0.262	0.557
高宽恕意向（Mean +1 SD）	4.358	0.515	0.084	6.098	0.000	0.349	0.681

注：n = 228。LLCI= lower level confidence interval；ULCI= upper level confidence interval。Bootstrap sample size：1000。

宽恕行动能够调节心理困扰与工作—家庭冲突的关系。本研究采用偏相关法进行1 000次bootstrapping，抽样结果显示，心理困扰与宽恕行动交互项对因变量工作—家庭冲突影响在90%置信区间下显著（B=0.148，p<0.1，95% CI［-0.013，0.309］）（见表7-19）。假设4b"宽恕行动在心理困扰对工作—家庭冲突影响中起到调节作用"得到验证。

不同水平宽恕行动下，心理困扰对工作—家庭冲突的影响存在差异。当宽恕行动较低时，心理困扰对工作—家庭冲突影响显著（effect=0.338，p<0.01，95% CI［0.141，0.534］）。当宽恕行动居中时，心理困扰对工作—家庭冲突影响显著（effect=0.452，p<0.001，95% CI［0.310，0.594］）。当宽恕行动较高时，心理困扰对工作—家庭冲突影响显著（effect=0.566，p<0.001，95% CI［0.385，0.747］）（见表7-20）。

表7-19　宽恕行动在心理困扰与工作—家庭冲突间的调节效应

变量	因变量：工作—家庭冲突						
	B	SE	t	p	95% LLCI	95% ULCI	R²
常数项	2.693	0.338	0.100	3.388	0.001	0.141	
控制变量							
性别	-0.182	0.103	-1.767	0.079	-0.385	0.021	
年龄	0.134	0.063	2.129	0.034	0.010	0.258	
文化程度	0.031	0.079	0.389	0.698	-0.124	0.185	
工作年限	0.020	0.060	0.334	0.739	-0.099	0.139	
企业性质	-0.063	0.108	-0.582	0.561	-0.276	0.150	
岗位属性	0.085	0.114	0.741	0.460	-0.140	0.309	
自变量							
心理困扰	-0.060	0.298	-0.203	0.840	-0.648	0.527	
调节变量							
宽恕行动	-0.248	0.195	-1.268	0.206	-0.633	0.137	
交互项							
心理困扰×宽恕行动	0.148	0.082	1.808	0.072	-0.013	0.309	
ΔR^2 interaction term〔F =3.267〕							0.011†
R^2〔F=7.729〕							0.242***

注：n=228。† p <0.1；*p<0.05；**p<0.01；***p<0.001。Unstandardized coefficients（B）。LLCI= lower level confidence interval；ULCI= upper level confidence interval.

表7-20　　不同水平宽恕行动下心理困扰对
工作—家庭冲突的影响效应

变量	宽恕行动	效应	SE	t	p	95%	
						LLCI	ULCI
低宽恕行动（Mean-1 SD）	2.693	0.338	0.100	3.388	0.001	0.141	0.534
Average EFS	3.466	0.452	0.072	6.268	0.000	0.310	0.594
高宽恕行动（Mean +1 SD）	4.239	0.566	0.092	6.157	0.000	0.385	0.747

注：n = 228。LLCI= lower level confidence interval；ULCI= upper level confidence interval。Bootstrap sample size：1000。

宽恕行为的宽恕意向和宽恕行动两个维度都能够调节心理困扰对工作—家庭冲突的影响。因此，假设4"宽恕行为在心理困扰对工作—家庭冲突影响中起到调节作用"得到验证。

2.宽恕行为与心理困扰交互对辱虐管理与工作—家庭冲突的中介作用检验

本研究使用PROCESS宏插件，采用bootstrapping抽样1 000次，对宽恕行为的宽恕意向和宽恕行动两个维度在以心理困扰为中介的辱虐管理对工作—家庭冲突影响中的第二阶段调节效应进行分析。研究结果表明，辱虐管理通过心理困扰影响工作—家庭冲突，宽恕意向和宽恕行动都不能对第二阶段路径起到调节作用。

宽恕意向不能在以心理困扰为中介的辱虐管理对工作—家庭冲突影响中的第二阶段起到调节作用。本研究采用偏相关法进行1 000次bootstrapping，抽样结果显示，自变量辱虐管理对中介变量心理困扰影响显著（B=0.370，p<0.001，95% CI［0.293，0.448］）（见表7-21）。在结果变量工作—家庭冲突对自变量辱虐管理、中介变量心理困扰、调节变量宽恕意向、心理困扰与宽恕意向交互项bootstrapping抽样回归结果中，自变量辱虐管理对因变量工作—家庭冲突影响不显著（B=0.057，p=0.382，95% CI［-0.071，0.184］），中介变量心理困扰对因变量工作—家庭冲突影响不显著（B=0.118，p=0.613，95% CI［-0.340，0.575］），调节变量宽恕意向对因变量工作—家庭冲突影响不显著（B=-0.144，p=0.393，95% CI［-0.474，0.187］），心理困扰与宽恕意向交互项对因变量工作—家庭冲突影响不显著（B=0.078，p=0.230，95% CI［-0.050，0.205］）。

不同水平宽恕意向下，心理困扰在辱虐管理对工作—家庭冲突影响中的中介效应差异不显著。当宽恕意向较低时，心理困扰在辱虐管理对工作—家庭冲突影响中的间接效应显著（effect=0.108，95% CI［0.027，0.242］）。当宽恕意向居中时，心理困扰在辱虐管理对工作—家庭冲突影响中的中介效应显著（effect=0.139，95% CI［0.082，0.225］）。当宽恕意向较高时，心理困扰在辱虐管理对工作—家庭冲突影响中的中介效应显著（effect=0.169，95% CI［0.100，0.252］）（见表7-22）。有调节的中介效应不显著（Index=0.029，SE=0.026，95% CI［-0.024，0.077］）。假设5a"宽恕意向与心理困扰交互作用中介性地影响了辱虐管理与工作—家庭冲突的关系"未得到验证。

表7-21 宽恕意向对以心理困扰为中介的辱虐管理对工作—家庭冲突影响中的第二阶段调节效应结果

变量	心理困扰						工作—家庭冲突					
	B	SE	t	p	95% LLCI	95% ULCI	B	SE	t	p	95% LLCI	95% ULCI
常数项	1.717	0.196	8.777	0.000	1.331	2.102	1.936	0.646	2.996	0.003	0.662	3.209
控制变量												
性别	-0.095	0.080	-1.187	0.236	-0.252	0.063	-0.168	0.102	-1.637	0.103	-0.370	0.034
年龄	0.001	0.050	0.014	0.989	-0.098	0.099	0.121	0.063	1.916	0.057	-0.004	0.245
文化程度	0.046	0.062	0.739	0.461	-0.077	0.169	0.029	0.080	0.369	0.713	-0.128	0.186
工作年限	0.029	0.048	0.607	0.544	-0.065	0.124	0.032	0.061	0.529	0.598	-0.088	0.152
企业性质	0.065	0.088	0.742	0.459	-0.108	0.237	-0.094	0.111	-0.849	0.397	-0.314	0.125
岗位属性	-0.059	0.091	-0.653	0.515	-0.238	0.120	0.088	0.115	0.766	0.445	-0.138	0.314
自变量												
辱虐管理	0.370	0.039	9.414	0.000	0.293	0.448	0.057	0.065	0.876	0.382	-0.071	0.184
中介变量												
心理困扰							0.118	0.232	0.506	0.613	-0.340	0.575
调节变量												
宽恕意向							-0.144	0.168	-0.857	0.393	-0.474	0.187
交互项												
心理困扰×宽恕意向							0.078	0.065	1.203	0.230	-0.050	0.205
R^2	0.333						0.243					
F	15.686***						6.961***					

注：n = 228。*p<0.05; **p<0.01; ***p<0.001。

表7-22　　　　　第二阶段调节模型宽恕意向高低分组下

心理困扰中介效应对比结果

变量	宽恕意向	效应	SE	95%	
				LLCI	ULCI
低宽恕意向（Mean-1 SD）	2.234	0.108	0.053	0.027	0.242
Average EFS	3.296	0.139	0.037	0.082	0.225
高宽恕意向（Mean +1 SD）	4.358	0.169	0.037	0.100	0.252

注：n = 228。LLCI= lower level confidence interval；ULCI= upper level confidence interval。Bootstrap sample size：1 000。

宽恕行动不能在以心理困扰为中介的辱虐管理对工作—家庭冲突影响中的第二阶段起到调节作用。本研究采用偏相关法进行 1 000 次bootstrapping，抽样结果显示，自变量辱虐管理对中介变量心理困扰影响显著（B=0.370，p<0.001，95% CI［0.293，0.448］）（见表7-23）。在结果变量工作—家庭冲突对自变量辱虐管理、中介变量心理困扰、调节变量宽恕行动、心理困扰与宽恕行动交互项bootstrapping抽样回归结果中，自变量辱虐管理对因变量工作—家庭冲突影响不显著（B=0.082，p=0.175，95% CI［-0.037，0.200］），中介变量心理困扰对因变量工作—家庭冲突影响不显著（B=-0.036，p=0.903，95% CI［-0.624，0.551］），调节变量宽恕行动对因变量工作—家庭冲突影响不显著（B=-0.190，p=0.341，95% CI［-0.583，0.203］），心理困扰与宽恕行动交互项对因变量工作—家庭冲突影响不显著（B=0.123，p=0.142，95% CI［-0.042，0.288］）。

不同水平宽恕行动下，心理困扰在辱虐管理对工作—家庭冲突影响中的中介效应差异不显著。当宽恕行动较低时，心理困扰在辱虐管理对工作—家庭冲突影响中的间接效应显著（effect=0.109，95% CI［0.040，0.231］）。当宽恕行动居中时，心理困扰在辱虐管理对工作—家庭冲突影响中的中介效应显著（effect=0.145，95% CI［0.090，0.223］）。当宽恕行动较高时，心理困扰在辱虐管理对工作—家庭冲突影响中的中介效应显著（effect=0.180，95% CI［0.108，0.260］）（见表7-24）。有调节的中介效应不显著（Index=0.046，SE=0.035，95% CI［-0.037，0.099］）。假设5b"宽恕行动与心理困扰交互作用中介性地影响了辱虐管理与工作—家庭冲突的关系"未得到验证。

表7-23　宽恕行动对以心理困扰为中介的辱虐管理对工作—家庭冲突影响中的第二阶段调节效应结果

变量	心理困扰						工作—家庭冲突					
	B	SE	t	p	95% LLCI	95% ULCI	B	SE	t	p	95% LLCI	95% ULCI
常数项	1.717	0.196	8.777	0.000	1.331	2.102	2.084	0.765	2.725	0.007	0.577	3.592
控制变量												
性别	-0.095	0.080	-1.187	0.236	-0.252	0.063	-0.184	0.103	-1.787	0.075	-0.387	0.019
年龄	0.001	0.050	0.014	0.989	-0.098	0.099	0.127	0.063	2.021	0.045	0.003	0.252
文化程度	0.046	0.062	0.739	0.461	-0.077	0.169	0.021	0.079	0.261	0.794	-0.135	0.176
工作年限	0.029	0.048	0.607	0.544	-0.065	0.124	0.023	0.060	0.381	0.704	-0.096	0.142
企业性质	0.065	0.088	0.742	0.459	-0.108	0.237	-0.095	0.111	-0.860	0.391	-0.313	0.123
岗位属性	-0.059	0.091	-0.653	0.515	-0.238	0.120	0.093	0.114	0.819	0.414	-0.131	0.318
自变量												
辱虐管理	0.370	0.039	9.414	0.000	0.293	0.448	0.082	0.060	1.359	0.175	-0.037	0.200
中介变量												
心理困扰							-0.036	0.298	-0.122	0.903	-0.624	0.551
调节变量												
宽恕行动							-0.190	0.199	-0.954	0.341	-0.583	0.203
交互项												
心理困扰×宽恕行动							0.123	0.084	1.474	0.142	-0.042	0.288
R^2	0.333						0.248					
F	15.686***						7.168***					

注：n＝228。*p<0.05；**p<0.01；***p<0.001。

表7-24 　　　　　 第二阶段调节模型宽恕行动高低分组下

心理困扰中介效应对比结果

变量	宽恕行动	效应	SE	95%	
				LLCI	ULCI
低宽恕行动（Mean-1 SD）	2.693	0.109	0.049	0.040	0.231
Average EFS	3.466	0.145	0.034	0.090	0.223
高宽恕行动（Mean +1 SD）	4.239	0.180	0.037	0.108	0.260

注：n = 228。LLCI= lower level confidence interval；ULCI= upper level confidence interval。Bootstrap sample size：1000。

宽恕行为的宽恕意向和宽恕行动两个维度在以心理困扰为中介的辱虐管理对工作—家庭冲突影响中的第二阶段有调节的中介作用都不显著。因此，假设5"宽恕行为与心理困扰交互作用中介性地影响了辱虐管理与工作—家庭冲突的关系"未得到验证。

3.宽恕行为对直接效应和第二阶段路径的调节作用检验

本研究利用SPSS中的PROCESS宏插件，采用bootstrapping抽样法，选择模型15（Hayes，2018），对宽恕行为的宽恕意向和宽恕行动两个维度在以心理困扰为中介的辱虐管理对工作—家庭冲突影响中的第二阶段和直接效应路径调节效应进行分析。研究结果表明，宽恕意向和宽恕行动两个维度在以心理困扰为中介的辱虐管理对工作—家庭冲突影响中的第二阶段和直接效应路径没有同时起到调节作用。

宽恕意向不能够同时调节以心理困扰为中介的辱虐管理对工作—家庭冲突影响中的第二阶段和直接效应路径。本研究采用偏相关法进行1 000次bootstrapping，抽样结果显示，自变量辱虐管理对中介变量心理困扰影响显著（B=0.370，p<0.001，95% CI ［0.293，0.448］）（见表7-25）。在结果变量工作—家庭冲突对自变量辱虐管理、中介变量心理困扰、调节变量宽恕意向、心理困扰与宽恕意向交互项、辱虐管理与宽恕意向交互项bootstrapping抽样回归结果中，自变量辱虐管理对因变量工作—家庭冲突影响不显著（B=-0.221，p=0.253，95% CI ［-0.601，0.159］），中介变量心理困扰对因变量工作—家庭冲突影响不显著

表7-25 宽恕意向对以心理困扰为中介的辱虐管理对工作—家庭冲突影响中的第二阶段和直接效应调节结果

变量	心理困扰						工作—家庭冲突					
	B	SE	t	p	95% LLCI	95% ULCI	B	SE	t	p	95% LLCI	95% ULCI
常数项	1.717	0.196	8.777	0.000	1.331	2.102	2.048	0.648	3.159	0.002	0.770	3.326
控制变量												
性别	-0.095	0.080	-1.187	0.236	-0.252	0.063	-0.188	0.103	-1.823	0.070	-0.391	0.015
年龄	0.001	0.050	0.014	0.989	-0.098	0.099	0.114	0.063	1.805	0.073	-0.011	0.238
文化程度	0.046	0.062	0.739	0.461	-0.077	0.169	0.033	0.079	0.418	0.676	-0.123	0.190
工作年限	0.029	0.048	0.607	0.544	-0.065	0.124	0.042	0.061	0.691	0.490	-0.078	0.162
企业性质	0.065	0.088	0.742	0.459	-0.108	0.237	-0.081	0.111	-0.724	0.470	-0.300	0.139
岗位属性	-0.059	0.091	-0.653	0.515	-0.238	0.120	0.101	0.115	0.885	0.377	-0.124	0.327
自变量												
辱虐管理	0.370	0.039	9.414	0.000	0.293	0.448	-0.221	0.193	-1.147	0.253	-0.601	0.159
中介变量												
心理困扰							0.295	0.259	1.140	0.256	-0.215	0.805
调节变量												
宽恕意向							-0.156	0.167	-0.931	0.353	-0.485	0.174
交互项												
心理困扰×宽恕意向							0.017	0.076	0.228	0.820	-0.132	0.166
辱虐管理×宽恕意向							0.077	0.050	1.530	0.128	-0.022	0.176
R^2	0.333						0.251					
F	15.686***						6.580***					

注：n = 228。*p<0.05；**p<0.01；***p<0.001。

（B=0.295，p=0.256，95% CI ［-0.215，0.805］），调节变量宽恕意向对因变量工作—家庭冲突影响不显著（B=-0.156，p=0.353，95% CI ［-0.485，0.174］），心理困扰与宽恕意向交互项对因变量工作—家庭冲突影响不显著（B=0.017，p=0.820，95% CI ［-0.132，0.166］），辱虐管理与宽恕意向交互项对因变量工作—家庭冲突影响不显著（B=0.077，p=0.128，95% CI ［-0.022，0.176］）。

不同水平宽恕意向下，辱虐管理对工作—家庭冲突的直接效应不存在显著差异。当宽恕意向较低时，辱虐管理对工作—家庭冲突影响的直接效应不显著（effect=-0.050，p=0.601，95% CI ［-0.237，0.137］）。当宽恕意向居中时，辱虐管理对工作—家庭冲突影响的直接效应不显著（effect=0.032，p=0.634，95% CI ［-0.099，0.163］）。当宽恕意向较高时，辱虐管理对工作—家庭冲突影响的直接效应不显著（effect=0.113，p=0.129，95% CI ［-0.033，0.260］）（见表7-26）。

表7-26　以心理困扰为中介的宽恕意向高低分组下直接效应对比结果

变量	宽恕意向	效应	SE	t	p	95%	
						LLCI	ULCI
低宽恕意向（Mean-1 SD）	2.234	-0.050	0.095	-0.524	0.601	-0.237	0.137
Average EFS	3.296	0.032	0.067	0.477	0.634	-0.099	0.163
高宽恕意向（Mean +1 SD）	4.358	0.113	0.074	1.523	0.129	-0.033	0.260

注：n = 228。LLCI= lower level confidence interval；ULCI= upper level confidence interval。Bootstrap sample size：1000。

不同水平宽恕意向下，心理困扰在辱虐管理对工作—家庭冲突影响中的中介效应差异不显著。当宽恕意向较低时，心理困扰在辱虐管理对工作—家庭冲突影响中的间接效应显著（effect=0.124，95% CI ［0.029，0.254］）。当宽恕意向居中时，心理困扰在辱虐管理对工作—家庭冲突影响中的中介效应显著（effect=0.130，95% CI ［0.065，0.207］）。当宽恕意向较高时，心理困扰在辱虐管理对工作—家庭冲突影响中的中介效应显著（effect=0.137，95% CI ［0.055，0.214］）（见表7-27）。有调节的中介效应不显著（Index=0.006，SE=0.033，95% CI ［-0.066，0.063］）。这说明宽恕意向不能够调节以心理困扰为中介的辱虐管理对工作—家庭冲突影响中的第二阶段路径。假设6b "在以心理困扰为中介的辱虐管理对工作—家庭冲突影响中，宽恕行动同时调节辱虐管理对工作—家庭冲突的直接效应路径，以及第二阶段路径即心理困扰对工作—家庭冲突影响" 被拒绝。

表 7-27　　第二阶段和直接效应同时调节模型宽恕意向高低
分组下心理困扰中介效应对比结果

变量	宽恕意向	效应	SE	95%	
				LLCI	ULCI
低宽恕意向（Mean−1 SD）	2.234	0.124	0.060	0.029	0.254
Average EFS	3.296	0.130	0.038	0.065	0.207
高宽恕意向（Mean +1 SD）	4.358	0.137	0.041	0.055	0.214

注：n = 228。LLCI= lower level confidence interval；ULCI= upper level confidence interval。Bootstrap sample size：1000。

宽恕行动不能够同时调节以心理困扰为中介的辱虐管理对工作—家庭冲突影响中的第二阶段和直接效应路径。本研究采用偏相关法进行1 000次bootstrapping，抽样结果显示，自变量辱虐管理对中介变量心理困扰影响显著（B=0.370，p<0.001，95% CI ［0.293，0.448］）（见表7-28）。在结果变量工作—家庭冲突对自变量辱虐管理、中介变量心理困扰、调节变量宽恕行动、心理困扰与宽恕行动交互项、辱虐管理与宽恕行动交互项bootstrapping抽样回归结果中，自变量辱虐管理对因变量工作—家庭冲突影响不显著（B=−0.100，p=0.735，95% CI ［−0.678，0.479］），中介变量心理困扰对因变量工作—家庭冲突影响不显著（B=0.041，p=0.899，95% CI ［−0.595，0.678］），调节变量宽恕行动对因变量工作—家庭冲突影响不显著（B=−0.226，p=0.278，95% CI ［−0.635，0.183］），心理困扰与宽恕行动交互项对因变量工作—家庭冲突影响不显著（B=0.097，p=0.300，95% CI ［−0.087，0.281］），辱虐管理与宽恕行动交互项对因变量工作—家庭冲突影响不显著（B=0.052，p=0.530，95% CI ［−0.111，0.215］）。

表7-28 宽恕行动对以心理困扰为中介的辱虐管理对工作—家庭冲突影响中的第二阶段和直接效应调节结果

变量	心理困扰						工作—家庭冲突					
	B	SE	t	p	95% LLCI	95% ULCI	B	SE	t	p	95% LLCI	95% ULCI
常数项	1.717	0.196	8.777	0.000	1.331	2.102	2.237	0.803	2.785	0.006	0.654	3.820
控制变量												
性别	-0.095	0.080	-1.187	0.236	-0.252	0.063	-0.193	0.104	-1.856	0.065	-0.398	0.012
年龄	0.001	0.050	0.014	0.989	-0.098	0.099	0.126	0.063	1.998	0.047	0.002	0.251
文化程度	0.046	0.062	0.739	0.461	-0.077	0.169	0.020	0.079	0.247	0.805	-0.136	0.175
工作年限	0.029	0.048	0.607	0.544	-0.065	0.124	0.027	0.061	0.438	0.662	-0.093	0.146
企业性质	0.065	0.088	0.742	0.459	-0.108	0.237	-0.090	0.111	-0.807	0.421	-0.308	0.129
岗位属性	-0.059	0.091	-0.653	0.515	-0.238	0.120	0.101	0.115	0.881	0.379	-0.125	0.328
自变量												
辱虐管理	0.370	0.039	9.414	0.000	0.293	0.448	-0.100	0.294	-0.339	0.735	-0.678	0.479
中介变量												
心理困扰							0.041	0.323	0.128	0.899	-0.595	0.678
调节变量												
宽恕行动							-0.226	0.208	-1.088	0.278	-0.635	0.183
交互项												
心理困扰×宽恕行动							0.097	0.093	1.040	0.300	-0.087	0.281
辱虐管理×宽恕行动							0.052	0.083	0.630	0.530	-0.111	0.215
R²	0.333						0.250					
F	15.686***						6.534***					

注：n=228。*p<0.05；**p<0.01；***p<0.001。

不同水平宽恕行动下，辱虐管理对工作—家庭冲突影响的直接效应不存在显著差异。当宽恕行动较低时，辱虐管理对工作—家庭冲突影响的直接效应不显著（effect=0.040，p=0.650，95% CI ［-0.134，0.215］）。当宽恕行动居中时，辱虐管理对工作—家庭冲突影响的直接效应不显著（effect=0.081，p=0.181，95% CI ［-0.038，0.199］）。当宽恕行动较高时，辱虐管理对工作—家庭冲突影响的直接效应不显著（effect=0.121，p=0.164，95% CI ［-0.050，0.291］）（见表7-29）。

表7-29 以心理困扰为中介的宽恕行动高低分组下直接效应对比结果

变量	宽恕行动	效应	SE	t	p	95%	
						LLCI	ULCI
低宽恕行动（Mean-1 SD）	2.693	0.040	0.089	0.455	0.650	-0.134	0.215
Average EFS	3.466	0.081	0.060	1.341	0.181	-0.038	0.199
高宽恕行动（Mean +1 SD）	4.239	0.121	0.087	1.396	0.164	-0.050	0.291

注：n = 228。LLCI= lower level confidence interval；ULCI= upper level confidence interval。Bootstrap sample size：1000。

不同水平宽恕行动下，心理困扰在辱虐管理对工作—家庭冲突影响中的中介效应差异不显著。当宽恕行动较低时，心理困扰在辱虐管理对工作—家庭冲突影响中的中介效应显著（effect=0.112，95% CI ［0.030，0.246］）。当宽恕行动居中时，心理困扰在辱虐管理对工作—家庭冲突影响中的中介效应显著（effect=0.140，95% CI ［0.076，0.211］）。当宽恕行动较高时，心理困扰在辱虐管理对工作—家庭冲突影响中的中介效应显著（effect=0.168，95% CI ［0.091，0.249］）（见表7-30）。有调节的中介效应不显著（Index=0.036，SE=0.045，95% CI ［-0.064，0.102］）。这说明宽恕行动不能够调节以心理困扰为中介的辱虐管理对工作—家庭冲突影响中的第二阶段路径。假设6b "在以心理困扰为中介的辱虐管理对工作—家庭冲突影响中，宽恕行动同时调节辱虐管理对工作—家庭冲突的直接效应路径，以及第二阶段路径即心理困扰对工作

—家庭冲突影响"被拒绝。

表7-30　　第二阶段和直接效应同时调节模型宽恕行动高低

分组下心理困扰中介效应对比结果

变量	宽恕行动	效应	SE	95%	
				LLCI	ULCI
低宽恕行动 （Mean-1 SD）	2.693	0.112	0.057	0.030	0.246
Average EFS	3.466	0.140	0.036	0.076	0.211
高宽恕行动 （Mean +1 SD）	4.239	0.168	0.042	0.091	0.249

注：n = 228。LLCI= lower level confidence interval；ULCI= upper level confidence interval。Bootstrap sample size：1000。

在以心理困扰为中介的辱虐管理对工作—家庭冲突影响中，宽恕行为的宽恕行动和宽恕意向维度都不能够同时调节第二阶段和直接效应路径。因此，假设6"在以心理困扰为中介的辱虐管理对工作—家庭冲突影响中，宽恕行为同时调节辱虐管理对工作—家庭冲突的直接效应路径，以及第二阶段路径即心理困扰对工作—家庭冲突影响"被拒绝。

7.3.5　宽恕行为在以心理困扰为中介的辱虐管理对工作—家庭冲突影响中的全路径调节效应检验

1.宽恕行为在以心理困扰为中介的辱虐管理对工作—家庭冲突影响中的第一阶段和第二阶段路径调节作用检验

本研究利用SPSS中的PROCESS宏插件，采用bootstrapping抽样法，选择模型58（Hayes，2018），对宽恕行为的宽恕意向和宽恕行动两个维度在以心理困扰为中介的辱虐管理对工作—家庭冲突影响中的第一阶段和第二阶段路径调节效应进行分析。研究结果表明，宽恕意向和宽恕行动两个维度在以心理困扰为中介的辱虐管理对工作—家庭冲突影响中的第一阶段和第二阶段路径不能同时起到调节作用。

宽恕意向不能同时调节以心理困扰为中介的辱虐管理对工作—家庭冲突影响中的第一阶段和第二阶段路径。本研究采用偏相关法进行1 000次bootstrapping，抽样结果显示，自变量辱虐管理对中介变量心理困扰影响不显著（B=0.047，p=0.738，95% CI ［-0.230，0.324］），调节变量宽恕意向对中介变量心理困扰影响显著（B=-0.173，p<0.05，95% CI ［-0.329，-0.016］），辱虐管理与宽恕意向交互项对中介变量心理困扰影响显著（B=0.080，p<0.05，95% CI ［0.015，0.146］）（见表7-31）。在结果变量工作—家庭冲突对自变量辱虐管理、中介变量心理困扰、调节变量宽恕意向、心理困扰与宽恕意向交互项bootstrapping抽样回归结果中，自变量辱虐管理对因变量工作—家庭冲突影响不显著（B=0.057，p=0.382，95% CI ［-0.071，0.184］），中介变量心理困扰对因变量工作—家庭冲突影响不显著（B=0.118，p=0.613，95% CI ［-0.340，0.575］），调节变量宽恕意向对因变量工作—家庭冲突影响不显著（B=-0.144，p=0.393，95% CI ［-0.474，0.187］），心理困扰与宽恕意向交互项对因变量工作—家庭冲突影响不显著（B=0.078，p=0.230，95% CI ［-0.050，0.205］）。

不同水平宽恕意向下，心理困扰在辱虐管理对工作—家庭冲突影响中的中介效应差异不显著。当宽恕意向较低时，心理困扰在辱虐管理对工作—家庭冲突影响中的中介效应显著（effect=0.066，95% CI ［0.006，0.185］）。当宽恕意向居中时，心理困扰在辱虐管理对工作—家庭冲突影响中的中介效应显著（effect=0.116，95% CI ［0.059，0.210］）。当宽恕意向较高时，心理困扰在辱虐管理对工作—家庭冲突影响中的中介效应显著（effect=0.181，95% CI ［0.109，0.263］）（见表7-32）。自变量辱虐管理对因变量工作—家庭冲突影响的直接效应不显著（effect=0.057，SE=0.065，p=0.382，95% CI ［-0.071，0.184］）。假设7a"宽恕意向在以心理困扰为中介的辱虐管理对工作—家庭冲突影响中同时对第一阶段和第二阶段路径起到调节作用"被拒绝。

表7-31 宽恕意向对以心理困扰为中介的辱虐管理对工作—家庭冲突影响中的第一阶段和第二阶段调节结果

变量	心理困扰						工作—家庭冲突					
	B	SE	t	p	95% LLCI	95% ULCI	B	SE	t	p	95% LLCI	95% ULCI
常数项	2.346	0.342	6.858	0.000	1.672	3.021	1.936	0.646	2.996	0.003	0.662	3.209
控制变量												
性别	-0.129	0.081	-1.596	0.112	-0.288	0.030	-0.168	0.102	-1.637	0.103	-0.370	0.034
年龄	-0.006	0.050	-0.128	0.899	-0.104	0.092	0.121	0.063	1.916	0.057	-0.004	0.245
文化程度	0.061	0.062	0.978	0.329	-0.062	0.183	0.029	0.080	0.369	0.713	-0.128	0.186
工作年限	0.043	0.048	0.894	0.372	-0.052	0.137	0.032	0.061	0.529	0.598	-0.088	0.152
企业性质	0.088	0.088	1.000	0.318	-0.085	0.260	-0.094	0.111	-0.849	0.397	-0.314	0.125
岗位属性	-0.046	0.090	-0.514	0.608	-0.224	0.131	0.088	0.115	0.766	0.445	-0.138	0.314
自变量												
辱虐管理	0.047	0.140	0.335	0.738	-0.230	0.324	0.057	0.065	0.876	0.382	-0.071	0.184
中介变量												
心理困扰							0.118	0.232	0.506	0.613	-0.340	0.575
调节变量												
宽恕意向	-0.173	0.079	-2.174	0.031	-0.329	-0.016	-0.144	0.168	-0.857	0.393	-0.474	0.187
交互项												
心理困扰×宽恕意向							0.078	0.065	1.203	0.230	-0.050	0.205
辱虐管理×宽恕意向	0.080	0.033	2.407	0.017	0.015	0.146						
R^2	0.350						0.243					
F	13.055***						6.961***					

注：n = 228。 *p<0.05; **p<0.01; ***p<0.001。

表7-32　第一阶段和第二阶段同时调节模型宽恕意向高低分组下

心理困扰中介效应对比结果

变量	宽恕意向	效应	SE	95%	
				LLCI	ULCI
低宽恕意向（Mean−1 SD）	2.234	0.066	0.045	0.006	0.185
Average EFS	3.296	0.116	0.037	0.059	0.210
高宽恕意向（Mean +1 SD）	4.358	0.181	0.038	0.109	0.263

注：n = 228。LLCI= lower level confidence interval；ULCI= upper level confidence interval。Bootstrap sample size：1000。

宽恕行动不能同时调节以心理困扰为中介的辱虐管理对工作—家庭冲突影响中的第一阶段和第二阶段路径。本研究采用偏相关法进行1 000次bootstrapping，抽样结果显示，自变量辱虐管理对中介变量心理困扰影响不显著（B=−0.221，p=0.295，95% CI ［−0.637，0.194］），调节变量宽恕行动对中介变量心理困扰影响显著（B=−0.339，p<0.01，95% CI ［−0.564，−0.114］），辱虐管理与宽恕行动交互项对中介变量心理困扰影响显著（B=0.162，p<0.01，95% CI ［0.050，0.274］）（见表7-33）。在结果变量工作—家庭冲突对自变量辱虐管理、中介变量心理困扰、调节变量宽恕行动、心理困扰与宽恕行动交互项bootstrapping抽样回归结果中，自变量辱虐管理对因变量工作—家庭冲突影响不显著（B=0.082，p=0.175，95% CI ［−0.037，0.200］），中介变量心理困扰对因变量工作—家庭冲突影响不显著（B=−0.036，p=0.903，95% CI ［−0.624，0.551］），调节变量宽恕行动对因变量工作—家庭冲突影响不显著（B=−0.190，p=0.341，95% CI ［−0.583，0.203］），心理困扰与宽恕行动交互项对因变量工作—家庭冲突影响不显著（B=0.123，p=0.142，95% CI ［−0.042，0.288］）。

不同水平宽恕行动下，心理困扰在辱虐管理对工作—家庭冲突影响中的中介效应差异不显著。当宽恕行动较低时，心理困扰在辱虐管理对工作—家庭冲突影响中的中介效应显著（effect=0.063，95% CI ［0.006，

表7-33 宽恕行动对以心理困扰为中介的辱虐管理对工作—家庭冲突影响中的第一阶段和第二阶段调节结果

变量	心理困扰						工作—家庭冲突					
	B	SE	t	p	95% LLCI	95% ULCI	B	SE	t	p	95% LLCI	95% ULCI
常数项	2.938	0.453	6.485	0.000	2.045	3.832	2.084	0.765	2.725	0.007	0.577	3.592
控制变量												
性别	-0.132	0.081	-1.639	0.103	-0.291	0.027	-0.184	0.103	-1.787	0.075	-0.387	0.019
年龄	0.002	0.049	0.049	0.961	-0.095	0.099	0.127	0.063	2.021	0.045	0.003	0.252
文化程度	0.050	0.061	0.808	0.420	-0.071	0.170	0.021	0.079	0.261	0.794	-0.135	0.176
工作年限	0.037	0.047	0.771	0.441	-0.057	0.130	0.023	0.060	0.381	0.704	-0.096	0.142
企业性质	0.078	0.087	0.898	0.370	-0.093	0.249	-0.095	0.111	-0.860	0.391	-0.313	0.123
岗位属性	-0.029	0.090	-0.327	0.744	-0.207	0.148	0.093	0.114	0.819	0.414	-0.131	0.318
自变量												
辱虐管理	-0.221	0.211	-1.050	0.295	-0.637	0.194	0.082	0.060	1.359	0.175	-0.037	0.200
中介变量												
心理困扰							-0.036	0.298	-0.122	0.903	-0.624	0.551
调节变量												
宽恕行动	-0.339	0.114	-2.974	0.003	-0.564	-0.114	-0.190	0.199	-0.954	0.341	-0.583	0.203
交互项												
心理困扰×宽恕行动	0.162	0.057	2.845	0.005	0.050	0.274						
辱虐管理×宽恕行动							0.123	0.084	1.474	0.142	-0.042	0.288
R^2	0.359						0.248					
F	13.584***						7.168***					

注：n = 228。*p<0.05；**p<0.01；***p<0.001。

0.157］）。当宽恕行动居中时，心理困扰在辱虐管理对工作—家庭冲突影响中的中介效应显著（effect=0.133，95% CI ［0.073，0.203］）。当宽恕行动较高时，心理困扰在辱虐管理对工作—家庭冲突影响中的中介效应显著（effect=0.226，95% CI ［0.133，0.318］）（见表7-34）。自变量辱虐管理对因变量工作—家庭冲突影响的直接效应不显著（effect=0.082，SE=0.060，p=0.175，95% CI ［-0.037，0.200］）。假设7b "宽恕行动在以心理困扰为中介的辱虐管理对工作—家庭冲突影响中同时对第一阶段和第二阶段路径起到调节作用"被拒绝。

表7-34　　第一阶段和第二阶段同时调节模型宽恕行动高低

分组下心理困扰中介效应对比结果

变量	宽恕行动	效应	SE	95%	
				LLCI	ULCI
低宽恕行动（Mean-1 SD）	2.693	0.063	0.041	0.006	0.157
Average EFS	3.466	0.133	0.033	0.073	0.203
高宽恕行动（Mean +1 SD）	4.239	0.226	0.045	0.133	0.318

注：n = 228。LLCI= lower level confidence interval；ULCI= upper level confidence interval。Bootstrap sample size：1000。

在以心理困扰为中介的辱虐管理对工作—家庭冲突影响中，宽恕行为的宽恕行动和宽恕意向维度都不能够同时调节第一阶段和第二阶段路径。因此，假设7 "宽恕行为在以心理困扰为中介的辱虐管理对工作—家庭冲突影响中同时对第一阶段和第二阶段路径起到调节作用"被拒绝。

2.宽恕行为在以心理困扰为中介的辱虐管理对工作—家庭冲突影响中的第一阶段、第二阶段、直接效应路径调节作用检验

本研究利用SPSS中的PROCESS宏插件，采用bootstrapping抽样法，选择模型59（Hayes，2018），对宽恕行为的宽恕意向和宽恕行动两个维度在以心理困扰为中介的辱虐管理对工作—家庭冲突影响中的第一阶段、第二阶段、直接效应路径调节效应进行分析。研究结果表明，宽恕

意向和宽恕行动两个维度在以心理困扰为中介的辱虐管理对工作—家庭冲突影响中的第一阶段、第二阶段和直接效应路径没有同时起到调节作用。

宽恕意向不能同时调节以心理困扰为中介的辱虐管理对工作—家庭冲突影响中的第一阶段、第二阶段、直接效应路径。本研究采用偏相关法进行 1 000 次 bootstrapping，抽样结果显示，自变量辱虐管理对中介变量心理困扰影响不显著（B=0.047，p=0.738，95% CI ［-0.230，0.324］），调节变量宽恕意向对中介变量心理困扰影响显著（B=-0.173，p<0.05，95% CI ［-0.329，-0.016］），辱虐管理与宽恕意向交互项对中介变量心理困扰影响显著（B=0.080，p<0.05，95% CI ［0.015，0.146］）（见表 7-35）。在结果变量工作—家庭冲突对自变量辱虐管理、中介变量心理困扰、调节变量宽恕意向、心理困扰与宽恕意向交互项、辱虐管理与宽恕意向交互项 bootstrapping 抽样回归结果中，自变量辱虐管理对因变量工作—家庭冲突影响不显著（B=-0.221，p=0.253，95% CI ［-0.601，0.159］），中介变量心理困扰对因变量工作—家庭冲突影响不显著（B=0.295，p=0.256，95% CI ［-0.215，0.805］），调节变量宽恕意向对因变量工作—家庭冲突影响不显著（B=-0.156，p=0.353，95% CI ［-0.485，0.174］），心理困扰与宽恕意向交互项对因变量工作—家庭冲突影响不显著（B=0.017，p=0.820，95% CI ［-0.132，0.166］），辱虐管理与宽恕意向交互项对因变量工作—家庭冲突影响不显著（B=0.077，p=0.128，95%CI ［-0.022，0.176］）。

不同水平宽恕意向下，辱虐管理对工作—家庭冲突影响的直接效应不存在显著差异。当宽恕意向较低时，辱虐管理对工作—家庭冲突影响的直接效应不显著（effect=-0.050，p=0.601，95% CI ［-0.237，0.137］）。当宽恕意向居中时，辱虐管理对工作—家庭冲突影响的直接效应不显著（effect=0.032，p=0.634，95% CI ［-0.099，0.163］）。当宽恕意向较高时，辱虐管理对工作—家庭冲突影响的直接效应不显著（effect=0.113，p=0.129，95% CI ［-0.033，0.260］）（见表 7-36）。

表7-35 宽恕意向对以心理困扰为中介的辱虐管理对工作—家庭冲突影响中的第一阶段、第二阶段、直接效应调节结果

变量	心理困扰						工作—家庭冲突					
	B	SE	t	p	95% LLCI	95% ULCI	B	SE	t	p	95% LLCI	95% ULCI
常数项	2.346	0.342	6.858	0.000	1.672	3.021	2.048	0.648	3.159	0.002	0.770	3.326
控制变量												
性别	-0.129	0.081	-1.596	0.112	-0.288	0.030	-0.188	0.103	-1.823	0.070	-0.391	0.015
年龄	-0.006	0.050	-0.128	0.899	-0.104	0.092	0.114	0.063	1.805	0.073	-0.011	0.238
文化程度	0.061	0.062	0.978	0.329	-0.062	0.183	0.033	0.079	0.418	0.676	-0.123	0.190
工作年限	0.043	0.048	0.894	0.372	-0.052	0.137	0.042	0.061	0.691	0.490	-0.078	0.162
企业性质	0.088	0.088	1.000	0.318	-0.085	0.260	-0.081	0.111	-0.724	0.470	-0.300	0.139
岗位属性	-0.046	0.090	-0.514	0.608	-0.224	0.131	0.101	0.115	0.885	0.377	-0.124	0.327
自变量												
辱虐管理	0.047	0.140	0.335	0.738	-0.230	0.324	-0.221	0.193	-1.147	0.253	-0.601	0.159
中介变量												
心理困扰							0.295	0.259	1.140	0.256	-0.215	0.805
调节变量												
宽恕意向	-0.173	0.079	-2.174	0.031	-0.329	-0.016	-0.156	0.167	-0.931	0.353	-0.485	0.174
交互项												
心理困扰×宽恕意向							0.017	0.076	0.228	0.820	-0.132	0.166
辱虐管理×宽恕意向	0.080	0.033	2.407	0.017	0.015	0.146	0.077	0.050	1.530	0.128	-0.022	0.176
R²	0.350						0.251					
F	13.055***						6.580***					

注：n=228。*p<0.05；**p<0.01；***p<0.001。

表 7-36　　　　　　以心理困扰为中介的宽恕意向高低

分组下直接效应对比结果

变量	宽恕意向	效应	SE	t	p	95%	
						LLCI	ULCI
低宽恕意向（Mean-1 SD）	2.234	−0.050	0.095	−0.524	0.601	−0.237	0.137
Average EFS	3.296	0.032	0.067	0.477	0.634	−0.099	0.163
高宽恕意向（Mean +1 SD）	4.358	0.113	0.074	1.523	0.129	−0.033	0.260

注：n = 228。LLCI= lower level confidence interval；ULCI= upper level confidence interval。Bootstrap sample size：1000。

不同水平宽恕意向下，心理困扰在辱虐管理对工作—家庭冲突影响中的中介效应差异显著。当宽恕意向较低时，心理困扰在辱虐管理对工作—家庭冲突影响中的中介效应显著（effect=0.075，95% CI［0.009，0.215］）。当宽恕意向居中时，心理困扰在辱虐管理对工作—家庭冲突影响中的中介效应显著（effect=0.110，95% CI［0.055，0.193］）。当宽恕意向较高时，心理困扰在辱虐管理对工作—家庭冲突影响中的中介效应显著（effect=0.147，95% CI［0.054，0.238］）（见表 7-37）。

表 7-37　第一阶段、第二阶段、直接效应同时调节模型宽恕意向

高低分组下心理困扰中介效应对比结果

变量	宽恕意向	效应	SE	95%	
				LLCI	ULCI
低宽恕意向（Mean-1 SD）	2.234	0.075	0.053	0.009	0.215
Average EFS	3.296	0.110	0.037	0.055	0.193
高宽恕意向（Mean +1 SD）	4.358	0.147	0.044	0.054	0.238

注：n = 228。LLCI= lower level confidence interval；ULCI= upper level confidence interval。Bootstrap sample size：1000。

　　第二阶段路径上各交互项影响系数是不显著的，因此宽恕意向不能同时调节以心理困扰为中介的辱虐管理对工作—家庭冲突影响中的第一阶段、第二阶段、直接效应路径。假设8a"宽恕意向在以心理困扰为中介的辱虐管理对工作—家庭冲突影响中同时对第一阶段、第二阶段、直接效应路径起到调节作用"被拒绝。

　　宽恕行动不能同时调节以心理困扰为中介的辱虐管理对工作—家庭冲突影响中的第一阶段、第二阶段、直接效应路径。本研究采用偏相关法进行1 000次bootstrapping，抽样结果显示，自变量辱虐管理对中介变量心理困扰影响不显著（B=−0.221，p=0.295，95% CI ［−0.637，0.194］），调节变量宽恕行动对中介变量心理困扰影响显著（B=−0.339，p<0.01，95% CI ［−0.564，−0.114］），辱虐管理与宽恕行动交互项对中介变量心理困扰影响显著（B=0.162，p<0.01，95% CI ［0.050，0.274］）（见表7−38）。在结果变量工作—家庭冲突对自变量辱虐管理、中介变量心理困扰、调节变量宽恕行动、心理困扰与宽恕行动交互项、辱虐管理与宽恕行动交互项bootstrapping抽样回归结果中，自变量辱虐管理对因变量工作—家庭冲突影响不显著（B=−0.100，p=0.735，95% CI ［−0.678，0.479］），中介变量心理困扰对因变量工作—家庭冲突影响不显著（B=0.041，p=0.899，95% CI ［−0.595，0.678］），调节变量宽恕行动对因变量工作—家庭冲突影响不显著（B=−0.226，p=0.278，95% CI ［−0.635，0.183］），心理困扰与宽恕行动交互项对因变量工作—家庭冲突影响不显著（B=0.097，p=0.300，95% CI ［−0.087，0.281］），辱虐管理与宽恕行动交互项对因变量工作—家庭冲突影响不显著（B=0.052，p=0.530，95% CI ［−0.111，0.215］）。

　　不同水平宽恕行动下，辱虐管理对工作—家庭冲突影响的直接效应不存在显著差异。当宽恕行动较低时，辱虐管理对工作—家庭冲突影响的直接效应不显著（effect=0.040，p=0.650，95% CI ［−0.134，0.215］）。当宽恕行动居中时，辱虐管理对工作—家庭冲突影响的直接效应不显著（effect=0.081，p=0.181，95% CI ［−0.038，0.199］）。当宽恕行动较高时，辱虐管理对工作—家庭冲突影响的直接效应不显著（effect=0.121，p=0.164，95% CI ［−0.050，0.291］）（见表7−39）。

表7-38 宽恕行动对以心理困扰为中介的辱虐管理对工作—家庭冲突影响中的第一阶段、第二阶段、直接效应调节结果

变量	心理困扰						工作—家庭冲突					
	B	SE	t	p	95% LLCI	95% ULCI	B	SE	t	p	95% LLCI	95% ULCI
常数项	2.938	0.453	6.485	0.000	2.045	3.832	2.237	0.803	2.785	0.006	0.654	3.820
控制变量												
性别	-0.132	0.081	-1.639	0.103	-0.291	0.027	-0.193	0.104	-1.856	0.065	-0.398	0.012
年龄	0.002	0.049	0.049	0.961	-0.095	0.099	0.126	0.063	1.998	0.047	0.002	0.251
文化程度	0.050	0.061	0.808	0.420	-0.071	0.170	0.020	0.079	0.247	0.805	-0.136	0.175
工作年限	0.037	0.047	0.771	0.441	-0.057	0.130	0.027	0.061	0.438	0.662	-0.093	0.146
企业性质	0.078	0.087	0.898	0.370	-0.093	0.249	-0.090	0.111	-0.807	0.421	-0.308	0.129
岗位属性	-0.029	0.090	-0.327	0.744	-0.207	0.148	0.101	0.115	0.881	0.379	-0.125	0.328
自变量												
辱虐管理	-0.221	0.211	-1.050	0.295	-0.637	0.194	-0.100	0.294	-0.339	0.735	-0.678	0.479
中介变量												
心理困扰							0.041	0.323	0.128	0.899	-0.595	0.678
调节变量												
宽恕行动	-0.339	0.114	-2.974	0.003	-0.564	-0.114	-0.226	0.208	-1.088	0.278	-0.635	0.183
交互项												
心理困扰×宽恕行动							0.097	0.093	1.040	0.300	-0.087	0.281
辱虐管理×宽恕行动	0.162	0.057	2.845	0.005	0.050	0.274	0.052	0.083	0.630	0.530	-0.111	0.215
R^2	0.359						0.250					
F	13.584***						6.534***					

注：n = 228。*p<0.05；**p<0.01；***p<0.001。

表7-39　　　　　以心理困扰为中介的宽恕行动高低分组下

直接效应对比结果

变量	宽恕行动	效应	SE	t	p	95%	
						LLCI	ULCI
低宽恕行动（Mean−1 SD）	2.693	0.040	0.089	0.455	0.650	−0.134	0.215
Average EFS	3.466	0.081	0.060	1.341	0.181	−0.038	0.199
高宽恕行动（Mean +1 SD）	4.239	0.121	0.087	1.396	0.164	−0.050	0.291

注：n = 228。LLCI= lower level confidence interval；ULCI= upper level confidence interval。Bootstrap sample size：1000。

不同水平宽恕行动下，心理困扰在辱虐管理对工作—家庭冲突影响中的中介效应差异不显著。当宽恕行动较低时，心理困扰在辱虐管理对工作—家庭冲突影响中的中介效应显著（effect=0.065，95% CI[0.005，0.197]）。当宽恕行动居中时，心理困扰在辱虐管理对工作—家庭冲突影响中的中介效应显著（effect=0.128，95% CI [0.069，0.202]）。当宽恕行动较高时，心理困扰在辱虐管理对工作—家庭冲突影响中的中介效应显著（effect=0.210，95% CI [0.100，0.315]）（见表7-40）。

表7-40　　第一阶段、第二阶段、直接效应同时调节模型宽恕

行动高低分组下心理困扰中介效应对比结果

变量	宽恕行动	效应	SE	95%	
				LLCI	ULCI
低宽恕行动（Mean−1 SD）	2.693	0.065	0.049	0.005	0.197
Average EFS	3.466	0.128	0.036	0.069	0.202
高宽恕行动（Mean +1 SD）	4.239	0.210	0.053	0.100	0.315

注：n = 228。LLCI= lower level confidence interval；ULCI= upper level confidence interval。Bootstrap sample size：1000。

第二阶段路径上各交互项影响系数是不显著的，因此宽恕行动不能同时调节以心理困扰为中介的辱虐管理对工作—家庭冲突影响中的第一

阶段、第二阶段、直接效应路径。假设8b"宽恕行动在以心理困扰为中介的辱虐管理对工作—家庭冲突影响中同时对第一阶段、第二阶段、直接效应路径起到调节作用"被拒绝。

在以心理困扰为中介的辱虐管理对工作—家庭冲突影响中,宽恕行为的宽恕行动和宽恕意向维度都不能够同时调节第一阶段、第二阶段、直接效应路径。因此,假设8"宽恕行为在以心理困扰为中介的辱虐管理对工作—家庭冲突影响中同时对第一阶段、第二阶段、直接效应路径起到调节作用"被拒绝。

7.4 本章小结

本章基于第4章心理困扰对辱虐管理与工作—家庭冲突关系具有中介作用的研究结论,进一步分析了宽恕行为在这一过程中的调节作用。基于中国员工的228份调查问卷数据,该章分析了宽恕行为的宽恕意向和宽恕行动两个维度对辱虐管理与心理困扰、心理困扰与工作—家庭冲突,以及以心理困扰为中介的辱虐管理对工作—家庭冲突影响的各路径调节作用,主要得到如下结论:

(1)在以心理困扰为中介的辱虐管理对工作—家庭冲突影响中,宽恕行为同时调节辱虐管理对工作—家庭冲突的直接效应路径,以及第一阶段路径即辱虐管理对心理困扰影响。宽恕行为在辱虐管理对心理困扰影响中起到调节作用。宽恕意向和宽恕行动都能够调节辱虐管理对心理困扰的影响路径。宽恕行为与辱虐管理交互作用通过心理困扰影响工作—家庭冲突。在同时探索宽恕行为在辱虐管理对工作—家庭冲突直接影响效应和心理困扰中介效应的调节作用模型时,宽恕行为对第一阶段路径即辱虐管理对心理困扰影响和直接效应都具有调节作用。

(2)在以心理困扰为中介的辱虐管理对工作—家庭冲突影响中,宽恕行为不能同时调节辱虐管理对工作—家庭冲突的第二阶段路径及与第二阶段路径有关的其他综合模型。虽然宽恕行为能够在心理困扰对工作—家庭冲突影响中起到调节作用,但宽恕行为与心理困扰交互作用不能中介辱虐管理与工作—家庭冲突的关系。在以心理困扰为中介的辱虐管理对工作—家庭冲突影响中，宽恕行为也不能同时调节辱虐管理对工作—家庭冲突的直接效应路径，以及第二阶段路径即心理困扰对工作—家庭冲突影响。宽恕行为不能在以心理困扰为中介的辱虐管理对工作—家庭冲突影响中同时对第一阶段和第二阶段路径起到调节作用。宽恕行为也不能在以心理困扰为中介的辱虐管理对工作—家庭冲突影响中同时对第一阶段、第二阶段、直接效应路径起到调节作用。

第8章 结论与启示

8.1 研究的主要结论

辱虐管理这一问题在全球都是困扰着企业的重要问题，能够引发许多严重的消极结果，因而受到诸多学者的关注（Tepper，2007）。中国正处于经济和社会转型进程中，现代企业管理制度尚未完全建立，加之集体主义文化使得中国人的家的概念泛化，"家"在中国文化中具有特殊意义，形成了"以厂为家"和家长式领导等许多具有中国特色的管理理论和管理实践。在这一思维下，领导把下属当成亲人或自己的孩子看待，悉心栽培。而中国传统的育儿观较为严苛，"不打不成器""爱你才打你"等严格的教育思想也蔓延到企业管理中，加剧了辱虐管理的发生。虽然领导辱虐管理或许出于栽培的好意，在短期内也能够提高下属绩效，但其对下属带来的伤害也是存在的。许多研究指出了辱虐管理在组织内产生的不利影响，例如组织层面的绩效（Xu et al.，2012）、组织承诺（Ogunfowora，2013），以及个体层面的消极态度和心理困扰

（Tepper，2007）、组织公民行为（Zellars et al.，2002）、创造力（Liu et al.，2012）、偏差行为（Mitchell and Ambrose，2007；Tepper et al.，2008）、反生产行为（Detert et al.，2007）、建言和沉默行为（Burris et al.，2008）等。研究发现，辱虐管理的消极结果不仅存在于工作领域内，甚至会蔓延到工作域之外的家庭域，形成工作—家庭冲突（Restubog et al.，2011；Hoobler and Brass，2006；Carlson et al.，2011）。正如绪论所述，这种工作与家庭之间的冲突，会引发家庭暴力甚至离婚，从而影响社会稳定，更会引发员工不满、离职率攀升、工作压力增加等诸多消极结果（Parasuraman et al.，1992；Carlson and Perrewé，1999），并对组织绩效、心理契约、组织承诺等产生重大负面影响（Edwards and Rothbard，2000；Aryee et al.，2005；Taylor et al.，2009），甚至影响组织战略制定（Goodstein，1994；Jennings and McDougald，2007）。因此，从这一角度来看，明晰辱虐管理对工作—家庭冲突影响的作用机制，对缓解辱虐管理的负面效应、降低工作—家庭冲突、构建和谐社会具有重要意义。然而，相关研究较少，且存在不一致的结果，忽视了调节效应的作用。因此，本书基于边界溢出理论，从组织与个体两个层面分析了辱虐管理对工作—家庭冲突的作用机制，并引入宽恕行为，探索这一作用机制中的调控作用。具体的，本书通过对中国企业员工的问卷调查进行实证分析，通过统计检验对辱虐管理对工作—家庭冲突的影响效果进行分析，从组织公正和心理困扰两个角度揭开了辱虐管理对工作—家庭冲突影响的黑箱，并探索了宽恕行为这一边界条件的作用效果。研究主要得到了如下结论。

8.1.1　结论一：中国企业组织情境中，辱虐管理会提高员工工作—家庭冲突

基于边界溢出理论和社会学习理论（Bandura，1986），本研究发现，在中国企业组织情境中，上司辱虐管理会提高下属工作—家庭冲突。上司辱虐管理越频繁，下属工作—家庭冲突越严重。

这表明辱虐管理具有边界溢出效应，能够从工作域溢出到家庭域（Frone et al.，1992）。中国文化权力距离比较高，受辱虐的员工通常由

于对权威的畏惧，或是害怕反抗对自己产生的不利影响，因而不敢顶撞上司，只能默默忍受辱虐行为。这种伤害行为产生的负面情绪难以通过报复或反抗进行宣泄，被辱虐的员工会形成抑郁、愤怒、焦虑等情绪。为了排解这一情绪，被辱虐的员工可能会寻求家庭成员的帮助和支持，将被辱虐的事件转述给家庭成员，以得到安慰和开导。这一过程会将被辱虐者的焦虑、忧伤、愤怒的负面情绪转移给倾听的家庭成员，影响家庭成员的情绪。这就会使辱虐管理通过被辱虐者转移到家庭域中，形成工作对家庭的冲突。

从社会支持角度来看，受辱虐的员工会寻求家庭成员的支持和帮助，以便有更多的时间和精力恢复情绪及做出努力避免辱虐。这种家庭支持实际上就是要求家庭成员付出更多，代替受辱虐者履行更多的家庭责任，如承担更多的家务，承担主要的子女教育责任等。这会造成家庭成员的压力，形成被辱虐者工作对家庭的冲突。

根据社会学习理论，如果领导为下属建构了辱虐管理的榜样，下属也倾向于产生辱虐行为（Aquino，Douglas，and Martinko，2004）。受到辱虐管理的员工会认为辱虐行为是一种社会规范，从而自己产生辱虐行为（Tepper et al.，2008）。受侵害者可能会通过社会学习转移给可控第三方，以进行发泄。被辱虐者会想要寻找"出气筒"，将自己的负面情绪发泄出去。这时，相对弱势的家庭成员就会成为被宣泄的对象。辱虐管理会通过"踢狗效应"，从工作域转移到家庭域，形成工作—家庭冲突。

8.1.2 结论二：心理困扰和组织公正感知是辱虐管理会提高员工工作—家庭冲突的传导机制

基于 Tepper（2000）和 Restubog et al.（2011）的研究基础，本研究发现，心理困扰和组织公正之间具有联系，共同在辱虐管理对工作—家庭冲突影响中起到中介作用；在心理困扰和组织公正中介下，辱虐管理对工作—家庭冲突影响的直接效应依然显著，心理困扰和组织公正起到部分中介作用；组织公正通过心理困扰发挥中介作用，二者形成连续中介模型。

上司辱虐管理会通过影响下属组织公正感知传递到其家庭域，形成工作—家庭冲突。本研究通过实证研究发现，组织公正对辱虐管理和工作—家庭冲突的关系具有部分中介作用。组织公正能够中介辱虐管理对工作—家庭冲突的影响过程；而且，在这一中介作用的基础上，辱虐管理对工作—家庭冲突依然具有直接效应。这说明组织公正对辱虐管理和工作—家庭冲突的关系起到部分中介作用。下属受到领导辱虐管理后，会认为自己遭受不公正的对待，影响组织公正感知。这种不公正的感知会造成下属付诸更多的时间和精力寻求恢复公平的方法。在有限的精力和时间约束下，过多的对工作的投入会造成对家庭的精力和时间投入的减少，从而造成工作—家庭冲突（Bolino and Turnley，2005）。

上司辱虐管理也会增加下属心理困扰，这种焦虑、悲伤的情绪会传递到其家庭域，形成工作—家庭冲突。本研究发现，心理困扰能够中介辱虐管理对工作—家庭冲突的影响过程；而且，在这一中介作用的基础上，辱虐管理对工作—家庭冲突依然具有直接影响效应。这表明心理困扰能够部分中介辱虐管理与工作—家庭冲突的关系。由此说明，辱虐管理可以通过心理困扰影响工作—家庭冲突，同时，辱虐管理还对工作—家庭冲突具有直接效应。正如上文所述，辱虐管理会造成下属悲伤、焦虑的情绪。被辱虐的下属会通过寻求家人的支持和对家人发泄情绪，将心理困扰排解（Restubog et al.，2011）。在这些沟通过程中，被辱虐的下属会将心理困扰转移给家人，造成工作对家庭的冲突。

本研究发现，辱虐管理通过影响下属组织公正感知引发下属心理困扰，最终导致工作—家庭冲突。实证研究证实，组织公正通过影响心理困扰，在辱虐管理与工作—家庭冲突间起到中介作用。这解决了目前对于辱虐管理对工作—家庭冲突影响存在组织公正和心理困扰的争议，将二者有机结合在一起，不再割裂地讨论二者的中介作用，而是形成了整合的连续中介模型，发现了它们的相互影响、共同作用关系。由此说明上司辱虐管理造成下属不公正感知，这种感知是造成下属心理困扰的直接原因。研究也发现，组织不公正的感知对工作—家庭冲突并没有直接作用，而是通过提高下属心理困扰传递到家庭域。

8.1.3　结论三：宽恕行为可以缓解辱虐管理造成的员工工作—家庭冲突的增加

基于 Ysseldyk，Matheson，and Anisman（2009）对于宽恕行为对辱虐管理所带来的心理压力的缓解作用的研究，本研究发现，宽恕行为可以缓解辱虐管理造成的员工工作—家庭冲突。

研究发现，宽恕行为可以缓解辱虐管理增加员工工作—家庭冲突的负面效果。宽恕意向和宽恕行动都可以起到这样的缓解作用。宽恕意向和宽恕行动越高，辱虐管理对工作—家庭冲突的负面影响越弱。宽恕行为可以使被辱虐者放弃怨恨、愤怒和报复，使心情恢复平静，不再纠结于上司这一不当行为（Aquino，Tripp，and Bies，2006）。这会缓解辱虐管理造成的过多精力被损耗在工作上，及时止损，从而保证被辱虐者将更多的时间投入有意义的家庭活动，减少工作—家庭冲突频率。

在辱虐管理通过下属感知的组织不公正感造成员工工作—家庭冲突增加的过程中，宽恕行为也可以起到缓解作用。本研究发现，宽恕行为能够同时调节以组织公正为中介的辱虐管理对工作—家庭冲突影响中的第一阶段和直接效应路径，也可以同时调节以组织公正为中介的辱虐管理对工作—家庭冲突影响中的第一阶段和第二阶段路径，但宽恕行为不能够同时调节以组织公正为中介的辱虐管理对工作—家庭冲突影响中的第二阶段和直接效应路径。该结果表明，宽恕行为可以缓解辱虐管理造成的下属组织不公正的感知，也可以缓解这一不公正的感知增加工作—家庭冲突的过程。如果被辱虐的下属能够宽恕上司的辱虐管理行为，那么他会通过提高自我道德地位等方式恢复组织公正感知（Wenzel and Okimoto，2012），从而减缓这一不公正感知造成的工作—家庭冲突后果。

在辱虐管理通过下属心理困扰造成员工工作—家庭冲突增加的过程中，宽恕行为也可以起到缓解作用。本研究发现，在以心理困扰为中介的辱虐管理对工作—家庭冲突影响中，宽恕行为同时调节辱虐管理对工作—家庭冲突的直接效应路径，以及第一阶段路径即辱虐管理对心理困扰影响。这表明宽恕行为可以释放怨恨、减轻压力（Witvliet，2001），从而缓解辱虐管理造成的下属悲伤、抑郁、焦虑等心理困扰 (Touissant, Williams, Musick, and Everson, 2001)。心理困扰的降低会使得被辱虐者有更好的心情陪伴家人，有更多的时间和精力参与到家庭活动中去，降低工作—家庭冲突。在以心理困扰为中介的辱虐管理对工作—家庭冲突影响中，宽恕行为不能够同时调节辱虐管理对工作—家庭冲突的第二阶段路径及与第二阶段路径有关的其他综合模型。虽然宽恕行为能够在心理困扰对工作家庭冲突影响中起到调节作用，但与第二阶段路径有关的其他综合模型都不能被宽恕行为调节。这表明宽恕行为并不能在心理困扰形成之后控制心理困扰向家庭域的蔓延的过程，只能在心理困扰发生前降低心理困扰形成的概率，达成减少工作—家庭冲突的目的。

8.2　研究启示

8.2.1　领导力的负面效应的溢出：从工作域到家庭域

从本研究的结果来看，领导力的负面效应并不局限于工作领域，这些负面影响也会溢出到家庭领域，形成工作—家庭冲突。这种溢出效应的存在会将领导负面行为的作用置于更高的风险水平，很有可能从工作到家庭，再到更广泛的社会影响。然而，目前，针对领导力负面效应的研究大多集中于工作域，关注这些负面领导力对绩效 (Shoss et al., 2013)、组织承诺 (Ogunfowora, 2012)、组织公民行为 (Zellars et al., 2002)、创造力 (Liu et al., 2012)、偏差行为 (Mitchell and Ambrose, 2007; Tepper et al., 2008)、反生产行为 (Shoss et al., 2013; Detert et al., 2007) 等的影响。对于领导负面行为的影响从工作域到家庭域的溢出作用及其具体作用机制研究相对较少。这并不利于将领导负面行为的不良作用控制在工作域中，避免更广泛的影响。因此，针对这一方面的研究应该不断开展，明晰领导负面行为从工作域溢出到家庭域的作用机制，有效控制领导负面行为。

在管理实践上，企业应该提高现代管理意识，规范领导管理行为。

高权力距离使得领导容易高高在上，过分关注自己的权力，与员工缺乏亲和感，更容易出现辱虐管理行为。关系社会特点使得关系压力是员工工作域的最主要来源，辱虐管理给员工带来的巨大压力是造成工作—家庭冲突的关键问题。意欲改善工作—家庭冲突问题，必须从提高领导管理思想入手。通过提供高水平外部培训，特别是领导力培训，参与观察管理制度完善的大型跨国公司领导方式等途径，提高领导服务型管理意识，规范领导行为，从根源上抑制辱虐管理的发生，能够降低负面领导行为对员工工作—家庭冲突影响。①

8.2.2 个体心理与组织认知的双重破坏：辱虐管理对工作—家庭冲突影响的整合机制

本研究发现，辱虐管理对工作—家庭冲突的促发，实际上是通过组织公正这一组织认知维度和心理困扰这一个体心理维度两个要素共同作用导致的。从这一角度来看，割裂地探索组织层面的影响因素（Tepper，2000）以及个体层面的影响因素的作用（Restubog et al.，2011）都显得片面。在这一问题的研究和认识上，还需要从组织和个体整合的思路推进。

从组织层面来看，企业需要提高组织公正水平，从而缓解辱虐管理对工作—家庭冲突的冲击，例如完善员工参与制度、建立申诉制度、建立监督机制等。员工参与可以提高程序公正感知，通过参与管理方案的制订过程、监督分配的执行等，可以增加管理透明度，让员工感受到组织公正。企业应该建立申诉制度，通过合理的申诉流程，使员工可以对受到的辱虐管理等不公正的待遇进行申诉，接受员工的建言，提供排解辱虐管理的途径。在此基础上，企业还应该有相应的监督机制，对不公正的情况及时发现、及时解决，避免辱虐管理等负面领导行为发展到不可挽回的局面时才被发现，降低影响的严重性。

从个体层面来看，个体应该提高心理能力，主动排解心理困扰，避免辱虐管理造成的心理困扰蔓延到家庭域，造成工作对家庭的冲

---

① 该段内容发表于《财经问题研究》2016年第6期，详见《辱虐管理与员工工作—家庭冲突——组织公正与心理困扰的中介作用》一文。

突。企业应该改善组织支持水平，加强员工心理建设。相关研究指出，组织支持可以缓解员工的多种压力。企业可以通过制度支持、员工关怀等方式，在正式渠道为员工提供工作—家庭冲突的缓解支持，更应该针对员工心理困扰问题，加强心理培训，提高员工心理资本，提升承压能力，强调自我缓解和消化，避免将工作中产生的不良情绪转移到家庭域。①

8.2.3 宽恕行为的积极作用：辱虐管理的边界效应调控

从本研究结果来看，宽恕行为对缓解辱虐管理带来的消极效应有显著效果。然而，宽恕行为在组织内的研究刚刚起步，组织层面的探讨具有较大的发展空间；一些构念的内涵、维度结构等尚未达成共识，有待深入研究；前因后果变量间关系研究较少，尚处于描述性分析阶段，缺乏实证检验。宽恕行为对辱虐行为的缓解研究大多集中于社会学中的家庭、女性相关研究领域，工作域的相关研究较少。本研究基于 Ysseldyk，Matheson，and Anisman（2009）对于宽恕行为对辱虐管理所带来的心理压力的缓解作用的研究，将这一关系拓展到工作域中的辱虐管理调控研究上，丰富了宽恕行为缓解辱虐管理负面影响的研究，也为工作域中辱虐管理行为的管控研究提供了新的视野。

在管理实践上，基于本书的研究结果，企业应该主动提供相关培训或采取干预措施，提高员工的宽恕行为，包括宽恕意向和宽恕行动。本研究发现，宽恕意向和宽恕行动都能够缓解辱虐管理带来的不利影响。企业应该提供心理辅导与培训，提升员工宽恕行为。宽恕行为可以调节辱虐管理带来的消极效应，从而降低组织不公正的感知程度，减少工作—家庭冲突的发生。因此，提高员工宽恕行为可以改善辱虐管理对工作—家庭冲突的消极效应。宽恕行为作为员工本体的自愿性行为，需要通过心理提升辅导与培训来改善。一方面，企业可以提供相关的心理培训，营造宽恕的组织氛围；另一方面，企业应该配置专门的心理辅导机构，针对某些有需要的员工进行专门辅导。员工宽恕行为的培养不是一

① 该段内容发表于《财经问题研究》2016年第6期，详见《辱虐管理与员工工作—家庭冲突——组织公正与心理困扰的中介作用》一文。

蹴而就的，需要企业长时间耐心培育。①

8.3 研究不足及未来研究发展

本研究虽然取得了许多有价值的结论，但依然存在一些局限。

第一，样本数据的收集方式存在一定的局限性。本研究采用横截面数据，数据在一个时点上一次收集。虽然样本的数据量相对较大，但缺少纵向多时间交叉配对的数据。尽管本研究得到了许多有益的结论，验证了相关假设，具有一定的理论意义和实践意义，但因果关系验证不强，仍需后续研究继续发展。

第二，研究方法的选取具有一定的局限性。本研究以实证研究为主，通过大样本数据收集，运用统计分析验证假设和概念模型，获得了许多重要的路径关系，但缺乏质性研究的进一步详细分析。例如，案例研究等质性研究可以提供更细致的实践解读，更具有操作意义。后续研究也可以丰富研究方法，采用多手段进一步验证本研究模型的准确性，并丰富其具体内涵。

---

① 该段内容发表于《中国软科学》2016年第7期，详见《辱虐管理与员工促进性建言行为关系研究》一文。

主要参考文献

[1] 安砚贞，WRIGHT P C.已婚职业女性工作家庭冲突调查研究 [J]．中国人力资源开发，2003（6）.

[2] 邓宏斌，李乃文．基层管理者辱虐管理和员工安全参与关系研究 [J]．管理学报，2013（12）.

[3] 宫火良，张慧英．工作家庭冲突研究综述 [J]．心理科学，2006（1）.

[4] 邝颂东，高中华，李超平．工作—家庭冲突对教师离职意向的影响：组织承诺中介作用的实证研究 [J]．心理研究，2009（6）.

[5] 李超平，时勘，罗正学，等．医护人员工作家庭冲突与工作倦怠的关系 [J]．中国心理卫生杂志，2003（12）.

[6] 李锡元，高婧．工作家庭冲突、上司支持感与工作满意度的关系研究——基于中层职业经理人的实证分析 [J]．科学学与科学技术管理，2011（2）.

[7] 李雪松．工作—家庭冲突对知识型员工工作满意度的影响——基于心理所有权的效应分析 [J]．现代管理科学，2012（8）.

[8] 李雪松．工作—家庭冲突与职业高原：心理资本的调节作用 [J]．现代管理科学，2011（10）.

[9] 李雪松．工作—家庭冲突与组织承诺：工作—家庭支持的调节作用 [J]．现代管理科学，2011（11）.

[10] 李晔. 工作—家庭冲突的影响因素研究 [J]. 人类工效学, 2003 (4).

[11] 林忠, 鞠蕾, 陈丽. 工作—家庭冲突研究与中国议题: 视角、内容和设计 [J]. 管理世界, 2013 (9).

[12] 刘文兴, 廖建桥, 张鹏程. 辱虐管理对员工创造力的影响机制 [J]. 工业工程与管理, 2012 (5).

[13] 刘永强, 赵曙明. 工作—家庭冲突的影响因素及其组织行为后果的实证研究 [J]. 南京社会科学, 2006 (5).

[14] 刘永强, 赵曙明. 影响工作—家庭冲突的因素及其平衡策略 [J]. 中国人力资源开发, 2006 (9).

[15] 刘玉新, 张建卫, 王稀娟. 管理者工作家庭冲突研究: 自我决定理论的视角 [J]. 华东经济管理, 2009 (3).

[16] 刘玉新, 张建卫. 家庭友好实践、人格特质对工作家庭冲突的影响 [J]. 中国工业经济, 2010 (5).

[17] 陆佳芳, 时勘, LAWLER J J.工作家庭冲突的初步研究 [J]. 应用心理学, 2002 (2).

[18] 罗耀平, 范会勇, 张进辅. 工作—家庭冲突的前因、后果及干预策略 [J]. 心理科学进展, 2007 (6).

[19] 马丽, 徐枞巍. 基于个人—环境匹配理论的边界管理与工作家庭界面研究 [J]. 南开管理评论, 2011 (5).

[20] 毛江华, 廖建桥, 刘文兴, 等. 辱虐管理从何而来? 来自期望理论的解释 [J]. 南开管理评论, 2014 (5).

[21] 任晗, 许亚玲, 陈维政. 代际差异视角下的辱虐管理对员工工作疏离感的影响作用 [J]. 经济管理, 2014 (2).

[22] 孙健敏, 焦海涛, 赵简. 组织支持感对工作投入与工作家庭冲突关系的调节作用 [J]. 应用心理学, 2011 (1).

[23] 孙健敏, 宋萌, 王震. 辱虐管理对下属工作绩效和离职意愿的影响: 领导认同和权力距离的作用 [J]. 商业经济与管理, 2013 (3).

[24] 孙旭, 严鸣, 储小平. 基于情绪中介机制的辱虐管理与偏差行为 [J]. 管理科学, 2014 (5).

[25] 唐贵瑶, 胡冬青, 吴隆增, 等. 辱虐管理对员工人际偏差行为的影响及其作用机制研究 [J]. 管理学报, 2014 (12).

[26] 佟丽君, 周春淼. 企业员工工作—家庭冲突对工作和生活满意度的影响——大五人格的调节作用检验 [J]. 心理科学, 2009 (3).

[27] 王华锋, 贾生华, 李生校. 性别与工作—家庭冲突的中介效应研究 [J]. 心理科学, 2009 (5).

[28] 王西，廖建桥. 工作家庭冲突的组织支持策略研究综述 [J]. 人类工效学，2006 (3).

[29] 王永丽，何熟珍. 工作家庭冲突研究综述：跨文化视角 [J]. 管理评论，2008 (5).

[30] 王永丽，叶敏. 工作家庭平衡的结构验证及其因果分析 [J]. 管理评论，2011 (11).

[31] 王震，宋萌. 对辱虐管理与下属公平感关系的再分析：一个有中介的调节效应模型 [J]. 心理科学，2014 (3).

[32] 吴隆增，刘军，梁淑美，等. 辱虐管理与团队绩效：团队沟通与集体效能的中介效应 [J]. 管理评论，2013 (8).

[33] 吴隆增，刘军，刘刚. 辱虐管理与员工表现：传统性与信任的作用 [J]. 心理学报，2009 (6).

[34] 吴维库，王未，刘军，等. 辱虐管理、心理安全感知与员工建言 [J]. 管理学报，2012 (1).

[35] 谢义忠，曾垂凯，时勘. 工作家庭冲突对电讯人员工作倦怠和心理健康的影响 [J]. 心理科学，2007 (4).

[36] 谢义忠，时勘. 工作属性、社会支持对电信员工工作家庭冲突的影响 [J]. 中国心理卫生杂志，2007 (11).

[37] 严丹，黄培伦. 辱虐管理对建言行为影响及机制 [J]. 管理工程学报，2012 (4).

[38] 严丹，黄培伦. 辱虐管理对员工建言行为影响：组织自尊和个性控制点的作用 [J]. 商业经济与管理，2011 (12).

[39] 严丹. 上级辱虐管理对员工建言行为的影响——来自制造型企业的证据 [J]. 管理科学，2012 (2).

[40] 严丹. 辱虐管理一定会导致员工沉默吗？——以领导成员交换作为调节变量的实证研究 [J]. 财经论丛，2012 (6).

[41] 颜爱民，高莹. 辱虐管理对员工职场偏差行为的影响：组织认同的中介作用 [J]. 首都经济贸易大学学报，2010 (6).

[42] 颜爱民，裴聪. 辱虐管理对工作绩效的影响及自我效能感的中介作用 [J]. 管理学报，2013 (2).

[43] 韵江. 战略过程的研究进路与论争：一个回溯与检视 [J]. 管理世界，2011 (11).

[44] 张建卫，刘玉新. 工作家庭冲突与退缩行为：家庭友好实践与工作意义的调节作用 [J]. 预测，2011 (1).

[45] 张莉，林与川，于超跃，等. 支持资源作用下的工作—家庭促进：情感倾

向的调节作用 [J]. 管理学报，2012 (3).

[46] 张莉，张林，KORABIK K.职业女性的工作家庭冲突——工作自主性和上司支持的调节效应 [J]. 工业工程与管理，2010 (5).

[47] 张伶，胡藤华. 工作—家庭冲突结果变量的实证研究——以高校教师为例 [J]. 华南师范大学学报 (社会科学版)，2007 (5).

[48] 张伶，聂婷. 团队凝聚力、工作—家庭促进与员工在职行为关系研究 [J]. 管理学报，2013 (1).

[49] 张伶、聂婷. 员工积极组织行为影响因素的实证研究：工作—家庭冲突的中介作用 [J]. 管理评论，2011 (12).

[50] 张伶，张大伟. 工作—家庭冲突研究：国际进展与展望 [J]. 南开管理评论，2006 (9).

[51] 张勉，魏钧，杨百寅. 工作和家庭冲突的前因和后果变量：中国情景因素形成的差异 [J]. 管理工程学报，2009 (4).

[52] 张伟雄，王畅. 因果关系理论的建立——结构方程模型 [M] //陈晓萍，徐淑英，樊景立. 组织与管理研究的实证方法. 北京：北京大学出版社，2008：290-311.

[53] 张再生. 工作—家庭关系理论与工作家庭平衡计划 [J]. 南开管理评论，2002 (4).

[54] 周春淼，郝兴昌. 企业员工工作—家庭冲突与生活满意度的关系：大五人格的中介效应检验 [J]. 心理科学，2009 (5).

[55] 朱月龙，段锦云，凌斌. 辱虐管理的概念界定与影响因素及结果探讨 [J]. 外国经济与管理，2009 (12).

[56] ADAMS J S, FREEDMAN S.Equity theory revisited: comments and an annotated bibliography [M] // BERKOWITZ L, WALSTER E. Equity theory: toward a general theory of social interaction. New York: Academic Press, 1976: 43-91.

[57] ADAMS G A, KING L A, KING D W.Relationships of job and family involvement, family social support, and work-family conflict with job and life satisfaction [J]. Journal of Applied Psychology, 1996, 81 (4): 411-420.

[58] ALLENT D, HERST D E L, BRUCK C S, et al. Consequences associated with work-to-family conflict: a review and agenda for future research [J]. Journal of Occupational Health Psychology, 2000, 5 (2): 278-308.

[59] ALLEN V L, WILDER D A, ATKINSON M.Multiple group membership

and social identity [M] //SARBIN T R, SCHEIBE K E.Studies in social identity.New York: Praeger, 1983: 92-115.

[60] ANDERSONS E, COFFEYB S, BYERLY R T. Formal organizational initiatives and informal workplace practices: links to work-family conflict and job-related outcomes [J]. Journal of Management, 2002, 28 (6): 787-810.

[61] AQUINO K, DOUGLAS S, MARTINKO M J.Overt anger in response to victimization: attributional style and organizational norms as moderators [J]. Journal of Occupational Health Psychology, 2004, 9 (2): 152-164.

[62] AQUINO K, THAU S.Workplace victimization: aggression from the target's perspective [J]. Annual Review of Psychology, 2009, 60 (1): 717-741.

[63] AQUINO K, TRIPP T M, BIES R J.Getting even or moving on? Power, procedural justice, and types of offense as predictors of revenge, forgiveness, reconciliation, and avoidance in organizations [J]. Journal of Applied Psychology, 2006 (91): 653-668.

[64] AQUINO K, TRIPP T M, BIES R J.How employees respond to personal offense: the effects of blame attribution, victim status, and offender status on revenge and reconciliation in the workplace [J]. Journal of Applied Psychology, 2001, 86 (1): 52-59.

[65] ARYEE S, FIELDS D, LUK V.A cross-cultural test of a model of the work-family interface [J]. Journal of Management, 1999, 25 (4): 491-511.

[66] ARYEE S, SRINIVAS E S, TAN H H.Rhythms of life: antecedents and outcomes of work-family balance in employed parents [J]. Journal of Applied Psychology, 2005, 90 (1): 132-146.

[67] ARYEE S, SUN L Y, CHEN Z X, et al.Antecedents and outcomes of abusive supervision: test of a trickle-down model [J]. Journal of Applied Psychology, 2007, 92 (1): 191-201.

[68] ASHFORTH B E, KREINER G E, FUGATE M.All in a day's work: boundaries and micro role transitions [J]. Academy of Management Review, 2000, 25 (3): 472-491.

[69] BAKKER A B, DEMEROUTI E, DOLLARD M F.How job demands affect partners' experience of exhaustion: integrating work-family conflict and crossover theory [J]. Journal of Applied Psychology, 2008, 93 (4):

901−911.

[70] BALTES B B, HEYDENS-GAHIR H A.Reduction of work-family conflict through the use of selection, optimization, and compensation behaviors [J]. Journal of Applied Psychology, 2003, 88 (6): 1005−1018.

[71] Bandura A. Aggression: a social learning analysis [M]. Englewood Cliffs: Prentice Hall, 1973.

[72] Bandura A.Social Foundations of Thought and Action [M]. Englewood Cliffs: Prentice Hall, 1986.

[73] BARLING J, MACEWEN K E. Linking work experiences to facets of marital functioning [J]. Journal of Organizational Behavior, 1992, 13 (6): 573−583.

[74] BARON R M, KENNY D A.The moderator-mediator variable distinction in social psychological research: conceptual, strategic, and statistical considerations [J]. Journal of Personality and Social Psychology, 1986, 51 (6): 1173−1182.

[75] BATEMAN T S, CRANT J M.The proactive component of organizational behavior [J]. Journal of Organizational Behavior, 1993, 14: 103−118.

[76] BEDEIAN A G, BURKE B G, MOFFETT R G.Outcomes of work-family conflict among married male and female professionals [J]. Journal of Management, 1988, 14 (3): 475−491.

[77] BERKOWITZ L. Aggression: its causes, consequences, and control [M]. New York: McGraw-Hill, 1993.

[78] BEYDOUN H A, BEYDOUN M A, KAUFMAN J S, et al. Intimate partner violence against adult women and its association with major depressive disorder, depressive symptoms and post-partum depression: a systematic review and meta-analysis [J]. Social Science & Medicine, 2012, 75 (6): 959−975.

[79] BHAVE D P, KRAMER A, GLOMB TM. Work-family conflict in work groups: social information processing, support, and demographic dissimilarity [J]. Journal of Applied Psychology, 2010, 95 (1): 145−158.

[80] BHAVE D P, KRAMER A, GLOMB T M. Pay satisfaction and work-family conflict across time [J]. Journal of Organizational Behavior, 2012, 34 (5): 698−713.

[81] BIES R J, TRIPP T M.Beyond distrust: 'getting even' and the need for revenge [M] // KRAMER R M, TYLER T R.Trust in organizations.

Newbury Park: Sage, 1995: 246-260.

[82]　BOISOT M, CHILD J.The iron law of fiefs: bureaucratic failure and the problem of governance in the Chinese economic reforms [J]. Administrative Science Quarterly, 1988, 33 (4): 507-527.

[83]　BOISOT M, CHILD J. From fiefs to clans and network capitalism: explaining China's emerging economic order [J]. Administrative Science Quarterly, 1996, 41 (4): 600-628.

[84]　BOLINO M C, TURNLEY W H. The personal costs of citizenship behavior: the relationship between individual initiative and role overload, job stress, and work-family conflict [J]. Journal of Applied Psychology, 2005, 90 (4): 740-748.

[85]　BOLINO M C, TURNLEY W H, GILSTRAP J B.Citizenship under pressure: what's a 'good soldier' to do? [J]. Journal of Organizational Behavior, 2010, 31 (6): 835-855.

[86]　BRADFIELD M, AQUINO K. The effects of blame attributions and offender likableness on forgiveness and revenge in the workplace [J]. Journal of Management, 1999, 25 (5): 607-631.

[87]　BROWN R P.Measuring individual differences in the tendency to forgive: construct validity and links with depression [J]. Personality and Social Psychology Bulletin, 2003, 29 (6): 759-771.

[88]　BURKE P J, REITZES D C. The link between identity and role performance [J]. Social Psychology Quarterly, 1981, 44 (2): 83-92.

[89]　BURKE R J, GREENGLASS E R, COOPER C L, et al.Work and Family [M] //COOPER C L, ROBERTSON I T.International review of industrial and organizational psychology.Oxford: Wiley, 1987: 27-320.

[90]　BURKE R J.Some antecedents and consequences of work-family conflict [J]. Journal of Social Behavior and Personality, 1988, 3 (4): 287-302.

[91]　BURRIS E R, DETERT J R, CHIABURU D S. Quitting before leaving: the mediating effects of psychological attachment and detachment on voice [J]. Journal of Applied Psychology, 2008, 93 (4): 912-922.

[92]　BUSHMAN B J, BAUMEISTER R F, PHILLIPS C M.Do people aggress to improve their mood? Catharsis beliefs, affect regulation opportunity, and aggressive responding [J]. Journal of Personality and Social Psychology, 2001, 81 (1): 17-32.

［93］ CARLSON D S, PERREWÉ P L.The role of social support in the stressor-strain relationship: an examination of work-family conflict ［J］. Journal of Management, 1999, 25 (4): 513-540.

［94］ CARLSON D S, KACMAR K M.Work-family conflict in the organization: do life role values make a difference? ［J］. Journal of Management, 2000, 26 (5): 1031-1054.

［95］ CARLSON D S, FRONE M R.Relation of behavioral and psychological involvement to a new four-factor conceptualization of work-family interference ［J］. Journal of Business and Psychology, 2003, 17 (4): 515-535.

［96］ CARLSON D S, GRZYWACZ J G, FERGUSON M, et al.Health and turnover of working mothers after childbirth via the work-family interface: an analysis across time ［J］. Journal of Applied Psychology, 2011, 96 (5): 1045-1054.

［97］ CARLSON D S, FERGUSON M, KACMAR K M, et al.Pay it forward: the positive crossover effects of supervisor work-family enrichment ［J］. Journal of Management, 2011, 37 (3): 770-789.

［98］ CARLSON D S, FERGUSON M, PERREWÉ P L, et al.The fallout from abusive supervision: an examination of subordinates and their partners ［J］. Personnel Psychology, 2011, 64 (4): 937-961.

［99］ CARR J C, BOYAR S L, GREGORY B T.The moderating effect of work-family centrality on work-family conflict, organizational attitudes, and turnover behavior ［J］. Journal of Management, 2008, 34 (2): 244-262.

［100］ CARVER C S, SCHEIER M F.Optimism ［M］ //SNYDER C R. Coping: the psychology of what works. New York: Oxford University Press, 1999: 182-204.

［101］ COLQUITT J A, ZAPATA-PHELAN C P.Trends in theory building and theory testing: a five-decade study ［J］. Academy of Management Journal, 2007, 50 (6): 1281-1303.

［102］ COOKE R A, ROUSSEAU D M.Stress and strain from family roles and work-role expectations ［J］. Journal of Applied Psychology, 1984, 69 (2): 252-260.

［103］ COX S S.An investigation of forgiveness climate and workplace outcomes ［C］. Academy of Management Meeting, 2011.

［104］ DARLEY J M, PITTMAN T S.The psychology of compensatory and retributive justice [J]. Personality and Social Psychology Review, 2003, 7 (4): 324-336.

[105] DEROGATIS L R, COONS H L. Self-report measures of stress [M] // GOLDBERGER L, BREZNITZ S. Handbook of Stress. 2nd ed. New York: Free Press, 1993: 200-233.

[106] DETERT J R, TREVIÑOL K, BURRIS E R, et al. Managerial modes of influence and counter-productivity in organizations: a longitudinal business-unit-level investigation [J]. Journal of Applied Psychology, 2007, 92 (4): 993-1005.

[107] DIERDORFF E C, ELLINGTON J K. It's the nature of the work: examining behavior-based sources of work-family conflict across occupations [J]. Journal of Applied Psychology, 2008, 93 (4): 883-892.

[108] DUFFY M K, GANSTER D C, PAGON M. Social undermining in the workplace [J]. Academy of Management Journal, 2002, 45 (2): 331-351.

[109] DUPRÉ K E, INNESS M, CONNELLY C E, et al. Workplace aggression in teenage part-time employees [J]. Journal of Applied Psychology, 2006, 91 (5): 987-997.

[110] DUXBURY L E, HIGGINS C A. Gender differences in work-family conflict [J]. Journal of Applied Psychology, 1991, 76 (1): 60-74.

[111] EAGLY A H, WOOD W, DIEKMAN A B. Social role theory of sex differences and similarities: a current appraisal [M] //ECKES T, TRAUTNER H M. The developmental social psychology of gender. Mahwah: Lawrence Erlbaum Associates Publishers, 2000: 123-174.

[112] EATON J, STRUTHERS C, SANTELLI A G. The mediating role of perceptual validation in the repentance-forgiveness process [J]. Personality and Social Psychology Bulletin, 2006, 32 (10): 1389-1401.

[113] EDWARDS J R, ROTHBARD N P. Mechanisms linking work and family: clarifying the relationship between work and family constructs [J]. Academy of Management Review, 2000, 25 (1): 178-199.

[114] EMRICH C G, DENMARK F L, DENHARTOG D N. Cross-cultural differences in gender egalitarianism: implications for societies, organizations, and leaders [M] //HOUSE R J, HANGES P J, JAVIDAN M, et al. Culture, leadership, and organizations: the globe study of 62 societies. Thousand Oaks: Sage, 2004: 343-394.

[115] ENRIGHT R D.The moral development of forgiveness [M] //KURTINES W, GEWIRTZ J.Handbook of moral behavior and development.Hillsdale: Erlbaum, 1991: 123-152.

[116] ENRIGHT R D.Piaget on the moral development of forgiveness: identity or reciprocity? [J]. Human Development, 1994, 37 (2): 63-80.

[117] ENRIGHT R D, GASSIN E A, WU C.Forgiveness: a developmental view [J]. Journal of Moral Education, 1992, 21 (2): 99-114.

[118] EVANS P, BARTOLOME F.The changing pictures of the relationship between career and family [J]. Journal of Occupational Behavior, 1984, 5 (1): 9-21.

[119] EVANS P, BARTOLOME F.The dynamics of work-family relationships in managerial lives [J]. International Review of Applied Psychology, 1986, 35 (3): 371-395.

[120] EXLINE J J, EVERETT L, WORTHINGTON J, et al.Forgiveness and justice: a research agenda for social and personality psychology [J]. Personality and Social Psychology Review, 2003, 7 (4): 337-348.

[121] FEHR R, GELFAND M J.The forgiving organization: a multilevel model of forgiveness at work [J]. Academy of Management Review, 2012, 37 (4): 664-688.

[122] FERGUSON M.You cannot leave it at the office: spillover and crossover of coworker incivility [J]. Journal of Organizational Behavior, 2012, 33 (4): 571-588.

[123] FITZGIBBONS R P.The cognitive and emotive uses of forgiveness in the treatment of anger [J]. Psychotherapy, 1986, 23 (4): 629-633.

[124] FORD M T, HEINEN B A, LANGKAMER K L. Work and family satisfaction and conflict: a meta-analysis of cross-domain relations [J]. Journal of Applied Psychology, 2007, 92 (1): 57-80.

[125] FREEDMAN S.Forgiveness and reconciliation: the importance of understanding how they differ [J]. Counseling and Values, 1998, 42 (3): 200-216.

[126] FREEDMAN S.What it means to forgive and why the way we define forgiveness matters [J]. Peace and Conflict: Journal of Peace Psychology, 2011, 17 (3): 334-338.

[127] FRONE M R, RICE R W.Work-family conflict: the effect of job and family involvement [J]. Journal of Organizational Behavior, 2000, 8 (1):

45-53.

[128] FRONE M R.Work-family conflict and employee psychiatric disorders: the national comorbidity survey [J]. Journal of Applied Psychology, 2000, 85 (6): 888-895.

[129] FRONE M R, RUSSELL M, COOPER M L.Antecedents and outcomes of work-family conflict: testing a model of the work-family interface [J]. Journal of Applied Psychology, 1992, 77 (1): 65-78.

[130] FRONE M R, RUSSELL M, COOPER M L.Prevalence of work-family conflict: are work and family boundaries asymmetrically permeable [J]. Journal of Organizational Behavior, 1992, 13 (7): 723-729.

[131] FRONE M R, RUSSELL M, COOPER M L.Relationship of work-family conflict, gender, and alcohol expectancies to alcohol use/abuse [J]. Journal of Organizational Behavior, 1993, 14 (6): 545-558.

[132] GAJENDRAN R S, HARRISON D A. The good, the bad, and the unknown about telecommuting: meta-analysis of psychological mediators and individual consequences [J]. Journal of Applied Psychology, 2007, 92 (6): 1524-1541.

[133] GEURTS S A E, TARIS T W, KOMPIER M A J, et al.Work-home interaction from a work-psychological perspective: development and validation of a new questionnaire, the swing [J]. Work and Stress, 2005, 19 (4): 319-339.

[134] GOODSTEIN J, AQUINO K.And restorative justice for all: redemption, forgiveness, and reintegration in organizations [J]. Journal of Organizational Behavior, 2010, 31 (4): 624-628.

[135] GOODSTEIN J D. Institutional pressures and strategic responsiveness: employer involvement in work-family issues [J]. Academy of Management Journal, 1994, 37 (2): 350-382.

[136] GREEN S G, BULLSCHAEFER R A, MACDERMID S M, et al.Partner reactions to work-to-family conflict: cognitive appraisal and indirect crossover in couples [J]. Journal of Management, 2011, 37 (3): 744-769.

[137] GREENBERG J A. Taxonomy of organizational justice theories [J]. Academy of Management Review, 1987, 12 (1): 9-22.

[138] GREENHAUS J H, BEUTELL N J.Sources of conflict between work and family roles [J]. Academy of Management Review, 1985, 10 (1):

76-88.

[139] GREENHAUS J H, POWELL J N.When work and family are allies: a theory of work-family enrichment [J]. Academy of Management Review, 2006, 31 (1): 72-92.

[140] GREENHAUS J H, BEDEIAN A G, MOSSHOIDER K W. Work experiences, job performance, and feelings of personal and family well-being [J]. Journal of Vocational Behavior, 1987, 31 (2): 200-215.

[141] GRZYWACZ J G, BASS B L.Work, family, and mental health: testing different models of work-family fit [J]. Journal of Marriage and Family, 2003, 65 (1): 248-262.

[142] GRZYWACZ J G, MARKS N F.Reconceptualizing the work-family interface: an ecological perspective on the correlates of positive and negative spillover between work and family [J]. Journal of Occupational Health Psychology, 2000, 5 (1): 111-126.

[143] GRZYWACZ J G, ARCURY T A, MARÍN A, et al.Work-family conflict: experiences and health implications among immigrant latinos [J]. Journal of Applied Psychology, 2007, 92 (4): 1119-1130.

[144] GUTEK B A, NAKAMURA C Y, NIEVA V F. The interdependence of work and family roles [J]. Journal of Occupational Behavior, 1981, 2 (1): 1-16.

[145] GUTEK B A, SEARLE S, KLEPA L. Rational versus gender role explanations for work-family conflict [J]. Journal of Applied Psychology, 1991, 76 (4): 560-568.

[146] HALBESLEBEN R B, WHEELER A R, ROSSI A M.The costs and benefits of working with one's spouse: a two-sample examination of spousal support, work-family conflict, and emotional exhaustion in work-linked relationships [J]. Journal of Organizational Behavior, 2012, 33 (5): 597-615.

[147] HAMMER L B, KOSSEK E E, YRAGUI N L, et al.Development and validation of a multidimensional measure of family supportive supervisor behaviors (FSSB) [J]. Journal of Management, 2009, 35 (4): 837-856.

[148] HAMMER L B, KOSSEK E E, ANGER W K, et al.Clarifying work-family intervention processes: the roles of work - family conflict and family - supportive supervisor behaviors [J]. Journal of Applied Psychology,

2011, 96（1）: 134-150.

[149] HAMMER L B, NEAL M B, NEWSOM J T, et al.A longitudinal study of the effects of dual-earner couples' utilization of family-friendly workplace supports on work and family outcomes [J]. Journal of Applied Psychology, 2005, 90（4）: 799-810.

[150] HARRISON D A, MCLAUGHLIN M E, COALTER T M. Context, cognition, and common method variance: psychometric and verbal protocol evidence [J]. Organizational Behavior and Human Decision Processes, 1996, 68（3）: 246-261.

[151] HASSI A. Empowering leadership and management innovation in the hospitality industry context: the mediating role of climate for creativity [J]. International Journal of Contemporary Hospitality Management, 2019, 31（4）: 1785-1800.

[152] HAYES A F. Introduction to mediation, moderation, and conditional process ananlysis [M]. New York: The Guilford Press, 2018.

[153] HEBL J, ENRIGHT R D. Forgiveness as a psychotherapeutic goal with elderly females [J]. Psychotherapy, 1993（30）: 658-667.

[154] HIGGINS C A, DUXBURY L E. Work-family conflict: a comparison of dual-career and traditional-career men [J]. Journal of Organizational Behavior, 1992, 13（4）: 389-411.

[155] HOLOHAN C K, GILBERT L A. Conflict between major life roles: women and men in dual career couples [J]. Hunan Relations, 1979, 32（6）: 451-467.

[156] HOOBLER J M, BRASS D J. Abusive supervision and family undermining as displaced aggression [J]. Journal of Applied Psychology, 2006, 91（5）: 1125-1133.

[157] HOOBLER J M, WAYNE S J, LEMMON G. Bosses' perceptions of family-work conflict and women's promotability: glass ceiling effects [J]. Academy of Management Journal, 2009, 52（5）: 939-957.

[158] HORNUNG S, ROUSSEAU D M, GLASER J. Creating flexible work arrangements through idiosyncratic deals [J]. Journal of Applied Psychology, 2008, 93（3）: 655-664.

[159] HOUSE G S. Work stress and social support [M]. Reading: Addison-Wesley, 1981.

[160] IBARRA H. Provisional selves: experimenting with image and identity in

professional adaptation [J]. Administrative Science Quarterly, 1999, 44 (4): 764-791.

[161] ILIES R, SCHWIND K M, WAGNER D T, et al. When can employees have a family life? the effects of daily workload and affect on work-family conflict and social behaviors at home [J]. Journal of Applied Psychology, 2007, 92 (5): 1368-1379.

[162] INNESS M, BARLING J, TURNER N. Understanding supervisor-targeted aggression: a within-person, between-jobs design [J]. Journal of Applied Psychology, 2005, 90 (4): 731-739.

[163] JACKSON S E, MASLACH C. After-effects of job-related stress: families as victims [J]. Journal of Organizational Behavior, 1982, 3 (1): 63-77.

[164] JACKSON S E, ZEDECK S, SUMMERS E. Family life disruptions: effects of job-induced structural and emotional interference [J]. Academy of Management Journal, 1985, 28 (3): 574-586.

[165] JENNINGS J E, MCDOUGALD M S. Work-family interface experiences and coping strategies: implications for entrepreneurship research and practice [J]. Academy of Management Review, 2007, 32 (3): 747-760.

[166] JOHNSON R E, LANAJ K, VENUS M, et al. Leader identity as an antecedent of the frequency and consistency of transformational, consideration, and abusive leadership behaviors [J]. Journal of Applied Psychology, 2012, 97 (6): 1262-1272.

[167] JONES E, FLETCHER B. An empirical study of occupational stress transmission in working couples [J]. Human Relations, 1993, 46 (7): 881-902.

[168] JUDGE T A, COLQUITT J A. Organizational justice and stress: the mediating role of work-family conflict [J]. Journal of Applied Psychology, 2004, 89 (3): 395-404.

[169] JUDGE T A, BOUDREAU J W, BRETZ R D. Job and life attitudes of male executives [J]. Journal of Applied Psychology, 1994, 79 (5): 767-782.

[170] KABASAKAL H, BODUR M. Humane orientation in societies, organizations, and leader attributes [M] //HOUSE R J, HANGES P J, JAVIDAN M, et al. Culture, leadership, and organizations: the globe study of 62 societies. Thousand Oaks: Sage: 564-601.

[171] KAHN R. L, WOLFE D M, QUINN R, et al. Organizational stress: studies in role conflict and ambiguity [M]. New York: Wiley, 1964.

[172] KARAMBAYYA R, REILLY A H. Dual earner couples: attitudes and actions in restructuring work for family [J]. Journal of Organizational Behavior, 1992, 13 (6): 585-601.

[173] KATZ D, KAHN R L. The social psychology of organizations [M]. 2nd ed. New York: Wiley, 1978.

[174] KESSLER R, MROCZEK D. Final versions of our non-specific psychological distress scale [D]. Ann Arbor: University of Michigan, 1994.

[175] KIM T Y, LEUNG K. Forming and reacting to overall fairness: a cross-cultural comparison [J]. Organizational Behavior and Human Decision Processes, 2007, 104 (1): 83-95.

[176] KOPELMAN R E, GREENHAUS J H, CONNOLLY T F. A model of work, family and interrole conflict: a construct validation study [J]. Organizational Behavior and Human Processes, 1983, 32 (2): 198-215.

[177] KOSSEK E E, OZEKI C. Work-family conflict, policies, and the job-life satisfaction relationship: a review and directions for organizational behavior-human resources research [J]. Journal of Applied Psychology, 1998, 83 (2): 139-149.

[178] KOSSEK E E, COLQUITT J A, NOE R A. Care giving decisions, well-being, and performance: the effects of place and provider as a function of dependent type and work-family climates [J]. Academy of Management Journal, 2001, 44 (1): 29-44.

[179] LAMBERT S J. Processes linking work and family: a critical review and research agenda [J]. Human Relations, 1990, 43 (3): 239-257.

[180] LAPIERRE L M, ALLEN T D. Control at work, control at home, and planning behavior: implications for work-family conflict [J]. Journal of Management, 2012, 38 (5): 1500-1516.

[181] LAZAROVA M, WESTMAN M, SHAFFER M A. Elucidating the positive side of the work-family interface on international assignments: a model of expatriate work and family performance [J]. Academy of Management Review, 2010, 35 (1): 93-117.

[182] LAZARUS R S. Emotion and adaptation [M]. New York: Oxford University Press, 1991.

［183］ LAZARUS R S.From psychological stress to the emotions： a history of changing outlooks ［J］. Annual Review of Psychology, 1993, 44： 1-21.

［184］ LAZARUS R S, FOLKMAN S. Stress, appraisal, and coping ［M］. New York： Springer, 1984.

［185］ LEVENTHAL G S. What should be done with equity theory? ［M］ // GERGEN K J, GREENBERG M S, WILLIS R H, et al.Social exchange： advances in theory and research.New York： Plenum, 1980： 27-55.

［186］ LIAN H, FERRIS D L, BROWN D J.Does power distance exacerbate or mitigate the effects of abusive supervision? It depends on the outcome ［J］. Journal of Applied Psychology, 2012, 97 (1)： 107-123.

［187］ LIAO KY, WEI M. Insecure attachment and depressive symptoms： forgiveness of self and others as moderators ［J］. Personal Relationships, 2015, 22 (2)： 216-229.

［188］ LIND E A, TYLER T T.The social psychology of procedural justice ［M］. New York： Plenum, 1988.

［189］ LITRICO J B, LEE M D, Balancing exploration and exploitation in alternative work arrangements： a multiple case study in the professional and management services industry ［J］. Journal of Organizational Behavior, 2008, 29 (8)： 995-1020.

［190］ LITTLE L M, SIMMONS B L, NELSON D L. Health among leaders： positive and negative affect, engagement and burnout, forgiveness and revenge ［J］. Journal of Management Studies, 2007, 44 (2)： 243-260.

［191］ LIU D, LIAO H, LOI R. The dark side of leadership： a three - level investigation of the cascading effect of abusive supervision on employee creativity ［J］. Academy of Management Journal, 2012, 55 (5)： 1187-1212.

［192］ LIVINGSTON B A, JUDGE T A.Emotional responses to work-family conflict： an examination of gender role orientation among working men and women ［J］. Journal of Applied Psychology, 2008, 93 (1)： 207-216.

［193］ LOBEL S A. Allocation of investment in work and family roles： alternative theories and implications for research ［J］. Academy of Management Review, 1991, 16 (3)： 507-521.

［194］ MAJOR V S, KLEIN K J, EHRHART M G.Work time, work interference with family, and psychological distress ［J］. Journal of Applied Psychology,

2002, 87 (3): 427-436.

[195] MARTINS L L, EDDLESTON K A, VEIGA J. Moderators of the relationship between work-family conflict and career satisfaction [J]. Academy of Management Journal, 2002, 45 (2): 399-409.

[196] MAUNO S, KINNUNEN U. The effects of job stressors on marital satisfaction in Finnish dual-earner couples [J]. Journal of Organizational Behavior, 1999, 20 (6): 879-895.

[197] MCCULLOUGH M E, RACHAL K C, SANDAGE S J, et al.Interpersonal forgiving in close relationships: II.theoretical elaboration and measurement [J]. Journal of Personality and Social Psychology, 1998, 75 (6): 1586-1603.

[198] MCCULLOUGH M E, ROOT L M, COHEN A D. Writing about the benefits of an interpersonal transgression facilitates forgiveness [J]. Journal of Consulting and Clinical Psychology, 2006, 74 (5): 887-897.

[199] MCCULLOUGH M E, WORTHINGTON E L. Promoting forgiveness: a comparison of two brief psychoeducational group interventions with a waiting-list control [J]. Counseling and Values, 1995 (40): 55-66.

[200] MCNULTY JK. The dark side of forgiveness: the tendency to forgive predicts continued psychological and physical aggression in marriage [J]. Personality and Social Psychology Bulletin, 2011, 37 (6): 770-783.

[201] MEYER J P, BECKER T E, VANDICK R . Social identities and commitments at work: toward an integrative model [J]. Journal of Organizational Behavior, 2006, 27 (5): 665-683.

[202] MICHEL J S, KOTRBA L M, MITCHELSON J K, et al.Antecedents of work-family conflict: a meta-analytic review [J]. Journal of Organizational Behavior, 2011, 32 (5): 689-725.

[203] MILLER N E.The frustration-aggression hypothesis [J]. Psychological Review, 1941, 48: 337-442.

[204] MILLIKEN F J, MARTINS L L, MORGAN H. Explaining organizational responsiveness to work-family issues: the role of human resource executives as issue interpreters [J]. Academy of Management Journal, 1998, 41 (5): 580-592.

[205] MITCHELL M S, AMBROSE M L. Abusive supervision and workplace deviance and the moderating effects of negative reciprocity beliefs [J]. Journal of Applied Psychology, 2007, 92 (4): 1159-1168.

［206］ MULLER D, JUDD C M, YZERBYT V Y.When moderation is mediated and mediation is moderated ［J］. Journal of Personality and Social Psychology, 2007, 89 (6): 852-863.

［207］ MURPHY J G. Forgiveness and resentment ［M］ //MURPHY J G, HAMPTON J.Forgiveness and mercy.Cambridge: Cambridge University Press, 1988: 14-34.

［208］ NETEMEYER R G, BOLES J S, MCMURRIAN R. Development and validation of work-family conflict and family-work conflict scales ［J］. Journal of Applied Psychology, 1996, 81 (4): 400-410.

［209］ NG T W H, FELDMAN D C. Long work hours: a social identity perspective on meta-analysis data ［J］. Journal of Organizational Behavior, 2008, 29 (7): 853-880.

［210］ NG T W H, FELDMAN D C.The effects of organizational and community embeddedness on work-to-family and family-to-work conflict ［J］. Journal of Applied Psychology, 2012, 97 (6): 1233-1251.

［211］ NIEHOFF B P, MOORMAN R H. Justice as a mediator of the relationship between methods of monitoring and organizational citizenship behavior ［J］. Academy of Management Journal, 1993, 36 (3): 527-556.

［212］ OGUNFOWORA, B. When the abuse is unevenly distributed: the effects of abusive supervision variability on work attitudes and behaviors ［J］. Journal of Organizational Behavior, 2013, 34 (8): 1105-1123.

［213］ OKIMOTO T G, WENZEL M.The symbolic meaning of transgressions: towards a unifying framework of justice restoration ［J］. Advances in group processes, 2008, 25 (8): 291-326.

［214］ ORCUTT H K.The prospective relationship of interpersonal forgiveness and psychological distress symptoms among college women ［J］. Journal of Counseling Psychology, 2006, 53 (3): 350-361.

［215］ OUELLET-MORIN I, FISHER H L, YORK-SMITH M, et al. Intimate partner violence and new-onset depression: a longitudinal study of women's childhood and adult histories of abuse ［J］. Depression and Anxiety, 2015, 32 (5): 316-324.

［216］ PARASURAMAN S, SIMMERS C A.Type of employment, work-family conflict and well-being: a comparative study ［J］. Journal of Organizational Behavior, 2001, 22 (5): 551-568.

[217] PARASURAMAN S, GREENHAUS J H, Granrose C S.Role stressors, social support, and well-being among two-career couples [J]. Journal of Organizational Behavior, 1992, 13 (4): 339-356.

[218] PAYKEL E S, MYWES J K, DIENELT M N, et al. Life events and depression: a controlled study [J]. Archives of General Psychology, 1969, 21 (6): 753-757.

[219] PEDERSEN W C, GONZALES C, MILLER N.The moderating effect of trivial triggering provocation on displaced aggression [J]. Journal of Personality and Social Psychology, 2000, 78 (5): 913-927.

[220] PIOTRKOWSKI C S.Work and the family system [M]. New York: Free Press, 1979.

[221] POWELL G N, GREENHAUS J H.Sex, gender, and decisions at the family→work interface [J]. Journal of Management, 2010, 36 (4): 1011-1039.

[222] POWELL G N, GREENHAUS J H.Sex, gender, and the work-to-family interface: exploring negative and positive interdependencies [J]. Academy of Management Journal, 2010, 53 (3): 513-534.

[223] POWELL G N, FRANCESCO A M, LING Y. Toward culture-sensitive theories of the work-family interface [J]. Journal of Organizational Behavior, 2009, 30 (5): 597-616.

[224] PRATT M G, ROSA J A.Transforming work-family conflict into commitment in network marketing organizations [J]. Academy of Management Journal, 2003, 46 (4): 395-418.

[225] PREMEAUX S F, ADKINS C L, MOSSHOLDER K W.Balancing work and family: a field study of multi-dimensional, multi-role work-family conflict [J]. Journal of Organizational Behavior, 2007, 28 (6): 705-727.

[226] RESTUBOG S L D, SCOTT K L, ZAGENCZYK T J.When distress hits home: the role of contextual factors and psychological distress in predicting employees' responses to abusive supervision [J]. Journal of Applied Psychology, 2011, 96 (4): 713-729.

[227] RICE R W, FRONE M R, MCFARLIN D B.Work-nonwork conflict and the perceived quality of life [J]. Journal of Organizational Behavior, 1992, 13 (2): 155-168.

[228] RIZZO J R, HOUSE R J, LIRTZMAN S I.Role conflict and ambiguity in

complex organizations [J]. Administrative Science Quarterly, 1970, 15 (2): 150-163.

[229] ROGERS M J, FOLLINGSTAD D R.Women's exposure to psychological abuse: does that experience predict mental health outcomes? [J]. Journal of Family Violence, 2014, 29 (6): 595-611.

[230] ROOK K, DOOLEY D, CATALANO R.Stress transmission: the effect of husbands' job stressors on the emotional health of their wives [J]. Journal of Marriage and the Family, 1991, 53 (1): 165-177.

[231] ROTHBARD N P.Enriching or depleting? The dynamics of engagement in work and family roles [J]. Administrative Science Quarterly, 2001, 46 (4): 655-684.

[232] SCHEIER M F, WEINTRAUB J K, CARVER C S.Coping with stress: divergent strategies of optimists and pessimists [J] . Journal of Personality and Social Psychology, 1986, 51 (6): 1257-1264.

[233] SELIFMAN M E P, CSIKSZENTMIHALYI M. Positive psychology: an introduction [J]. American Psychologist, 2000, 55 (1): 5-14.

[234] Selye H.Stress without distress [M] // GEORGE S .Psychopathology of human adaptation.New York: Springer US, 1976: 137-146.

[235] SHAFFER M A, HARRISON D A, GILLEY K M, et al. Struggling for balance amid turbulence on international assignments: work-family conflict, support and commitment [J]. Journal of Management, 2001, 27 (1): 99-121.

[236] SNOW C C, THOMAS J B. Field research methods in strategic management: contributions to theory building and testing [J]. Journal of Management Studies, 1994, 31 (4): 457-480.

[237] SONG Z, FOO M D, UY M A, et al. Unraveling the daily stress crossover between unemployed individuals and their employed spouses [J]. Journal of Applied Psychology, 2011, 96 (1): 151-168.

[238] SPIELBERGER C D, GORSUCH R L, LUSHENE P E. Manual for the state-trait anxiety inventory [M]. Palo Alto: Consulting Psychologists Press, 1970.

[239] STAINES G L, PLECK J H.Nonstandard work schedules and family life [J]. Journal of Applied Psychology, 1984, 69 (3): 515-523.

[240] STAINES G L.Spillover versus compensation: a review of the literature on the relationship between work and nonwork [J]. Human Relations,

1980, 33（2）：111-129.

[241] STRASSER J A.The relation of general forgiveness and forgiveness type to reported health in the elderly.［D］. Washington：Catholic University of America, 1984.

[242] STRELAN P, COVIC T.A review of forgiveness process models and a coping framework to guide future research［J］. Journal of Social and Clinical Psychology, 2006, 25（10）：1059-1085.

[243] TAYLOR B L, DELCAMPO R G, BLANCERO D M.Work-family conflict/ facilitation and the role of workplace supports for U. S. hispanic professionals［J］. Journal of Organizational Behavior, 2009, 30（5）：643-664.

[244] TEKN BRUMMELHUIS L L, TER HOEVEN C L, DE JONG M D T, et al. Exploring the linkage between the home domain and absence from work：health, motivation, or both?［J］. Journal of Organizational Behavior, 2013, 34（3）：273-290.

[245] TEN BRUMMELHUIS L L, VANDERLIPPE T, KLUWER E S. Family involvement and helping behavior in teams［J］. Journal of Management, 2010, 36（6）：1406-1431.

[246] TEPPER B J.Upward maintenance tactics in supervisory mentoring and no mentoring relationships［J］. Academy of Management Journal, 1995, 38（4）：1191-1205.

[247] TEPPER B J.Consequences of abusive supervision［J］. Academy of Management Journal, 2000, 43（2）：178-190.

[248] TEPPER B J. Abusive supervision in work organizations：review, synthesis, and research agenda［J］. Journal of Management, 2007, 33（3）：261-289.

[249] TEPPER B J, HENLE C A, LAMBERT L S, et al.Abusive supervision and subordinates' organization deviance［J］. Journal of Applied Psychology, 2008, 93（4）：721-732.

[250] TEPPER B J, DUFFY M K, HENLE C A, et al.Procedural injustice, victim precipitation, and abusive supervision［J］. Personnel Psychology, 2006, 59（1）：101-123.

[251] TEPPER B J, MOSS S E, DUFFY M K.Predictors of abusive supervision：supervisor perceptions of deep-level dissimilarity, relationship conflict, and subordinate performance［J］. Academy of Management Journal,

2011, 54 (2): 279-294.

[252] THAUS S, MITCHELL M S.Self-gain or self-regulation impairment? Tests of competing explanations of the supervisor abuse and employee deviance relationship through perceptions of distributive justice [J]. Journal of Applied Psychology, 2010, 95 (6): 1009-1031.

[253] THOMAS L T, GANSTER D C.Impact of family-supportive work variables on work-family conflict and strain: a control perspective [J]. Journal of Applied Psychology, 1995, 80 (1): 6-15.

[254] TOUISSANT L L, WILLIAMS D R, MUSICK M A, et al.Forgiveness and health: age differences in a U.S.population sample [J]. Journal of Adult Development, 2001, 8 (4): 249-257.

[255] TRAINER M F.Forgiveness: intrinsic, role-expected, expedient, in the context of divorce [D]. Boston: Boston University, 1981.

[256] VANSTEENBERGEN E F, ELLEMERS N.Is managing the work-family interface worthwhile? Benefits for employee health and performance [J]. Journal of Organizational Behavior, 2009, 30 (5): 617-642.

[257] VINOKUR A D, PIERCE P F, BUCK C L.Work-family conflicts of women in the air force: their influence on mental health and functioning [J]. Journal of Organizational Behavior, 1999, 20 (6): 865-878.

[258] WALKER M U. Moral repair: reconstructing moral relations after wrongdoing [M]. Cambridge: Cambridge University Press, 2006.

[259] WALLACE J E.Work-to-nonwork conflict among married male and female lawyers [J]. Journal of Organizational Behavior, 1999, 20 (6): 797-816.

[260] WANG M, LIU S, ZHAN Y, et al.Daily work-family conflict and alcohol use: testing the cross-level moderation effects of peer drinking norms and social support [J]. Journal of Applied Psychology, 2010, 95 (2): 377-386.

[261] WELBOURNE T M, JOHNSON D E, EREZ A. The role-based performance scale: validity analysis of a theory-based measure [J]. Academy of Management Journal, 1998, 41 (5): 540-555.

[262] WENZEL M, OKIMOTO T G.How acts of forgiveness restore a sense of justice: addressing status / power and value concerns raised by transgressions [J]. European Journal of Social Psychology, 2010, 40 (3): 401-417.

[263] WENZEL M, OKIMOTO T G. The varying meaning of forgiveness: relationship closeness moderates how forgiveness affects feelings of justice [J]. European Journal of Social Psychology, 2012, 42 (4): 420-431.

[264] WENZEL M, OKIMOTO T G, FEATHER N T, et al. Retributive and restorative justice [J]. Law and Human Behavior, 2008, 32 (5): 375-389.

[265] WERBEL J D. The impact of primary life involvements on turnover: a comparison of part-time and full-time employees [J]. Journal of Organizational Behavior, 1985, 6 (4): 251-258.

[266] WESTMAN M. Stress and strain crossover [J]. Human Relations, 2001, 54 (6): 717-751.

[267] WILLIAMS K J, ALLIGER G M. Role stressors, mood spillover, and perceptions of work-family conflict in employed parents [J]. Academy of Management Journal, 1994, 37 (4): 837-868.

[268] WITVLIET C V. Forgiveness and health: review and reflections on a matter of faith, feelings, and physiology [J]. Journal of Psychology and Theology, 2001, (29): 212-224.

[269] WORTHINGTON E L. Forgiveness and reconciliation: theory and application [J]. New York: Brunner-Routledge, 2006.

[270] WORTHINGTON E L, BERRY J W, PARROTT L. Unforgiveness, forgiveness, religion, and health [M] //PLANTE T G, SHERMAN A C. Faith and health: psychological perspectives. New York: Guilford Press, 2001: 107-138.

[271] WU L Z, YIM F H, KWAN H K, et al. Coping with workplace ostracism: the roles of ingratiation and political skill in employee psychological distress [J]. Journal of Management Studies, 2012, (49): 178-199.

[272] XU E, HUANG X, LAM C K, et al. Abusive supervision and work behaviors: the mediating role of LMX [J]. Journal of Organizational Behavior, 2012, 33 (4): 531-543.

[273] YANG N, CHEN C C, CHOI J, et al. Sources of work-family conflict: A sino-U.S. comparison of the effects of work and family demands [J]. Academy of Management Journal, 2000, 43 (1): 113-123.

[274] YOGEV S, BRETT J. Patterns of work and family involvement among single-and dual-earner couples [J]. Journal of Applied Psychology,

1985, 70（4）: 754-768.

［275］ YSSELDYK R, MATHESON K. Forgiveness and coping ［M］// MALCOLM W, DECOURVILLE N, BELICKI K.Women's reflections on the complexities of forgiveness.New York: Routledge, 2008: 143-163.

［276］ YSSELDYK R, MATHESON K., ANISMAN H.Forgiveness and the appraisal - coping process in response to relationship conflicts: implications for depressive symptoms ［J］. Stress, 2009, 12（2）: 152-166.

［277］ YSSELDYK R, MATHESON K, ANISMAN H.Revenge is sour, but is forgiveness sweet? Psychological health and cortisol reactivity among women with experiences of abuse ［J］. Journal of Health Psychology, 2017, 24（14）: 2003-2021.

［278］ ZAHHLY J, TOSI H. The differential effect of organizational induction process on early work role adjustment ［J］. Journal of Organizational Behavior, 1989, 10（1）: 59-74.

［279］ ZELLARS K L, TEPPER B J, DUFFY K M. Abusive supervision and subordinates' organizational citizenship behavior ［J］. Journal of Applied Psychology, 2002, 87（6）: 1068-1076.

索引